Lukas Achathaler · Domenica Hofmann · Matthias Pázmándy (Hrsg.)

Korruptionsbekämpfung als globale Herausforderung

Lukas Achathaler
Domenica Hofmann
Matthias Pázmándy (Hrsg.)

Korruptionsbekämpfung als globale Herausforderung

Beiträge aus Praxis und Wissenschaft

Unter Mitarbeit von Aleksandra Djokic

Bibliografische Information der Deutschen Nationalbibliothek
Die Deutsche Nationalbibliothek verzeichnet diese Publikation in der
Deutschen Nationalbibliografie; detaillierte bibliografische Daten sind im Internet über
<http://dnb.d-nb.de> abrufbar.

Gefördertes Sonderprojekt der Österreichischen HochschülerInnenschaft.

Gefördert von der Kulturabteilung der Stadt Wien, Wissenschafts- und Forschungsförderung.

1. Auflage 2011

Alle Rechte vorbehalten
© VS Verlag für Sozialwissenschaften | Springer Fachmedien Wiesbaden GmbH 2011
Lektorat: Dorothee Koch

VS Verlag für Sozialwissenschaften ist eine Marke von Springer Fachmedien.
Springer Fachmedien ist Teil der Fachverlagsgruppe Springer Science+Business Media.
www.vs-verlag.de

 Das Werk einschließlich aller seiner Teile ist urheberrechtlich geschützt. Jede Verwertung außerhalb der engen Grenzen des Urheberrechtsgesetzes ist ohne Zustimmung des Verlags unzulässig und strafbar. Das gilt insbesondere für Vervielfältigungen, Übersetzungen, Mikroverfilmungen und die Einspeicherung und Verarbeitung in elektronischen Systemen.

Die Wiedergabe von Gebrauchsnamen, Handelsnamen, Warenbezeichnungen usw. in diesem Werk berechtigt auch ohne besondere Kennzeichnung nicht zu der Annahme, dass solche Namen im Sinne der Warenzeichen- und Markenschutz-Gesetzgebung als frei zu betrachten wären und daher von jedermann benutzt werden dürften.

Umschlaggestaltung: KünkelLopka Medienentwicklung, Heidelberg
Gedruckt auf säurefreiem und chlorfrei gebleichtem Papier
Printed in Germany

ISBN 978-3-531-18019-9

Inhalt

Vorwort 7

I. Beiträge aus der Praxis

Erik N. Larson
The United Nations Convention against Corruption 11

Wolfgang Rau
The Group of States against Corruption (GRECO) –
Operation and Results from its Current Third Evaluation Round 19

René Wenk
Korruptionsbekämpfung in Österreich –
Entwicklungen seit dem GRECO-Bericht 37

Gerhard R. Donner
Korruption in Österreichs Unternehmen –
Ausmaß, Bekämpfung und Prävention 57

Wolfgang Hetzer
Financial Crisis and Systemic Criminality –
Corruption by Incompetence? An Essay 73

Georg Huber-Grabenwarter
Korruptionsbekämpfung in der Entwicklungszusammenarbeit –
Ansätze, Chancen und Herausforderungen 83

Kurt Bayer
Korruptionsbekämpfung in internationalen Finanzinstitutionen –
Die Rolle der Resident Boards. Ein Essay 111

II. Beiträge aus der Wissenschaft

Dorothée de Nève
Korruption und Demokratie – Perspektiven der Politikwissenschaft ... 129

Alexander Böckmann
Antikorruption: Wandel in Diskurs und Praxis 149

Aleksandra Djokic
Whistleblowing – Whistleblower Policies, Whistleblower Protection
Policies and their Manifestation in the United Nations Secretariat 165

Lucas Grafl
Zum unterschiedlichen Verständnis von korrupten
und strafwürdigen Handlungen – Eine empirische Untersuchung 175

Matthias Pázmándy
Erlebte Korruption als Korruptionsindikator –
Neue Chancen für die Messung von Korruption
am Beispiel europäischer Erhebungen 191

Tina Olteanu
Die EU und das postsozialistische Europa am Ende
der Korruptionsskala: Hinterlassenschaft oder
eine Frage der Wahrnehmung? 203

Gernot Stimmer
Korruption als Form informeller Machtausübung in Lateinamerika 221

Verzeichnis der Autorinnen und Autoren 235

Schlagwortverzeichnis 239

Vorwort

Im Herbst 2009 formierte sich am Institut für Politikwissenschaft der Universität Wien die Forschungsgruppe *Globale Korruption* unter der Leitung von Fritz Windhager. Aus dem Kreis dieser multidisziplinären Gruppe entstand eine Reihe an wissenschaftlichen Initiativen. Im Frühjahr 2010 fand in der Wiener Hofburg ein internationales Symposium unter dem Titel *Korruptionsbekämpfung als globale Herausforderung* statt. Die Vorträge der Veranstaltung bilden die Grundlage für die hier verfassten Beiträge. Neben den Vortragenden des Symposiums beteiligten sich auch Mitglieder der Forschungsgruppe und Jungwissenschafter der Universität Wien am vorliegenden Band.

Zielsetzung des Symposiums war es, den wichtigen Beitrag der Sozialwissenschaften für die Antikorruptionsbewegung herauszustreichen und zu erweitern. Darüber hinaus stand auch der Dialog mit anderen Disziplinen, wie etwa den Rechtswissenschaften, sowie praxisnahen Feldern, wie der Verwaltung und der Wirtschaft, im Vordergrund. Dieser Ansatz – eine sozialwissenschaftliche Perspektive und ein multidisziplinärer Dialog – soll auch in diesem Sammelband fortgeführt werden. Daher ist das vorliegende Buch einerseits in einen praktischen Teil und andererseits in einen wissenschaftlichen Teil gegliedert.

In der ersten Hälfte kommen Vertreter verschiedener internationaler Organisationen, die mit der Korruptionsbekämpfung schwerpunktmäßig oder in Teilbereichen befasst sind, zu Wort: Erik N. Larson, ehemaliger Mitarbeiter des *United Nations Office on Drugs and Crime* (UNODC), Wolfgang Rau von der *Europäischen Staatengruppe gegen Korruption* (GRECO), Wolfgang Hetzer vom *Office Européen de la Lutte Anti-Fraude* (OLAF) und Kurt Bayer von der *Europäischen Bank für Wiederaufbau und Entwicklung* (EBRD).

Eine nationale Sichtweise steuern René Wenk vom *Bundesamt zur Korruptionsprävention und Korruptionsbekämpfung* (BAK) des österreichischen Bundesministeriums für Inneres, Gerhard R. Donner von der *Association of Certified Fraud Examiners – Austrian Chapter* (ACFE) und Georg Huber-Grabenwarter von der *Austrian Development Agency* (ADA) bei.

Die Beiträge aus diesem ersten Teil des Buches stellen die Entwicklung verschiedener internationaler Antikorruptionsinstrumente dar und analysieren deren Funktionsweisen und Wirkungen.

In der zweiten Hälfte finden sich sowohl Beiträge, die sich dem Phänomen der Korruption theoretisch nähern, als auch empirische Analysen.

Dorothée de Nève von der *FernUniversität Hagen*, Alexander Böckmann, Aleksandra Djokic und Gernot Stimmer von der *Universität Wien* beschreiben Korruption und ihre Bekämpfung anhand theoretischer Konzepte.

Lucas Grafl, Matthias Pázmándy und Tina Olteanu, *Universität Wien*, verwenden unterschiedliche methodische Ansätze, um eine Reihe an Aspekten der Korruption anhand von Fakten zu beleuchten. Die theoretischen Aufsätze helfen, die wichtige konzeptionelle Strukturierung der Korruptionsforschung weiter voranzutreiben. Die empirischen Artikel leisten wertvolle Beiträge zu der noch immer dünnen Faktenlage.

Besonderer Dank gilt den Mitgliedern der Forschungsgruppe *Globale Korruption* Alexander Farkas, Pamela Paulic und Simon Wolfer. Weiters bedanken sich die HerausgeberInnen bei folgenden Organisationen und ihren VertreterInnen für die Unterstützung des Symposiums: *Österreichische HochschülerInnenschaft* (Bundesvertretung), *HochschülerInnenschaft der Universität Wien, Studienvertretung Politikwissenschaft* der Universität Wien, *Institut für Politikwissenschaft* der Universität Wien, *Fakultät für Sozialwissenschaften* der Universität Wien und Michael Pfeifer sowie Mathias Steinhauser vom *Akademischen Forum für Außenpolitik* (AFA).

Die Publikation wurde dankenswerter Weise durch Sonderprojektmittel der Österreichischen HochschülerInnenschaft (Bundesvertretung) sowie durch die *Kulturabteilung der Stadt Wien, Wissenschafts- und Forschungsförderung* gefördert.

Dank gilt Aleksandra Djokic für die unermüdliche redaktionelle Arbeit und unserer Betreuerin beim VS Verlag, Dorothee Koch.

Eine besondere Erwähnung gebührt an dieser Stelle Fritz Windhager, der mit seinem Enthusiasmus am Ursprung dieser Initiative stand.

Wien, im April 2011

Lukas Achathaler, Domenica Hofmann, Matthias Pázmándy

I. Beiträge aus der Praxis

//
The United Nations Convention against Corruption

Erik N. Larson[1]

Abstract

Corruption has been recognised as a global problem affecting both the developing and the developed world. The United Nations Convention against Corruption (UNCAC) is the first legally binding, global anti-corruption instrument. The UNCAC covers a broad range of anti-corruption activities, including the four main areas of prevention, criminalisation and law enforcement, international cooperation, and asset recovery. It has attracted overwhelming support from UN Member states, with over 140 parties to the Convention. Support for implementing this Convention is provided by the United Nations Office on Drugs and Crime (UNODC), which serves as the Secretariat to the Conference of States Parties to the UNCAC.

1 Introduction

The United Nations Convention against Corruption (UNCAC) is the first legally binding, global anti-corruption instrument. The UNCAC covers a broad range of anti-corruption activities, including the four main areas of prevention, criminalisation and law enforcement, international cooperation, and asset recovery. It has attracted overwhelming support from UN Member states, with over 140 parties to the Convention.

2 The Main Provisions of the Convention

2.1 Prevention

The UNCAC recognizes that prevention of corruption is crucial in stopping it before it can even occur, and that institutional and systemic barriers are key tools in the fight against corruption. In this regard, it mandates a broad range of preventive functions. While this paper will not attempt to list each requirement of the UNCAC, it will stress the key provisions. As to prevention, for example, the UNCAC requires States parties to endeavour to apply Codes of Conduct for relevant civil servants (UNCAC, Art. 8(2)). It also stresses the importance of

---

[1] This paper is written in his private capacity.

preventive integrity systems for the judiciary and the prosecution, who are key players in the fight against corruption (UNCAC, Art. 11).

It also requires states parties to the Convention to take necessary steps to properly manage their public procurement and public finance systems (UNCAC, Art. 9). Steps must also be taken to ensure active participation of civil society (UNCAC, Art. 13(1)); and to provide public access to anti-corruption bodies (UNCAC, Art. 13(2)). States parties must also encourage citizens to report offences (UNCAC, Art. 39). Recognising that corruption cannot succeed unless corruptly-seized assets are successfully money-laundered, the UNCAC also requires States parties to establish a comprehensive regulatory regime for the prevention of money-laundering and to ensure internal and international cooperation in such matters (UNCAC, Art. 14).

2.2 Criminalisation and Law Enforcement

The UNCAC also recognises that prevention of corruption is not enough, and that effective criminalisation and law enforcement structures must be put in place. In this regard, it requires States parties to include five 'mandatory' offences within their domestic legal systems. Not surprisingly, this includes the two most well-known corruption offences: the bribery of national public officials, and embezzlement, misappropriation, and other diversion of public property (UNCAC, Arts. 15 and 17).

In addition, the UNCAC also mandates the criminalisation of the 'active' bribery of foreign and international public officials (UNCAC, Art. 16(1)). ('Active' bribery refers to the giving of a bribe.). This proposal recognises that it takes 'two to tango' and that corruption affects not only developing nations, but is a universal scourge that also affects international organizations and the developed world. (Even the Secretariat of the United Nations, for example, has an *Investigation Department* within their *Office for Internal Oversight Services* (ID/OIOS), which is involved in investigating reports of misconduct by United Nations staff).[*]

Moving beyond classic corruption offences, the UNCAC also requires the criminalization of money-laundering and obstruction of justice in corruption cases (UNCAC, Arts. 23 and 25).

The Convention also encourages, but does not require, States parties to criminalize six other offences. These include the 'passive' bribery of foreign and

---

[*] For more information on Whistleblowing within the UN Secretariat see Aleksandra Djokic's article in this volume.

international public officials ('Passive' bribery refers to the acceptance of a bribe.) (UNCAC, Art. 16(2)). It also includes 'trading in influence' and 'abuse of function', two less well-known forms of corruption that can often be more easily prosecuted than the more classic forms of corruption (UNCAC, Arts. 18 and 19). In the *Special Department for Organized Crime, Economic Crimes, and Corruption* (SDOC) in Sarajevo, for example, many corruption cases against high-ranking officials have actually been prosecuted as 'abuse of authority' cases, rather than bribery or embezzlement cases.

The UNCAC also encourages the criminalisation of 'illicit enrichment' (UNCAC, Art. 20). Though considered controversial in some quarters, experience has shown that this offence can be a greatly effective tool in fighting corruption. This offence covers situations where there is a "significant increase in the assets of a public official that he or she cannot reasonably explain in relation to his or her lawful income" (Ibid.). The UNCAC also encourages the criminalisation of corruption in private offences, including bribery in the private sector and embezzlement in the private sector (UNCAC, Arts. 21 and 22).

Beyond these criminalisation requirements, the UNCAC also encourages States parties to take a broad range of concrete steps to encourage the fight against corruption. As a notable example, the UNCAC requires that steps be taken in accordance with a country's legal system and within its means, to protect witnesses, experts, and victims from potential retaliation or intimidation. States parties are also encouraged to protect reporting persons against any unjustified treatment (UNCAC, Arts. 32 and 33).

2.3 International Cooperation

The UNCAC provides for the widest measures of *Mutual Legal Assistance* (MLA) in investigations, prosecutions and other legal proceedings in relation to offences covered by the Convention (UNCAC, Art. 46). Among other things, it requires States parties to designate a central authority to receive, execute and transmit such mutual legal assistance requests. It also bars refusal of such requests on the ground of bank secrecy and encourages the provision of at least non-coercive mutual legal assistance even in the absence of dual criminality (Ibid.).

It further provides for a broad range of extradition matters in order to encourage that all convention offences are extraditable offences between States parties (UNCAC, Art. 44). As a general rule, it holds that States parties must either "extradite or prosecute" their own nationals, i.e. even where domestic law bars extradition, countries should still take over the case and prosecute their nationals locally. The UNCAC also encourages the conditional surrender of their nationals for prosecution in a foreign state, but with an agreement that they be returned to serve their sentence domestically (Ibid.).

2.4 Asset Recovery

Perhaps the biggest breakthrough of the UNCAC is its focus on asset recovery procedures. The Convention recognises that the "return of assets" is "a fundamental principle of this Convention" and "parties shall afford one another the widest measure of cooperation and assistance in this regard" (UNCAC, Art. 51, emphasis added). To implement this goal of providing the widest measure of cooperation in the area of asset recovery, the Convention delineates a broad range of asset recovery measures to be adopted, including systems for the prevention and detection of the transfer of proceeds of corruption crimes (UNCAC, Art. 52). It also provides for measures for the direct recovery of such stolen property, including allowing States parties to file civil claims in each other's courts to recover assets, to order corruption offenders to pay compensation to another State party and to allow courts to recognise, in confiscation decisions, another party's claim as legitimate owners of property (UNCAC, Art. 53).

It further stresses on obligation to enable confiscation of proceeds of crime, both domestically and upon a request from another (UNCAC, Arts. 55 and 31). It also includes detailed procedures for international cooperation in the area of asset recovery, and detailed guidelines on global cooperation in asset recovery operations, as well as measures for the return and disposal of assets (UNCAC, Arts. 55 to 57).

3 The Work of the Secretariat to the Conference of States parties to the UNCAC

3.1 Technical Assistance and Information Exchange

The UNCAC also encourages the provision of technical assistance and information exchange in order to support the goals of the Convention (UNCAC, Arts. 60 to 62). In order to support such goals, the *Corruption and Economic Crimes Branch* (CEB) of *the United Nations Office on Drugs and Crime* (UNODC) in Vienna serves as the Secretariat to the Conference of States Parties to the UNCAC.

3.2 Generating Knowledge

One useful device in achieving these goals is the 2007 UNCAC self-assessment tool, which is designed to allow for a computerized, interactive way for States parties to report on their implementation of the UNCAC (and a combined self-assessment tool that covers both the UNCAC and the *United Nations Convention on Transnational Organized Crime* (UNTOC) is also in the making). The Secretariat has also established a comprehensive on-line Legal Library, containing relevant anti-corruption materials.

3.3 Review Mechanism

One of the most innovative methodologies of supporting such goals was the establishment of an UNCAC Review Mechanism at the Third Conference of States Parties held in Doha, Qatar in 2009. This review mechanism will work on a peer review process, where two States parties will review another, with the technical support of the Secretariat. This will be based on a drawing of lots for each year of the review cycle. This will operate on a two-phase cycle of five years. During the first cycle, Chapter III (Criminalization and Law Enforcement) and Chapter IV (International Cooperation) will be reviewed. During the second phase, Chapter II (Preventive Measures) and Chapter V (Asset Recovery) will be assessed.

This review mechanism will have several main elements. First, there will be a 'desk review' of the self-assessment reports on their compliance with the UNCAC submitted by the State party under review, discussed above, as well as a review of other sources of appropriate information. There are also optional provisions for on-site country visits. A report is then issued on the outcome of the review process, as well as an executive summary.

3.4 Asset Recovery

The Secretariat has also developed a broad range of tools to assist States parties in the fundamental goal of engaging in asset recovery operations. One such potential form of assistance is the StAR (*Stolen Asset Recovery*) Initiative jointly launched by the UNODC and the World Bank Group (WBG). This initiative recognises the need to help developing countries recover stolen assets. The international legal framework underpinning StAR is provided by the UN Convention against Corruption. Its goals are to help countries recover assets stolen by corrupt

leaders, help invest them in effective development programmes, and internationally combat safe havens for stolen proceeds of crime.
Concrete actions of the StAR Initiative include:

- "Building institutional capacity in developing countries for requesting technical assistance to strengthen their prosecuting agencies and bringing their laws into compliance with UNCAC.
- "Strengthening the integrity of financial markets. This will include bringing financial centres into compliance with anti-money laundering legislation that would detect and deter laundering of illicit proceeds and strengthening the capacity of financial intelligence units around the world to enhance cooperation between them.
- "Assisting the asset recovery process of developing countries by providing them loans or grants to finance the start up costs, providing advice on hiring legal counsel, and facilitating cooperation between countries.
- "Monitoring the use of recovered assets so that repatriated funds are used for development purposes, such as social programmes, better education and infrastructure."[2]

Another source of support for such efforts is the Working Group on Asset Recovery, which was established by the Conference of States parties to the UNCAC, and has been meeting at UNODC headquarters in Vienna since in 2008. Through this Working Group, initiatives have been formed for the development of cumulative knowledge through a knowledge management centre and practical tools for asset recovery, through the enhancement of confidence and trust through formal and informal networks of focal points, and through tailor-made training and capacity-building for policy makers, legislators and practitioners.

3.5 Technical Assistance

The Conference of States Parties has also established a Working Group on Technical Assistance. This activity has focused on legal advice and legislative drafting assistance for implementing the UNCAC. It also works to develop tools to strengthen domestic capacity to apply legislation, as well as to coordinate assistance needs and delivery at the country level through the development of a ma-

---

[2] The International Bank for Reconstruction and Development/The World Bank (2007). Stolen Asset Recovery Initiative: Challenges, Opportunities and Action Plan.

trix mapping technical assistance needs. It has also strived to develop a pool of anti-corruption experts.

Beyond the efforts of this Working Group, the *Corruption and Economic Crimes Branch* (CEB) of UNODC also conducts a broad range of technical assistance projects. This includes assistance in developing draft national laws consistent with the UNCAC, which was previously provided to such countries as Afghanistan, the Former Yugoslav Republic of Macedonia, Timor-Leste, Qatar, and the United Kingdom.

CEB has also operated anti-corruption projects in Afghanistan, Brazil, Cape Verde, Indonesia, Iraq, the Maldives, Montenegro, Nigeria, Peru and Swaziland, as well as a large Joint Project with UNDP on Governance in the Arab Region. CEB has also placed anti-corruption mentors in Cape Verde, Jordan, Sudan, and Thailand.

3.6 Related Initiatives

Supporting the Convention's focus on prevention, a Corruption Prevention Initiative was also formed with the support of the Secretariat. The Third Conference of States parties also formed a new Working Group on Prevention.

The Secretariat has also formed a series of partnerships, projects, and publications related to corruption in the private sector. This includes the "Corporate anti-corruption policies and strategies: A Global Compendium of Good Practices" published jointly with PriceWaterhouseCoopers. Working with Microsoft, the CEB is also preparing a Knowledge Management Consortium and Legal Library. CEB has also worked closely with *The Global Compact*, the *World Economic Forum, Transparency International*, and the *International Chamber of Commerce*.

CEB has played a key role in the establishment of the new *International Anti-Corruption Academy* (IACA) in Laxenburg, Austria. This is a state-of-the-art training and research facility housed in a 17th Century compound restored and renovated by the Republic of Austria. This facility is equipped with lecture and computer rooms, a dining room and a library. With the support of UNODC's partners in this project, it will develop a real-world curriculum reflecting regional, cultural, and geographical diversity and will be designed by and for anti-corruption professionals, with flexible schedules and modules, seminars and case studies, and tailor-made courses.

4 Conclusion

The UNCAC is a key step forward in the fight against corruption. As with all such initiatives, implementation of its provisions will be the real test of its effectiveness. UNODC, as the Secretariat to the Conference of States Parties to the UNCAC, plays a key role in assisting such implementation.

The Group of States against Corruption (GRECO) – Operation and Results from its Current Third Evaluation Round

Wolfgang Rau[1]

Abstract

The article deals with the work of the Group of States against Corruption (*Groupe d'Etats contre la corruption*, GRECO) which was established in 1999 by 17 member States of the Council of Europe. Currently, GRECO comprises all 47 member States of the Organisation and the USA, Liechtenstein and San Marino being the last ones to have joined during 2010.
GRECO's main task is to enhance the capacity of its members to fight corruption by monitoring their compliance with Council of Europe anti-corruption standards. This process comprises an evaluation procedure and an impact assessment of the measures taken by member States to implement the recommendations that have resulted from the evaluation procedure.
The article furthermore presents some of the practical challenges facing domestic policy makers and legislators when translating Council of Europe standards pertaining to the *criminalisation of corruption* and the *transparency of political financing* – the two focal points of GRECO's ongoing Third Evaluation Round – into law and practice.

1   Operation and methodology

The Council of Europe, with its Headquarters in Strasbourg (France), is Europe's oldest political organisation; founded in 1949, it groups together 47 countries (CoE 2011). There appears to be general agreement within the Council of Europe – as well as within numerous other international fora – that standard setting at international level must be accompanied by some form of credible follow-up. As a consequence, a number of evaluation/monitoring processes and mechanisms have been put into place throughout various sectors of the Council of Europe.[2] What follows is a succinct analysis of one of the Council's most prominent and developed monitoring mechanisms, namely, the *Group of States against Corruption* (GRECO), as well as a presentation of selected results from its current Third Evaluation Round.

---

[1] Executive Secretary of the Group of States against Corruption (GRECO). Any views expressed are personal.
[2] For a comprehensive overview of these structures cf. CoE (2010).

GRECO was established in 1999 as an enlarged partial agreement by 17 Council of Europe member States. Currently, GRECO – which is open not only to European States – comprises all 47 member states of the Organisation and the USA, with Liechtenstein and San Marino being the last ones to have joined in January and August 2010 respectively. This extensive membership is strong evidence of the will to address corruption as a global concern.

1.1 Purpose

GRECO's objective is to improve the capacity of its members to fight corruption by monitoring their compliance with Council of Europe anti-corruption standards through a dynamic process of mutual evaluation and peer pressure. It helps to identify deficiencies in national anti-corruption policies, laws and regulations as well as institutional set-ups with a view to prompting the necessary reforms.

It is not GRECO's mandate to make assessments of the occurrence of corrupt practices in the respective member States. Other organisations/bodies are better equipped than GRECO to deal with this important matter.[3]

The OECD, the United Nations, ICPO-Interpol, the European Bank for Reconstruction and Development (EBRD) and the World Bank were associated with the preparatory work leading to the establishment of GRECO. The need for efficient monitoring mechanisms in this area was generally accepted by these organisations which contributed to discussions on the method and structure to be established under the auspices of the Council of Europe that led to the establishment of GRECO.

1.2 Normative standards under GRECO's purview

In 1996, the Committee of Ministers of the Council of Europe adopted a comprehensive *Programme of Action against Corruption* (CoE 1996) and, subsequently, issued a series of anti-corruption standard-setting instruments:[4]

- the Criminal Law Convention on Corruption – ETS 173 (CoE 1999a)
- the Civil Law Convention on Corruption – ETS 174 (CoE 1999c)

---

[3] A widely known example is Transparency International (TI) which annually issues a *Corruption Perceptions Index* (CPI) – ranking nearly 180 countries according to perceived levels of corruption, as determined by expert assessments and opinion surveys.
[4] The text of these instruments is available at www.coe.int/greco.

- the Additional Protocol to the Criminal Law Convention on Corruption – ETS 191 (CoE 2003a)
- the Twenty Guiding Principles for the Fight against Corruption (CoE 1997)
- the Recommendation on Codes of Conduct for Public Officials (CoE 2000) and
- the Recommendation on Common Rules against Corruption in the Funding of Political Parties and Electoral Campaigns (CoE 2003b)

GRECO monitoring comprises an evaluation procedure which is largely based upon on-site visits and an impact assessment (*compliance procedure*) designed to appraise the measures taken by its members to implement the recommendations emanating from GRECO's evaluations.

1.3 Topics/provisions subject to evaluation

GRECO's First Evaluation Round (1 January 2000 – 31 December 2002) dealt with specific provisions of the Twenty Guiding Principles for the Fight against Corruption (CoE 1997): the independence, specialisation and means of national anti-corruption bodies (e.g. police, prosecution, specialised commissions, services or offices with special preventative and sometimes investigative responsibility) and the extent and scope of immunities enjoyed by certain categories of holders of public office and/or elected representatives in respect of the investigation, prosecution and adjudication of corruption offences.[5]

The themes to be covered and the provisions to be evaluated within each round are decided on by GRECO. Members are called upon to implement the recommendations issued by GRECO within a fixed period (usually 18 months). The ensuing compliance procedure assesses the implementation of each individual recommendation and establishes an overall appraisal of the level of a member's compliance.

The Second Evaluation Round (1 January 2003 – 31 December 2006) dealt with a relatively wide range of themes based on specific provisions of the Twenty Guiding Principles and associated provisions of the Criminal Law Convention on Corruption (CoE 1999a): identification, seizure and confiscation of corruption proceeds, anti-corruption policies and mechanisms in public administration, criminal liability of legal persons for corruption offences, tax and fiscal legislation to counter corruption, as well as links between corruption, organised crime and money laundering. Any member joining GRECO after the close of the

---

5 For key findings of the First Evaluation Round, see Eser/Kubiciel 2005.

First Evaluation Round (i.e. as from 2003) is subject to First Round evaluation jointly with Second Round evaluation.[6]

The Third Evaluation Round (launched on 1 January 2007) covers two distinct areas, namely a) the transposition into domestic law and practice of the incriminations provided for by the Criminal Law Convention on Corruption (CoE 1999a) and by its Additional Protocol (CoE 2003a) as well as their practical implementation, and b) the transparency of party funding understood by reference to several articles of the Recommendation on Common Rules against Corruption in the Funding of Political Parties and Electoral Campaigns (CoE 2003b). The latter theme revolves around, in particular, the requirements upon political parties to properly account for and publicise income (including donations and loans) and expenditure, the supervision of parties' routine operations and of election campaigns, as well as the enforcement of financing rules and regulations.

1.4 Practicalities of GRECO evaluations

At the opening of each Evaluation Round, GRECO adopts a questionnaire, guidelines for evaluators and a provisional time-table for evaluations. Members designate a maximum of five evaluators for any given Evaluation Round. The profile of evaluators is determined by the thematic scope of each Evaluation Round. The principal stages of the evaluation procedure are as follows:

- a first analysis of the situation of a member State is carried out by the Secretariat on the basis of replies to the questionnaire;
- an Evaluation Team, supported by a member of the Secretariat, carries out an on-site evaluation visit (normally 4–5 days) during which further information is gleaned through high-level discussions with key domestic players such as representatives of public administration, including law-enforcement, and other experts; the visit also includes talks with representatives of civil society, the business community and the media;
- the members of the Evaluation Team submit their individual written contributions to the draft Evaluation Report, including proposals for recommendations, after which a first draft of the Evaluation Report is prepared by the Secretariat and submitted to the Evaluation Team for comment; a second

---

6 GRECO's first "double" evaluation visits took place in 2005 and concerned Turkey (23–27 May), Armenia (30 May–3 June), Serbia and Montenegro (Podgorica, 13–17 June, Belgrade, 12–16 September) and Azerbaijan (12–16 December).

draft is then drawn up by the Secretariat and made available to the member undergoing evaluation for comment;
- the Secretariat prepares a consolidated draft of the Evaluation Report having regard to the comments made by the member; this draft Evaluation Report is examined by GRECO sitting in plenary and a revised draft containing any changes required by the debate is prepared for a second reading during the plenary. After adoption, and upon approval by the member, the Evaluation Report is made public.

Overall, the various stages of the compliance procedure are similar to the above. A key ingredient of the procedure is the so-called Situation Report by the member concerned, which has to be submitted 18 months after the adoption of the relevant Evaluation Report. On the basis of the Situation Report, a first draft Compliance Report is prepared which assesses the level of implementation of each recommendation issued by GRECO in the Evaluation Report. The assessment can lead to three possible conclusions, namely that a given recommendation

- has been *implemented satisfactorily* or otherwise dealt with in a satisfactory manner;
- has been *partly implemented*;
- has *not* been *implemented*.

All information pertaining to the evaluation and compliance procedures is confidential. However, it is standing practice for members to authorise the publication of Evaluation and Compliance Reports, usually shortly after their adoption in plenary.

2   Results from the Third Evaluation Round

2.1   The transposition into domestic law and practice of the corruption offences established under the Criminal Law Convention on Corruption

2.1.1   Basic features of the Convention

The Council of Europe Criminal Law Convention on Corruption (CoE 1999a) was opened for signature in Strasbourg, on 27 January 1999, by the member States of the Council of Europe and the non-member States which had participated in its elaboration (including Mexico, Canada, Japan and the United States).

It entered into force on 1 July 2002 and has been ratified by a total of 42 member States of the Council of Europe[7] and Belarus. At the time of its opening for signature, the Convention was widely praised for its broad scope and its in-built ambition to ensure the coordinated criminalisation of a large number of corrupt practices. It also provides for complementary criminal law measures and for improved international co-operation in the prosecution of corruption offences. As indicated above, the Convention is open to the accession of non-member states.

Like the conventions from the Organization of American States (OAS 1996), the Organisation for Economic Cooperation and Development (OECD 1999) and the United Nations (UN 2005), the Council of Europe Convention does not set out a definition of the term *corruption* – quite unlike its sister convention, namely the Council of Europe Civil Law Convention on Corruption[8] (CoE 1999c). The Criminal Law Convention covers the following specific types of corruption, thus reflecting a wide international consensus on the core of the matter:

- active and passive bribery of domestic and foreign public officials;
- active and passive bribery of national and foreign parliamentarians and of members of international parliamentary assemblies;
- active and passive bribery in the private sector; [9]
- active and passive bribery of international civil servants;
- active and passive bribery of domestic, foreign and international judges and officials of international courts;
- active and passive trading in influence;
- money-laundering of proceeds from corruption offences;
- accounting offences connected with corruption.

The Additional Protocol to the Convention (CoE 2003a) – which entered into force on 1 February 2005 – extends the Convention's scope to arbitrators in commercial, civil and other matters, as well as to jurors, thus complementing the Convention's provisions aimed at protecting judicial authorities from corruption.

---

7 Status as of March 2011; the only "laggards" in the ratification drive are Austria, Germany, Liechtenstein and San Marino.

8 Article 2 defines "corruption" as "requesting, offering, giving or accepting, directly or indirectly, a bribe or any other undue advantage or prospect thereof, which distorts the proper performance of any duty or behaviour required of the recipient of the bribe, the undue advantage or the prospect thereof."

9 Unlike the OECD and UN conventions, the offence of bribery in the private sector is not limited to situations where "the bribe is paid in order to obtain or retain business or other undue advantage in relation with the conduct of international business" (cf. OECD 1997; UN 2003).

This entails the requirement for Contracting Parties to establish, as criminal offences, the active and passive bribery of domestic and foreign arbitrators and jurors.

Under the Convention, States are required to provide for effective and dissuasive sanctions and measures, including deprivation of liberty that can lead to extradition. Legal entities are to be made liable for offences committed to benefit them and must be subject to effective criminal or non-criminal sanctions, including of a monetary nature.[10] The Convention furthermore contains provisions concerning aiding and abetting, the withdrawal of immunity, criteria for determining the jurisdiction of States, liability of legal persons, the setting-up of specialised anti-corruption bodies, protection of persons collaborating with investigating or prosecuting authorities (including whistleblowers), gathering of evidence and confiscation of proceeds. It provides for enhanced international cooperation (mutual assistance, extradition and the provision of information) in the investigation and prosecution of corruption offences.

If a State is not a member of GRECO at the time of depositing its instrument of ratification, it will automatically become a member once it is formally bound by the Convention. This consequently implies, in particular, an obligation to accept monitoring in accordance with GRECO's standard procedures.

2.1.2 The Convention's implementation

Since its very beginnings, GRECO has taken the view that it is not advisable to monitor the transposition and implementation of a given anti-corruption instrument in its entirety (and certainly not all relevant instruments together). This is why GRECO proceeds in evaluation rounds, each of which is devoted to specific sub-topics and/or provisions selected from the existing six instruments referred to above.

---

10 Lit. d. of Article 1 thus permits States to use their own definition of "legal person", whether such a definition is contained in company law or in criminal law. For the purpose of active corruption offences, however, it expressly excludes from the scope of the definition the State or other public bodies exercising State authority, such as ministries or local government bodies as well as public international organisations such as the Council of Europe. The exception refers to the different levels of government: State, Regional or Local entities exercising public powers (cf. CoE 1999a). The reason is that the responsibilities of public entities are subject to specific regulations or agreements/treaties, and in the case of public international organisations, are usually embodied in administrative law. It is not aimed at excluding the responsibility of public enterprises. A contracting State may, however, go further as to allow the imposition of criminal law or administrative law sanctions on public bodies as well.

Regarding the Council of Europe Criminal Law Convention on Corruption, GRECO has already dealt with – under its Second Evaluation Round, which came to a close in 2006 – those provisions which relate to the proceeds of corruption (Arts. 19 (3), 13 and 23) and those which address the issue of legal persons and corruption (Arts. 14, 18 and 19 (2)). In this context, GRECO dealt with, to mention just two examples, provisional measures and confiscation regimes as well as the sanctions available for legal persons whose liability for acts of corruption has been established.

The corruption offence-related provisions of the Convention and its Additional Protocol (CoE 2003a)[11] are one of the two main themes of GRECO's current Third Evaluation Round, which was launched in 2007. Once this round is completed, GRECO will be in a position to claim that it has dealt with nearly all provisions of the Convention.

When looking at the lacunae, shortcomings and other problems in domestic legislation and practice as reflected in GRECO evaluation (and compliance) reports, one can gain a good grasp of some of the practical challenges regarding international anti-corruption instruments in general – but also facing domestic policy makers and legislators when translating these instruments into law and practice. The following examples are indicative of some of these challenges:

1. There are two fundamental components of the definition of the bribery offence under the Criminal Law Convention which were found in a number of cases to pose problems for both legislators and those supposed to apply the law, namely the concept of *public official*[12] and the notion of *undue advantage* (which is meant to cover both material and immaterial advantages) (CoE 1999a). Regarding the latter more challenging issue, there often remains a significant grey zone of certain advantages – which can be deeply entrenched in cultural traditions – which the actors on the ground do not tend to consider as *undue* (such as gifts below a certain value). As evidenced by GRECO's Second Round Evaluations, there is frequently considerable confusion, both in existing rules and regulations and in the minds of public employees, as to which gifts and gratuities can be accepted.

2. Another matter of concern – also related to this issue – is to ensure that the active and passive bribery offence under domestic legislations covers in an

---

11 I.e. Articles 1a and 1b, 2-12, 15-17 and 19 (1) of the Criminal Law Convention on Corruption, Articles 1-6 of its Additional Protocol.

12 The term "public official" used in Arts. 2 and 3 as well as in Art. 5 lit. a. of Art. 1 of the Convention defines the concept in terms of an official or public officer, a mayor, a minister or judge as defined in the national law of the State, for the purposes of its own criminal law. The criminal law definition is therefore given priority. Where a public official of the prosecuting State is involved, this means that its national definition is applicable. However, the term "public official" should include "mayor" and "minister".

unambiguous manner such instances where the advantage is not intended for the *bribee* him-/herself but for a third party (e.g. associates, family members, a political party).

3. One of the strong features of the Convention is that the bribery offence is designed in such a way as not to presuppose a breach of duty by the official concerned. The drafters of the Convention considered that the decisive element was not whether the official had any discretion to act as requested by the briber, but whether he/she had been offered, given or promised an undue advantage in order to obtain something in return. The notion of *breach of duty* adds an element of ambiguity that makes the prosecution of this offence more difficult. This approach has not been followed by all legislators: in a number of cases, GRECO evaluation teams have come across legislation, meant to implement the provisions on bribery in the public sector (Arts. 2 and 3 of the Convention), but which in fact supposes a breach of duties (which is found only in Arts. 7 and 8 of the Convention concerning private sector corruption). Such a situation is not in line with the Convention.

4. In some jurisdictions, there remain lacunae regarding the criminalisation of members of domestic public assemblies for acts of corruption (and trading in influence), e.g. where bribery of members of parliament is limited to the buying and selling of a vote for an election or ballot, thus disregarding the fact that decisions in parliament are often prepared and *arranged* for in working groups before any formal vote takes place. In some cases, GRECO has also come across pieces of legislation which left a big question mark as to whether members of parliament were actually covered by existing legislation which only referred to *officials*. There are good reasons to believe that this is one of the thorniest issues for any legislator to sort out.

5. In several cases, GRECO has found that sanctions provided for private sector bribery (i.e. active bribery) were significantly lower than those for bribery in the public sector, thus suggesting that paying bribes in connection with business deals was not of a really serious nature (and perhaps even an acceptable practice among gentlemen). The drafters of the Convention obviously had no intention of supporting that misconception. One of their concerns was clearly to limit the differences between the rules applicable to public and private sector bribery, especially since the latter form of corruption may cause significant damage to society at large, given the value of the sums (and potential bribes) often involved in business transactions. Another concern of the drafters of the Convention related to the issue of privatisation. Over the years and in many countries, important public functions have been privatised (education, health, transport, telecommunication, etc.). The transfer of such public functions to the private sector also entails transfers of substantial budgetary allocations and of regulatory

powers. It is therefore logical and imperative to protect the public from the damaging effects of corruption in businesses as well, particularly since the powers concentrated in the private sector, necessary for their new functions, are of great social importance. Finally, this matter also needs to be viewed against the background of globalisation and the rapid economic growth experienced by numerous countries – with economic actors seeking to make often substantial investments both at home and in a large number of foreign countries.

6. Again referring to the issue of private sector bribery, GRECO evaluation teams were sometimes left with great doubts as to whether the full range of persons who direct or work for, in any capacity, private sector entities as provided for in Arts. 7 and 8 of the Convention was properly captured in domestic legislation. The drafters of the Convention did not simply have in mind the most obvious, namely the employer-employee relationship, but also other types of relationships such as partners, lawyer-client and others in which there is no contract of employment. Within private enterprises not only ordinary employees are to be covered but also all categories of managers from the top to the bottom. Moreover, the relevant articles of the Convention are also meant to apply to persons who do not have the status of employee or do not work permanently for the company – for example consultants, commercial agents etc. – but can engage the responsibility of the company. Summing up on the issue of private sector bribery, the evidence collected by GRECO and other organisations, including the European Commission and the International Chamber of Commerce, suggests that both the transposition of international standards in this area and their practical implementation calls for remedial action in a number of cases (cf. COM 2007).

7. One of the most innovative and challenging provisions of the Convention is contained in Art. 12 which establishes trading in influence as a criminal offence.[13] Without going into any detail regarding the elements of the offence, it must be stressed that the main rationale for its introduction into the Convention was to reach the close circle of the official or the political party to which the official belongs and to tackle the corrupt behaviour of those persons who are in the neighbourhood of power and try to obtain advantages from their situation. Establishing trading in influence as an offence permits Contracting Parties to tackle the so-called *background corruption*, which undermines the trust placed

---

13 Cf. in this connection, the informative feature article (Segonds/Riberolles 2010) detailing experience with the criminal offence of trading in influence in France. While France is not the only GRECO member State where trading in influence is a criminal offence, it was at a very early stage, in the final years of the 19th century, under pressure to add this offence to its legislative arsenal following a number of scandals that left their mark on French judicial history; thus corruption was made a punishable offence in the 1791 and 1810 codes.

by citizens on the fairness of public administration. Quite a few member states of the Council of Europe have availed themselves of the possibility afforded by the Convention not to establish trading in influence as an offence and have made a reservation in this respect.[14] It has proved difficult for GRECO and its evaluation teams to properly ascertain the reasons for these reservations in all cases. GRECO has heard about alleged conflicts with the principle of the freedom of speech and the rule of law, problems of definition (legal security) or the claim that the behaviour targeted by Art. 12 was actually covered by other already existing corruption offences (in which case the reservations did not really make sense). Another interesting and perhaps more convincing concern relates to the assumption that the criminalisation of trading in influence could affect established lobbying activities. In this connection, the Explanatory Report to the Convention strongly emphasises that "the acknowledged forms of lobbying do not fall under the notion of 'improper' influence which must contain a corrupt intent by the influence peddler" (CoE 1999b, par. 65). These considerations and findings have led GRECO to encourage the members concerned to withdraw or not to renew the reservation relating to Art. 12 of the Convention. All in all, some ten GRECO members have made such a reservation.

8. The last example concerns an issue which is of relevance to the cross-border prosecution of corruption offences, namely the dual criminality requirement for corruption offences committed abroad by citizens or residents of a given State. GRECO has taken the view, as a matter of principle, that this requirement should be abolished as it is bound to hamper efficient law-enforcement, especially where the offence has been committed in a country which might not as yet have aligned its domestic law with the relevant international anti-corruption treaties (as this would guarantee a certain level of harmonisation in the definition of the relevant corruption offences).

To sum up, the legal and other issues referred to in the aforementioned examples represent very real challenges to an effective fight against corruption both at domestic and international level. They are no doubt relevant, in one way or another, to all international anti-corruption treaties. They are also likely to represent issues of concern in the context of the follow-up review of the United Nations Convention against Corruption (UNCAC).

---

14 The Convention provides for a certain number of possible reservations. This was felt necessary so that Parties can adapt progressively to the undertakings enshrined in this treaty. The Committee of Ministers formally appealed to all States wishing to become party to the Convention to reduce, as far as possible, the number of reservations that they declare when expressing their consent to be bound by the treaty and to States, which nevertheless find themselves obliged to declare reservations, to use their best endeavours to withdraw them as soon as possible.

2.2 The transposition into domestic law and practice of the Council of Europe Recommendation on Common Rules against Corruption in the Funding of Political Parties and Electoral Campaigns

2.2.1 Basic features of the Recommendation

The relation between money and politics has come to be a global and pressing concern to many citizens. The conditions in which political parties operate have changed over recent decades: they now clearly need substantial resources to gain and maintain visibility and to secure popular support for their ideas. The financial resources deployed in election campaigns can be as influential as party programmes or candidates in determining voting behaviour (and thus election outcomes). Against this background, the risk of illegal political funding has grown, as shown by a number of major political scandals, which have shaken the democracies of different European countries, prompting much debate and calling for greater transparency and stricter control of political finances.

Poorly regulated political financing and/or the use of corrupt practices (e.g. patronage (the granting of donations in exchange for favours), vote buying or abuse of state resources for electioneering) are among the most obvious distortions of democratic principles and processes. Given the growing interest of the topic and the wish to establish a level playing field in this area, GRECO decided to monitor during the Third Evaluation Round its members' compliance with Guiding Principle 15 of Resolution (97) 24 (CoE 1997) and some of the key provisions of the abovementioned Recommendation (CoE 2003b) under the heading "Transparency of Party Funding".[15]

Without detailing the chronology of events leading, in April 2003, to the adoption of the Recommendation, it is noteworthy that the finalisation of this instrument was an unusually lengthy and unusually challenging exercise. In practice, Council of Europe draft Recommendations are elaborated at technical expert level, then examined and approved by the relevant steering committee (most usually in one session) and then finally adopted by the Committee of Ministers, more often than not without any major debate. The finalisation process of this Recommendation did not follow that pattern. The draft of the Recommendation was submitted to the Committee of Ministers in May 2002 and only adopted on 8 April 2003. In between, five meetings of the Committee of Ministers' Rapporteur Group on Legal Co-operation and several consultations between delega-

---

15 This theme covers, in particular, the requirements upon political parties to properly account for and publicise income (including donations and loans) and expenditure, the supervision of parties' routine operations and of election campaigns, as well as the enforcement of financing rules and regulations.

tions had to take place in order to reach a final agreement on common principles which could be accepted by all member States.

This succinct historical *résumé* clearly evidences the delicacy of the matter. It is therefore all the more remarkable that such a legal instrument eventually saw the light of day – the first of its kind at international level. Obviously, some more incisive rules on certain matters might have been desirable, but the fact that it proved possible to find a common denominator in this difficult area was a crucial step in the right direction. Although GRECO managed to reach agreement on including this theme in its Third Evaluation Round in record time (as compared to the lengthy decision-making process concerning the themes to be covered during its Second Evaluation Round), the process was nevertheless a painstaking exercise which again reflected the sensitive character of the issues involved. The Recommendation covers in the main:

- rules on funding sources, namely public and private support to political parties, a definition of, and general principles for, donations to political parties, tax deductibility of donations, donations by legal entities, donations to entities connected with political parties and donations from foreign donors;
- rules on limits on, and records of, electoral campaign expenditure; and above all
- transparency rules, namely regarding accounting and disclosure obligations, the supervision of the rules and regulations pertaining to the funding of political parties and election campaigns as well as the sanctions available in cases of infringements: this is the particular range of technical issues addressed in GRECO's current Third Evaluation Round.

After over 30 country evaluations carried out to date (which can all be accessed from GRECO's Homepage www.coe.int/greco), there can now be no doubt that GRECO has done a great deal to give teeth to a soft-law instrument that some experts had thought to be a mere paper tiger.

It should be recalled in this connection that Ms Zypries, the then German Minister of Justice, who chaired one of the sessions of GRECO's 10th Anniversary Conference on 5 October 2009 expressly welcomed the fact that GRECO had taken "the courageous decision to devote part of its third Evaluation Round to this important issue which – in a number of countries – is perceived as a hot potato". She went on to stress that GRECO's work would certainly help its member States to draw lessons for their fight against corruption in this critical area and provide concrete guidance for their reform endeavours.

2.2.2 The Recommendation's implementation

As evidenced by GRECO's evaluations in this field, the reform endeavours referred to above are certainly needed in all three areas covered by the ongoing Third Round.[16] Regarding *transparency of parties' books and accounts*, GRECO has recommended in a number of cases to require parties and candidates to disclose their income and expenditure in more detail, including the nature and value of individual donations (cash and in-kind) and of loans. It has called for the introduction of a general ban on donations from donors whose identity is not known to the political party.

GRECO has furthermore recommended establishing common formats for the campaign and annual reports to be submitted by parties and candidates, in order to ensure that the information which is made publicly available is easily accessible, coherent, meaningful and comparable to the greatest extent possible. Moreover, GRECO has taken the view that transparency in election financing would benefit significantly from more frequent reporting during the crucial period of campaigns as it would thus allow a candidate or party's opponent, the authorities or the electorate to detect, at an early stage, questionable transactions that may take place during elections.

It should further be noted that reporting/disclosure requirements need to be broad enough to provide as full a picture as possible of the entities connected with political parties (e.g. interest groups, political education foundations, trade unions) so that the public is in a position to develop an understanding of the flow of money from such entities into party coffers and to ascertain a donor's financial influence over the political party at stake.

Turning to the critical issue of *monitoring of party and campaign accounts*, GRECO has made it clear that transparency requirements regarding the books and accounts of political parties and candidates can only be effective when supervised by a truly independent (both institutionally and financially) monitoring body (or bodies). Such bodies need to be endowed with appropriate powers to carry out fully fledged (and not merely *pro forma*) verifications of political accounts. Effective monitoring increases the possibilities for detection of instances of corruption. In this connection, GRECO has recommended strengthening the independence of the monitoring of political funding and ensuring proper substantial supervision of the accounts of parties and candidates.

Furthermore, GRECO has stressed on a number of occasions that the requirement for political parties to have their accounts verified by auditors is an effective tool to reinforce the financial discipline of political actors and decrease

---

16 Cf. Doublet 2010 for a summary of the first 22 evaluations.

possibilities for corruption. It is essential that auditors remain independent – and are seen to be independent – from the political parties they audit. For example, it is crucial that auditors are not faced with a conflict of interest due to a direct or indirect relationship with the party. Likewise, auditors should be prevented from working indefinitely for the same political party.

As far as the *enforcement* of the relevant financing rules is concerned, GRECO has strongly emphasised that breaches of funding rules are serious matters which have an impact on democracy and public trust. However, infringements of political finance rules are rarely brought to light and, if they are brought to light, they often do not lead to any meaningful reaction by the supervisory authorities (where such authorities exist) and/or the law enforcement authorities. The effective use of sanctions is therefore important in reinforcing public confidence in the political process. Consequently, GRECO has recommended ensuring that the sanctions available for the infringement of rules concerning the funding of political parties and candidates are effective, proportionate and dissuasive. In this context, practice also shows that imposing criminal sanctions alone may not be the most effective course of action due to the very nature of criminal proceedings (burden of proof, the time spent on processing criminal cases, etc.). For that reason, GRECO has recommended in a number of cases to introduce more flexible sanctions to supplement the criminal arsenal, including administrative (e.g. withdrawal of public funding, ineligibility for future funding) and possibly civil sanctions (e.g. deregistration).

GRECO's ongoing monitoring of political financing demonstrates that member States still have much to do to come into line with the Council of Europe Recommendation, though there has certainly been considerable progress in numerous areas, particularly in defining what exactly constitutes parties' sphere of activity, the presentation and publication of their accounts, the independence of the relevant supervisory bodies, the focus of the supervision exercised by these bodies and the flexibility of the available sanctions. The hoped-for improvements to legislation in light of GRECO's monitoring results are naturally the responsibility of individual governments, but not only governments. They require an input from all those involved in political activity, including parties and candidates.

There is clearly a need for a more general discussion at both domestic and international level that highlights the interdependence of the various problems identified in GRECO's evaluations and which are so closely interlinked. A system that fails to ensure that sources of income and accounts are properly disclosed makes it much harder to monitor the application of the law and to impose any necessary sanctions. Moreover, a full range of legal sanctions serves little purpose if the supervisory body is not empowered to apply them. At the same time, that body's authority may be totally illusory if it is unable to penetrate the fog surrounding the financing of a particular party or electoral campaign, i.e. if the sources of this income are not sufficiently publicised. Full disclosure of accounts is therefore the precondition for the effective application of the law by any supervisory body. The Council of Europe Recommendation is the only international legal text laying down, in so much detail, the political funding-related key elements of a smoothly running democracy. This is why a comprehensive and overall approach to these problems is so important.

GRECO's work on political financing has given rise to increased attention by the public at large and the media. It is a topic which is clearly at the heart of citizens' concerns regarding their trust in political and governance systems. The changes recommended by GRECO in respect of legislative frameworks, practices and institutions are not always so visible to the general public. Nevertheless, it is clear that they make a difference to the level of protection provided to the citizens of Council of Europe member States and beyond against the scourge of corruption.

In the last two decades many countries have adopted new constitutions, electoral and political party laws. The relevant legal provisions will almost certainly require further changes in the near future. Although it may be illusory to obtain total control of political finances, a certain level of transparency should be reached where it becomes difficult and risky for parties and candidates to circumvent the rules. It clearly is not easy for a number of members to implement GRECO's recommendations. However, GRECO's transparency model now entails concrete benchmarks – at European level – which policy-makers need to bear in mind. This is a particular achievement which helps to make the Recommendation work in practice.

3 Conclusions

GRECO's Anniversary Conference, which was celebrated on 5 October 2009, was an excellent opportunity to assess the progress achieved in the prevention of corruption in public administration, anti-corruption legislation and transparency of political financing and to discuss the cooperation of international stakeholders, future challenges and increasingly relevant subjects, such as lobbying and bribery in the private sector. The event brought together a large number of Ministers and Secretaries of State (including from France, Italy, Turkey and Russia) as well as representatives from 46 member States, several non-member States, international organisations and civil society.

Among the conclusions drawn during the event, the following five merit special attention as they are of obvious relevance to policy-makers and those involved in the oversight of anti-corruption activities:

1. More than one Minister and Secretary of State stressed that prevention and law enforcement are complements and not alternatives. Preventive efforts will be in vain if they are not backed up with determined action to counter impunity for abuses of official position (which corruption ultimately represents). Fighting impunity is essential for the legitimacy of the political system and so is a determined preventive approach. Proper cooperation with civil society is also of crucial importance in this context. In all these areas the role of oversight bodies is essential as well.

2. GRECO and other international and domestic players, including anti-corruption commissions and other similar bodies can take credit for raising the awareness of decision-makers and ordinary citizens as regards the damage corruption causes to society at large, democratic institutions and the economy. As a consequence, attitudes in many of our member States have moved towards a more healthy intolerance of corruption, including in countries which in the past thought of themselves as being *corruption free*.

3. More needs to be done to ensure that anti-corruption principles recognised and implemented at national or central level are also applied and enforced at sub-national levels, in particular in the town halls. This calls for proper assessment at domestic level. This is one of the areas where national oversight bodies can play a useful role, as a complement to local control services whose independence and impartiality is more often than not questionable.

4. Implementation support through international and domestic actors remains crucial; such support must be further developed in order to help translate the results of monitoring and oversight, and the relevant recommendations in particular, into sustainable practical achievements. It is also imperative to mobilise other domestic players to contribute to the practical implementation of relevant standards and recommendations. Oversight bodies as well as national parliaments and NGOs could certainly make – and should make – a useful contribution.

5. A final matter, also relevant from the point of view of national anti-corruption bodies, concerns the critical issue of conflicts of interest regarding elected representatives. Irrespective of their special relationship with their electorate and their party, they also have a wider responsibility which requires integrity, transparency and convincing standards of accountability. The setting of appropriate and enforceable standards as well as proper supervision of those standards is essential in this context.

There is no lack of good advice and useful recommendations available to countries in Europe and beyond. However, there is a clear need for a collective effort to ensure that the international anti-corruption movement does not paralyse itself, by duplicating efforts, setting conflicting standards and subjecting member States to ever-increasing reporting duties; this will only jeopardise the effectiveness of the fight against corruption. This is in nobody's interest.

References

CoE (Council of Europe) (1996). Programme of Action against Corruption - GMC (96) 95, Committee of Ministers, Strasbourg.
CoE (1997). Resolution (97) 24 on the Twenty Guiding Principles for the Fight against Corruption, Strasbourg.
CoE (1999a). Criminal Law Convention on Corruption - ETS 173, Strasbourg.
CoE (1999b). Explanatory Report to the Criminal Law Convention on Corruption, Strasbourg.
CoE (1999c). Civil Law Convention on Corruption - ETS 174, Strasbourg.
CoE (2000). Recommendation No. R (2000) 10 on Codes of Conduct for Public Officials.
CoE (2003a). Additional Protocol to the Criminal Law Convention on Corruption - ETS 191, Strasbourg.
CoE (2003b). Recommendation Rec (2003) 4 on Common Rules against Corruption in the Funding of Political Parties and Electoral Campaigns, Strasbourg.
CoE (2010). Practical Impact of the Council of Europe monitoring mechanism in improving respect for human rights and the rule of law in member States, Strasbourg.
CoE (2011). The Council of Europe in brief. Who we are, http://www.coe.int/aboutCoe/index.asp?page=quisommesnous&l=en, (20.03.2011).
Doublet, Yves-Marie (2010). Political financing. GRECO's first 22 evaluations, Directorate of Monitoring, Strasbourg.
Eser, Albin/Kubiciel, Michael (2005). Institutions against Corruption. A Comparative Study of the National Anti-Corruption Strategies reflected by GRECO's First Evaluation Round, Baden-Baden.
COM (2007) 328 (European Commission). Report from the Commission to the Council based on Article 9 of the Council Framework Decision 2003/568/JHA of 22 July 2003 on combating corruption in the private sector, Brussels.
OAS (Organization of American States) (1996). Inter-American Convention against Corruption, Washington, D.C.
OECD (1999). Convention on Combating Bribery of Foreign Public Officials in International Business Transactions, Paris.
Segonds, Marc/Riberolles, Armand (2010). Experience with the criminal offence of trading in influence in France, in Greco (2010) 1E: Tenth General Activity Report of GRECO (2009), Strasbourg, 16–20.
UN (2003). United Nations Convention against Corruption (UNCAC). New York/Vienna.

Korruptionsbekämpfung in Österreich – Entwicklungen seit dem GRECO-Bericht

René Wenk

Abstract

„Österreich befindet sich in einem frühen Stadium im Kampf gegen die Korruption." Dieser Satz findet sich im Evaluierungsbericht der Staatengruppe gegen Korruption des Europarates (GRECO) im Jahr 2008. In Summe wurde zum Teil sehr massive Kritik an den österreichischen Bemühungen geäußert, waren die Versäumnisse in gewissen Bereichen doch sehr weitreichend. Seit der Veröffentlichung hat sich in Österreich sowohl in legistischer als auch organisatorischer Hinsicht einiges bewegt. Neben der Einführung des Amtsträgerbegriffes im Strafrecht und dem Versuch, die Strafbarkeit bei Korruptionsvorgängen zeitlich weiter nach vorne zu verlagern, ist die Einrichtung einer spezialisierten Staatsanwaltschaft und des Bundesamts zur Korruptionsprävention und Korruptionsbekämpfung, des komplementären Gegenstück dieser Staatsanwaltschaft im Bundesministerium für Inneres, ein bedeutender Schritt im Kampf gegen Korruption. Die konkrete Ausgestaltung der einzelnen Vorhaben stieß jedoch nicht immer auf einhellige Zustimmung. Der gegenständliche Beitrag beschäftigt sich mit den Entwicklungen seit 2008 und versucht, diese überblicksmäßig zu beleuchten.

1 Einleitung

„Österreich befindet sich in einem frühen Stadium im Kampf gegen die Korruption." Dieser Satz stammt nicht etwa aus der Feder eines Prüfers des Obersten Rechnungshofes der k. u. k. Monarchie um 1870, welcher strenge Ordnung und Rechtigkeit im gesamten Staatsrechnungswesen sichern und auch eine genaue Kontrolle über die Verwaltung des Staatsvermögens führen sollte. Er findet sich vielmehr sinngemäß in den Schlussfolgerungen im Bericht von Experten aus den Ländern Schweiz, Serbien, Bulgarien und Ungarn, die Österreich im Rahmen des GRECO-Evaluierungsprozesses in der zweiten Jahreshälfte 2007 besucht und gewisse Aspekte in den Bemühungen im Kampf gegen die Korruption bewertet hatten.[*] Die Staatengruppe des Europarates gegen Korruption, kurz GRECO, wacht über die Implementierung und praktische Umsetzung der Strafrechtsübereinkommen gegen Korruption des Europarates (ETS Nr. 173). Zu dieser 1999 gegründeten Gruppe gehören neben allen 47 Europaratsmitgliedern auch die

---

[*] Für umfangreiche Erläuterungen zum Evaluierungsprozess von GRECO siehe den Beitrag von Wolfgang Rau in diesem Band.

Vereinigten Staaten von Amerika, wobei Österreich als vorletztes EU-Mitgliedsland erst am 1. Dezember 2006, knapp ein halbes Jahr vor Italien, beigetreten ist. Der in drei Phasen gegliederte *peer review*-Mechanismus ist derzeit eine der effektivsten Methoden, die tatsächlichen Bemühungen von Mitgliedstaaten bei der Umsetzung von internationalen Abkommen im Bereich der Korruptionsbekämpfung aufzuzeigen und zu bewerten, da sich dieser Vorgang nicht nur auf die Bewertung beantworteter Fragebögen beschränkt, sondern eben auch Expertenbesuche in den zu prüfenden Ländern umfasst. Gerade die Gespräche mit Vertretern der Sicherheitsverwaltung, der Judikative, von NGOs oder sonstigen Stakeholdern aus dem Antikorruptionsbereich verschaffen den Evaluatoren einen guten Gesamtüberblick und ermöglichen eine sehr tiefgehende Beurteilung. Zusammenfassend kann das Ergebnis des GRECO-Berichtes (CoE 2008) aus österreichischer Sicht als nicht zufriedenstellend bezeichnet werden – der Bericht enthielt 24 teils sehr eindringliche Empfehlungen.

Österreich war seit diesem Zeitpunkt – die Evaluierung fand 2007 statt, die Veröffentlichung des Berichtes Mitte 2008 – gerade im Bereich der Korruptionsbekämpfung im öffentlichen Sektor sowohl legistisch als auch organisatorisch nicht untätig. Es wurde vieles bewegt, gewisse Schritte sind jedoch von zum Teil erheblicher Kritik begleitet worden. Ob begründet oder nicht, hängt wie so oft vom Standpunkt der Betrachtung ab. Im Folgenden wird versucht, diese Entwicklungen und die damit verbundenen Diskussionspunkte in einem groben Überblick zu beleuchten. Auf die Entwicklung im Bereich der Privatwirtschaftskorruption und die Thematik der Parteienfinanzierung wird hier aufgrund der Rahmenvorgaben nicht eingegangen.[*]

2 Das Korruptionsstrafrecht – Die Entwicklung in legistischer Hinsicht

Sich bei der Korruptionsbekämpfung alleine auf die Waffen der Rechtswissenschaft zu beschränken und sich auf die Aufklärung und anschließende Sanktionierung strafbaren Handelns zu konzentrieren ist ein verkürzter Ansatz, welcher letztendlich wohl zum Scheitern aller Bemühungen führen wird.[*] Diese Behauptung und die Forderung nach einer koordinierten multidisziplinären Vorgehensweise findet bei den meisten Stakeholdern im Antikorruptionsbereich mittlerweile einhelligen Zuspruch (als Beispiel für viele Kreutner 2009: 61).

---

[*] Für eine privatwirtschaftliche Sichtweise siehe den Beitrag von Gerhard R. Donner in diesem Band.

[*] Zur Bedeutung des Strafrechts in der Korruptionsbekämpfung siehe auch den Beitrag von Wolfgang Hetzer in diesem Band.

Der Rechtswissenschaft als Teildisziplin dieses gemeinsamen Angriffs gegen die Korruption kommt jedoch eine besonders komplexe Aufgabe zu. Sie soll ein tatbestandsmäßiges Verhalten beschreiben und sanktionieren, welches seit Menschengedenken existiert (bspw. Altes Testament, Buch Exodus, Kapitel 23, Vers 8; Hesiod, Werke und Tage, Vers 220–221; umfassend Grüne/Slanicka 2010) und in den unterschiedlichen Kulturkreisen differenziert verstanden wird (bspw. Harrison/Huntington 2000). Darüber hinaus finden sich zum einen in manchen Fachbüchern bis zu zwanzig Definitionsversuche (Heidenheimer/Johnston 2002), zum anderen in noch so umfangreichen Konventionen jedoch keine einzige Definition des Phänomens Korruption. Um nicht von vornherein im Kampf die Segel zu streichen und so die Kapitulation bekanntzugeben, muss der Staat zur wirkungsvollen Verfolgung geeignete rechtliche Instrumente anbieten, die all diese Facetten berücksichtigen.

Die Anforderungen an ein Korruptionsstrafrecht und die damit verbundenen Erwartungen auf eine Umsetzung geeigneter Initiativen durch den Gesetzgeber sind denkbar hoch. Der Impuls zu einem solchen Handeln der Legislative in Österreich kam in der Vergangenheit meist aus Skandalen: Mit den Stichwörtern „Exportprämienbetrug", „AKH-Skandal" oder „WBO-Affäre" seien nur einige genannt (vgl. Bogensberger 2009: 74; Geyer et al. 2009: 136; Sickinger 2007: 102). In den letzen 15 Jahren waren es dann internationale Vorgaben wie das Übereinkommen der Vereinten Nationen gegen Korruption (UNCAC, A/RES/58/4), das Strafrechtsübereinkommen über Korruption des Europarates oder das OECD-Übereinkommen über die Bekämpfung der Bestechung ausländischer Amtsträger im internationalen Geschäftsverkehr vom 17. Dezember 1997, die den Gesetzgeber zu Änderungen aufforderten. Mit dem Strafrechtsänderungsgesetz 2008 (BGBl. I 109/2007) und der damit verbundenen Totalrevision des Korruptionsstrafrechts wurde dieser Aufforderung sehr vehement nachgekommen (Hinterhofer 2009a: 250).

2.1 Das Strafrechtsänderungsgesetz 2008 (StrÄG 2008)

Mit 1. Jänner 2008 trat eine Gesetzesnovelle in Kraft, die in der gesamten Breite unserer gesellschaftlichen Matrix zu sehr heftigen Reaktionen führte. In den folgenden Monaten wurde in der österreichischen Medienlandschaft eine sehr dramatische gesamtstaatliche Entwicklung durch das Strafrechtsänderungsgesetz 2008 prophezeit. Kulturveranstalter bangten plötzlich um ihre besten Kunden (Oberösterreichische Nachrichten 24.11.2008: 11) und befürchteten „gefährliche Auswirkungen" (Der Standard 25.7.2008: 3), aber auch die Ärzteschaft war verunsichert (Der Falter 15.4.2009: 13), ob ihr Fortbildungskongress bereits unter die Korruptionsbestimmungen fallen würde (Die Presse 3.3.2009: 8). Was war dem österreichischen Gesetzgeber eingefallen? Er hatte sich vorrangig seiner internationalen Verpflichtungen erinnert (285 BlgNR XXIII. GP., 1), die er durch die Unterzeichnung der bereits erwähnten maßgeblichen Konventionen eingegangen war, allen voran des Europarat-Strafrechtsübereinkommens oder des Übereinkommens der Vereinten Nationen gegen Korruption (UNCAC), das im Gegensatz zu erstgenanntem bereits ratifiziert ist (BGBl. III 47/2006). Dass die damals bevorstehende Evaluierung durch GRECO die zeitliche Umsetzung beeinflusst bzw. beschleunigt hatte, kann natürlich nicht angenommen werden; die Art der Umsetzung dürfte jedoch für gewisse Gruppen überraschend gekommen sein.

Zyniker würden nun behaupten, der Hauptkritikpunkt an dem neuen Gesetz war die Kriminalisierung von Kaffee und Kuchen bzw. der Blumensträuße für das Lehrpersonal, vielmehr war jedoch die Einführung des Amtsträgerbegriffs und des Tatbestandes der Anfütterung der Stein des Anstoßes für die Heerscharen an Kritikern, vor allem aus den Bereichen Wirtschaft, Sport und Kultur, die in den folgenden Monaten viel Energie aufbrachten, um eine Gesetzesänderung durchzusetzen.

2.1.1 Der Amtsträgerbegriff des StRÄG 2008

Der Amtsträgerbegriff des StRÄG 2008, § 74 Abs. 1 Z. 4a StGB idF. BGBl. I 109/2007, orientierte sich maßgeblich an den internationalen Konventionen, allen voran an der Definition des „Public Official" in Art. 2 lit. a der UNCAC. Der Geltungsbereich erstreckte sich auf alle Personen, die für Österreich, einen anderen Staat oder eine internationale Organisation ein Amt in der Gesetzgebung, Verwaltung oder Justiz innehatten (Amtsträger im engeren Sinn) oder sonst mit öffentlichen Aufgaben, einschließlich in öffentlichen Unternehmen, betraut waren (Amtsträger im weiteren Sinn). Zur Gänze ausgeschlossen vom Amtsträgerbegriff waren damals die Mitglieder inländischer verfassungsmäßiger Vertretungskörper. Darunter versteht man im Regelfall die Mitglieder des Nationalrates, des Bundesrates, der Landtage und der Gemeinderäte bzw. – dem VfGH folgend – auch die in Wien eingerichteten Bezirksvertretungen (Mayer 2007, Art. 141 B-VG I.2). Eine Begründung für die Ausnahme fand sich in den Materialien nicht. Sie wurde sowohl von den Oppositionsparteien als auch von Korruptionsbekämpfungsexperten kritisiert.

Im rechtswissenschaftlichen Diskurs zur zweigliedrig aufgebauten Definition des Amtsträgers wurden beispielsweise Problemfelder im Zusammenhang mit beliehenen Unternehmen, untergeordneten Tätigkeiten im Rahmen eines Dienstverhältnisses im öffentlichen Dienst oder dem Tätigwerden im Rahmen von selbstständigen Wirtschaftskörpern gesehen (zum Beispiel Brandstetter et al. 2009a: 6f., Glaser 2009: 226; Medigovic 2009: 151f.; Reindl-Krauskopf 2009a: 49f.). Hinsichtlich der Innehabung eines Amtes und der Betrauung mit einer öffentlichen Aufgabe stellte sich die Frage, ob man bei der Auslegung des Amtsträgerbegriffes dem funktionalen Prinzip, vergleichbar mit der herrschenden Meinung und der ständigen Rechtsprechung zum Beamtenbegriff, oder doch einem organisatorischen folgte.

Sehr viel intensiver in der öffentlichen Wahrnehmung wurde jedoch der Amtsträger im weiteren Sinne, wie Medigovic (2009: 153f.) ihn bezeichnete, diskutiert. Zum einen bedarf die Frage, wieweit eine Aufgabe als öffentlich im Sinne des Gesetzeswortlauts zu verstehen ist, einer Klärung, zum anderen die Frage, welche staatsnahen Betriebe durch den eingeschobenen Verweis „einschließlich in öffentlichen Unternehmungen" vom Amtsträgerbegriff erfasst und bis zu welcher Hierarchieebene die Mitarbeiter betroffen sind.

Bei Anwendung einer sehr wörtlichen Interpretation des Gesetzeswortlautes der Amtsträgerdefinition ist ohne Zweifel eine sehr weitreichende Auslegung möglich und waren manche Begriffe zu unbestimmt. Die Frage „Geht das Korruptionsstrafrecht zu weit?", welche Medigovic (2009) stellte, war nicht unbegründet; in den Erläuterungen zu den internationalen Vorgaben wird jedoch klargestellt, dass so viele „Schlupflöcher" wie möglich in der Kriminalisierung der Korruption im öffentlichen Sektor vermieden werden sollen (CoE 2000: 34). Aufgrund der sehr kurzen Geltungsdauer war es auch für die Rechtssprechung nicht möglich, eine ähnlich fundierte Spruchpraxis wie im Zusammenhang mit dem Beamtenbegriff zu entwickeln.

2.1.2 Das „Anfüttern"

Zweiter Hauptkritikpunkt am StRÄG 2008 war der neu eingeführte Tatbestand des Anfütterns (§§ 304 Abs. 2 bzw. 307 Abs. 2 StGB aF). Aus der Sicht der Praktiker im Bereich der Korruptionsbekämpfung stellte diese Bestimmung einen revolutionären Schritt dar, musste man nun keinen Konnex zwischen Vorteilsannahme bzw. Vorteilsgewährung und einer konkreten Amtshandlung nachweisen. Dieser Konnex stellte ein Glied der Beweiskette dar, welches im Rahmen von Ermittlungen aufgrund von immer einfallsreicheren Verschleierungsmethoden und oft großen zeitlichen Abständen zwischen einem Vorteilsfluss und einem tatsächlichen Fehlverhalten eines Entscheidungsträgers nur sehr schwer zu erbringen war. Kritiker hingegen, insbesondere aus dem Bereich des

Kultur- und Sportmanagements, sahen „gefährliche Auswirkungen" für die Organisation solcher Veranstaltungen bzw. sahen die österreichische Gastfreundschaft kriminalisiert (Der Standard 25.7.2010: 3). Die dem deutschen und Schweizer Recht nachempfundenen Regelungen der aktiven und passiven Bestechung verzichteten auch auf die bis dahin angewandte Unterscheidung in pflichtgemäßes und pflichtwidriges Verhalten eines Amtsträgers im Zusammenhang mit einer Vorteilsgewährung. Diese ausschließliche Fokussierung auf die Parteilichkeit eines Amtsträgers (Mitgutsch 2009: 50) und die nunmehrige offensichtliche Gleichbehandlung von an sich im Grad des Fehlverhaltens unterschiedlichen Handlungen führte ebenfalls zu einer gewissen Ablehnung bei Kritikern. Fairerweise muss man aber darauf hinweisen, dass auch die Regelung im deutschen Strafrecht in der Praxis zu diskussionswürdigen Entscheidungen der Gerichte führt, wie der Fall um die Schenkung von Eintrittskarten für Spiele der Fußballweltmeisterschaft 2006 an deutsche Politiker zeigte (BGH, Urt. v. 14.10.2008 – 1StR 260/08; Trüg 2009: 196).

2.1.3 Die öffentliche Diskussion und ihre Folgen

Selten sorgte eine neue Regelung im StGB für ein solch breites Aufsehen, wobei in den Diskussionen mehrmals der Bezug zur Sachlichkeit verloren ging. Zu oft wurde das Beispiel der Krankenschwester bemüht, welche sich nach der Annahme eines Blumenstraußes mit einem Fuß im Gefängnis wähnte, da eine Geringfügigkeitsgrenze bei der Vorteilsannahme nur im Zusammenhang mit dem Anfüttern, d.h. ohne Konnex zu einer bestimmten Amtshandlung, im Gesetz zu finden war (zur Geringfügigkeitsproblematik u.a. Brandstetter et al. 2009b: 8). Bei einem konkreten Zusammenhang zu einem Amtsgeschäft fand sich eine solche Ausnahme explizit nicht im Gesetzeswortlaut, und so wurde diese Tatsache bei den Gegnern als ein Argument für die rasche Änderung des Korruptionsstrafrechts ins Rennen gebracht. Dabei wurde jedoch außer Acht gelassen, dass eine Vorteilsgewährung zumindest eine gewisse Eignung zur Beeinflussung der Amtsführung aufweisen muss und einer Tasse Kaffee im Rahmen einer Besprechung bei einer realitätsnahen Betrachtung diese Qualität wohl abzusprechen ist (Fuchs/Jerabek 2009: 64). Besonders in Erinnerung im Zusammenhang mit dieser unsachlichen Argumentationskette gewisser Teilnehmer blieb dabei eine Veranstaltung im Rahmen der Reihe „Rechtspanorama" an der Rechtswissenschaftlichen Fakultät der Universität Wien im März 2009, wo die Gesetzesnovelle als „Kulturrevolution" bezeichnet wurde, die es zu bekämpfen gelte (Die Presse 16.3.2009: 7).

Nach einem ersten Versuch, mittels Initiativantrages einer Regierungspartei im September 2008 das Gesetz zu ändern bzw. die Angst vor übermäßiger Kriminalisierung zu beseitigen, wie es in den Beilagen hieß (902/A BlgNR. XXIII. GP, 2), konnten die Befürworter einer Anpassung des Korruptionsstrafrechts ein Jahr später einen Sieg verbuchen. Im September 2009, nach einer Gültigkeit von nur 21 Monaten, wurde das Strafrecht mit dem Korruptionsstrafrechtsänderungsgesetz 2009 bereits wieder geändert oder – wie Kritiker es formulieren – verwässert. Auch wenn diese Änderung für die Korruptionsbekämpfer nicht begrüßenswert erscheint, so hat die Einführung und die im Anschluss folgende intensive öffentliche Auseinandersetzung mit der grundlegenden Korruptionsproblematik, wie sie in Österreich seit Jahren vermisst wurde, aus einer generalpräventiven Sicht betrachtet die Korruptionsbekämpfung einen Schritt nach vorne gebracht. Die Bemühungen im Kampf gegen die Hydra Korruption sind – und in diesem Bereich sind sich Experten einig – ohne eine umfassende Bewusstseinsbildung in der gesamten Gesellschaft von vornherein zum Scheitern verurteilt.

2.2 Das Korruptionsstrafrechtsänderungsgesetz 2009 (KorrStRÄG)

Neben der umfassenden Diskussion im Vorfeld der Gesetzesnovelle ist auch der Gesetzwerdungsprozess des Korruptionsstrafrechtsänderungsgesetzes 2009 ungewöhnlich. Im Juni 2009 wurde vom Bundesministerium für Justiz (BMJ) ein Ministerialentwurf (64/ME BlgNR. XXIV. GP) im Parlament eingebracht. Erklärtes Ziel war unter anderen eine Präzisierung des Amtsträgerbegriffs und eine Klarstellung bei den entsprechenden Tatbeständen, insbesondere im Zusammenhang mit dem „Anfüttern" (Punktuation zur Reform des Korruptionsstrafrechts als Beilage zum Ministerialentwuf). Erwähnenswert sind in diesem Zusammenhang eine Begutachtungsfrist von nur zehn Tagen und die Tatsache, dass während des laufenden Begutachtungsverfahrens bereits ein Initiativantrag (671/A BlgNr. XXIV. GP) im Parlament eingebracht wurde. Es findet sich an diesem Vorgehen in den Stellungnahmen zum Teil sehr bestimmte Kritik (z.B. 32/N-64/ME XXIV. GP).

2.2.1 Die „Präzisierung" des Amtsträgerbegriffs

Die Umsetzung der Ziele des KorrStRÄG 2009 brachte eine gänzliche Neustrukturierung des Amtsträgerbegriffs, wobei man sich auf den ersten Blick wieder von den internationalen Vorgaben entfernte. Die Definition folgt nun einem klar strukturierten, viergliedrigen Aufbau.

In der ersten Variante (§ 74 Abs. 1 Z. 4a lit. a StGB) finden nun die Mitglieder inländischer verfassungsmäßiger Vertretungskörper Einzug in den Geltungsbereich der Amtsträgerdefinition. Man kann jedoch behaupten, nicht auf dem schnellsten und direktesten Wege. Sowohl im angesprochenen Ministerialentwurf als auch im unmittelbar folgenden Initiativantrag waren die nationalen Abgeordneten, wie bereits in der Rechtslage des StRÄG 2008, noch als Ausnahmen deklariert. Erst in Folge einer intensiven politischen Debatte zwischen den Regierungsparteien und der Opposition im Parlament wurden mittels Abänderungsantrag (69/AA BlgNR. XXIV. GP) die Abgeordneten teilweise aufgenommen. Es findet sich in der Legaldefinition jedoch eine beträchtliche Einschränkung, da die Abgeordneten nur bei der Abgabe ihrer Stimme bei einer Wahl oder Abstimmung oder sonst bei der Ausübung der in den jeweiligen Geschäftsordnungen der Abgeordneten festgelegten Pflichten vom Amtsträgerbegriff erfasst sind. Der wesentlich bedeutendere Bereich sind jedoch die in den Geschäftsordnungen vorgesehen Rechte der Parlamentarier. So qualifiziert ihn die Ausübung dieser, beispielsweise des weitreichenden Interpellationsrechtes, nicht zum Amtsträger. Diese Vorgehensweise des Gesetzgebers ist insbesondere deshalb verwunderlich, war gerade der Verdacht einer missbräuchlichen Beeinflussung Nationalratsabgeordneter durch ausländische Nachrichtendienste, unter anderen auch im Zusammenhang mit parlamentarischen Anfragen, ein Mitgrund zur Einrichtung eines parlamentarischen Untersuchungsausschusses im Jahr 2009 (71/GO XXIV. GP). Eine Erklärung für die Einschränkungen findet sich in den Materialien nicht. Da ausländische Abgeordnete von dem Amtsträgerbegriff der zweiten Variante erfasst sind, stellt sich eine begründete Frage nach einer europarechtlichen Konformität in Anbetracht des Gleichheitsprinzips des Art. 18 des Vertrages über die Arbeitsweise der Europäischen Union und der „integrationsfreundlichen" Judikatur des EuGH (Hinterhofer 2009b: 738).

Die zweite Variante (§ 74 Abs. 1 Z. 4a lit. b StGB) umfasst Personen, die für eine Gebietskörperschaft, Gemeindeverbände, einen Sozialversicherungsträger oder dessen Hauptverband, für einen anderen Staat oder eine internationale Organisation Aufgaben der Gesetzgebung, Verwaltung oder Justiz als Organ oder Dienstnehmer wahrnehmen, wobei die nationalen Abgeordneten aufgrund der lit. a ausgenommen sind. Es wird hier ein organisatorisches Prinzip verfolgt, da es auf die organschaftliche Vertretung nach außen oder die entgeltliche Beschäftigung als Dienstnehmer in der Organisationsstruktur ankommt, wobei auch untergeordnete Hilfsdienste – sofern sie zum eigentlichen Dienstbetrieb gehören – erfasst sind (Fuchs/Jerabek 2010: 53f.).

Die dritte Variante (§ 74 Abs. 1 Z. 4a lit. c StGB) versucht, mittels einer funktionalen Zurechnung, Personen, die „sonst" im Namen der in lit. b angeführten Körperschaften befugt sind, in Vollziehung der Gesetze Amtsgeschäfte vorzunehmen, eine Amtsträgereigenschaft zuzusprechen. Maßgeblich ist diese Bestimmung für den Bereich der Übertragung staatlicher Aufgaben an „beliehene" Unternehmen oder Personen, wie beispielsweise bei Betreibern einer Kfz-Werkstätte im Zusammenhang mit einer § 57a KFG Überprüfung (Begutachtungsplakette), der Beauftragung einer privaten Sicherheitsfirma mit der Parkraumüberwachung in einer Gemeinde oder der Sicherheitskontrolle an einem Flughafen (Fuchs/Jerabek 2010: 54).

Eine sehr interessante Konstruktion ist die vierte Gruppe der Amtsträger (§ 74 Abs. 1 Z. 4a lit. d StGB), die wiederum einem organisatorischen Prinzip folgt. Ziel dieser Bestimmung sollte eine klare Regelung des Bereichs der Ausgliederung staatlichen Verwaltungshandelns sein, da der sehr weitreichende Geltungsbereich des alten Amtsträgerbegriffs in diesem Feld ein oftmals genannter Kritikpunkt (z.B. Medigovic 2009: 149f.) war. Die neue Variante umfasst, neben der Grundvoraussetzung der organschaftlichen oder dienstrechtlichen Betätigung im Unternehmen, zwei kumulative Bedingungen, welche der Rechtsträger, für die ein Organ oder Dienstnehmer tätig ist, erfüllen muss, um eine Amtsträgereigenschaft zu begründen: Der Rechtsträger muss der Kontrolle durch den Rechnungshof bzw. gleichartiger Einrichtungen der Länder oder einer vergleichbaren internationalen oder ausländischen Kotrolleinrichtung unterliegen. Aufgrund der doch sehr weiterreichenden Befugnisse dieser Einrichtungen und umfassender gesetzlicher Regelungen ist dieser Punkt nicht problematisch. Den Geltungsbereich sehr einschränkend ist aber die zweite Bedingung. Ein möglicher Rechtsträger muss auch seine weit überwiegende Leistung für die Verwaltung der in lit. b genannten Körperschaften erbringen, wobei die Materialien anführen, dass im Falle von 51 % noch nicht von einer überwiegenden Leistungserbringung gesprochen werden kann (AB 273. BlgNR XXIV. GP. 2). Im Initiativantrag finden sich als Beispiel für die überwiegende Leistungserbringung die Bundesbeschaffung GmbH, die Buchhaltungsagentur des Bundes oder die Bundesimmobilengesellschaft mbH. Verneint wird diese Eigenschaft jedoch bei den Unternehmen der sogenannten Daseinsfürsorge wie die Österreichische Post AG, die ASFINAG oder die ÖBB Holding AG. Bei Betrachtung dieser Beispiele kann man die Intention des Gesetzgebers erkennen, dass nahezu eine hundertprozentige Leistungserbringung für die Infrastruktur einer in Frage kommenden Körperschaft erwartet wird, um die Amtsträgereigenschaft zu begründen.[*] Für zuletzt genannte Unternehmungen gelten, um diese nicht gegenüber rein privaten Unternehmen auf dem freien Markt zu benachteiligen, die weniger strengen Strafbestimmungen der Privatwirtschaftskorruption. Der Rechnungshof weist in

---

[*] Zur Handhabung dieser Frage für Mitarbeiter der Austrian Development Agency siehe den Beitrag von Georg Huber-Grabenwarter in diesem Band.

seiner Stellungnahme (43/SN-64/ME: 4) jedoch nicht zu Unrecht auf die Beiträge und Haftungsübernahmen des Bundes in Milliardenhöhe für die ÖBB Holding AG hin und daher auf die Notwendigkeit für das strengere Regime des öffentlichen Korruptionsstrafrechts bei Unternehmen, welche staatliche Unterstützung in beträchtlicher Höhe genießen.

Auf weitere Wertungswidersprüche im Bereich des Gesundheitswesens weist Reindl-Krauskopf (2009b: 732) anhand von Dienstnehmern in öffentlichen Krankenanstalten hin.

2.2.2 Die Straftatbestände – Wo ist das „Anfüttern"?

Durch das KorrStRÄG 2009 wurden auch die Straftatbestände der §§ 304ff. StGB neu gegliedert und umbenannt, sowie die Unterscheidung zwischen pflichtwidriger und pflichtgemäßer Amtsführung im Zusammenhang mit einem Vorteilsfluss wieder eingeführt. Die nach dem StRÄG 2008 geltende Gleichbehandlung offensichtlich ungleichen Unrechtsgehaltes ist von den Kritikern mehrmals beanstandet worden. Im Bereich der passiven Bestechung gibt es den Tatbestand der „Bestechlichkeit" (§ 304 Abs. 1 StGB) bei pflichtwidriger und den Tatbestand der „Vorteilsannahme" (§ 305 StGB) bei pflichtgemäßer Amtsführung. Auf der Geberseite finden sich die korrelierenden Bestimmungen der „Bestechung" (§ 307 StGB) und der „Vorteilszuwendung" (§ 307a StGB). Im Rahmen der Novellierung wurden auch die maximalen Strafrahmen erhöht. Bei der Bestechlichkeit ist bei der qualifizierten Form des Abs. 2, bei einem 50.000 Euro übersteigenden Vorteil, ein Strafrahmen von einem bis zehn Jahren vorgesehen. Die damit verbundene gleiche Wertung des Unrechtgehaltes mit einem Delikt wie Körperverletzung mit tödlichem Ausgang (§ 86 StGB) ist zumindest diskussionswürdig (Medigovic 2010: 257).

Durch die Einführung des Deliktes der „Vorbereitung der Bestechlichkeit oder der Vorteilsannahme" (§ 306 StGB) und die damit verbundene Abschaffung des „Anfütterungstatbestandes" ist der Bereich der vorsorglichen Klimapflege wieder mehr in den straffreien Raum gerückt. Strafbar ist nunmehr die „Anbahnung" eines zukünftigen Amtsgeschäftes, da ein objektivierbarer Zusammenhang zwischen einer Vorteilsgewährung und diesem Amtsgeschäft bestehen muss (Fuchs/Jerabek 2010: 67f.).

Laut den Materialien ist eine inhaltlich bestimmte und mit Wahrscheinlichkeit absehbare Amtshandlung Voraussetzung. Es soll für die Strafbarkeit nicht genügen, dass eine zukünftige Geschäftsbeziehung zwischen Amtsträger und Geber nicht auszuschließen ist. Der Gesetzgeber wollte damit eine uferlose, angeblich kriminalpolitisch nicht zweckmäßige Weite der Korruptionsdelikte vermeiden (IA 671/A BlgNR. XXIV. GP, 14).

Da bei der inneren Tatseite auch bei der Vorteilsgewährung in § 306 StGB bereits zumindest bedingter Vorsatz hinsichtlich eines konkretisierbaren anzubahnenden Amtsgeschäftes vorliegen (Fuchs/Jerabek 2010: 69) und für eine Verurteilung natürlich auch beweisbar sein muss, ist mit einer großen Anzahl an solchen Verurteilungen wohl nicht zu rechnen. In diesem Bereich wurde den Praktikern ein strafrechtliches Instrument zur Bekämpfung der Korruption in der frühen Phase der Anbahnung nach nur 21 Monaten wieder genommen.

3 Die spezialisierten Behörden – Die Entwicklung in organisatorischer Hinsicht

Mit der Unterzeichnung und anschließenden Ratifizierung der UNCAC verpflichtete sich Österreich in den Artikeln 6 und 36 zur Einrichtung spezialisierter Behörden zur Vorbeugung, Verhinderung und Verfolgung von Korruption, die in Übereinstimmung mit den Grundprinzipien der Rechtsordnung des Vertragsstaates mit der nötigen Unabhängigkeit auszustatten sind. Auf die Frage, wie diese Unabhängigkeit nun genau aussehen soll und welche Möglichkeiten realpolitisch umsetzbar sind, wird in diesen Artikeln nicht näher eingegangen, da es den Rahmen der Vorgaben zu diesem Artikel sprengen würde. Eine sehr gute Diskussionsgrundlage bietet jedoch Kreutner (2010: 39) mit den „10 Guiding Principles and Parameters on the Notion of Independence of Anti-Corruption Bodies".

In den Jahren 2009 und 2010 wurden diese Vorgaben sowohl im Bereich des Bundesministeriums für Justiz als auch im Bundesministerium für Inneres (BMI) umgesetzt.

3.1 Die zentrale Staatsanwaltschaft zur Verfolgung von Korruption (KStA)

Ein erster Vorstoß in Richtung Spezialstaatsanwaltschaft zur Korruptionsbekämpfung erfolgte mittels Ministerialentwurfs (92/ME XXIII. GP) im Juli 2007. Das damalige Konzept des Bundesministeriums für Justiz enthielt einige innovative Vorschläge. So war vorgesehen, die Behörde durch eine Verfassungsbestimmung bei der Ausübung ihres Amtes weisungsfrei zu stellen. Als unterstützendes Instrument sollte diese Behörde exklusiv die Möglichkeit bekommen, unter Anwendung einer großen Kronzeugenregelung von der Verfolgung zurückzutreten bzw. das Verfahren einzustellen, wenn ein Täter in ausreichendem

Umfang mit der Staatsanwaltschaft zusammenarbeitet. Neben einer großen Anzahl an Staatsanwälten war erstmals auch die Unterstützung durch Experten mit besonderen betriebswirtschaftlichen und ermittlungstechnischen Fähigkeiten vorgesehen, wobei im Entwurf von maximal 20 Personen gesprochen wird.

Umgesetzt wurde die Korruptionsstaatsanwaltschaft mit dem Strafrechtsänderungsgesetz 2008, ihre Tätigkeit nahm sie mit 1. Jänner 2009 auf. Von den zuvor erwähnten vielversprechenden Innovationen war nicht mehr viel zu finden. Die Weisungsfreiheit war gestorben, die Kronzeugenregelung aufgrund umfangreicher Kritik in den Stellungnahmen zumindest verschoben. Eine der größten Herausforderungen war jedoch die personelle Ausgestaltung der Behörde. Waren es anfangs nur zwei Staatsanwälte, erhöhte sich die Zahl nur sehr langsam auf fünf und schließlich auf acht (mit Ende 2010). Eine Unterstützung durch wirtschaftswissenschaftliche Experten im Ermittlungsverfahren war ebenfalls vom Tisch. Die in der ersten Fassung des § 2a Abs. 2 Staatsanwaltschaftgesetz (StAG, BGBl. I 40/2009) vorgegebene Errichtung von Außenstellen an den Oberlandesgerichten in Linz, Innsbruck und Graz wurde mit der Novelle BGBl. I 98/2009 aus dem StAG wieder gestrichen.

Im Lichte einer notwendigen Unabhängigkeit ist die Spezialbestimmung des § 2a Abs. 4 StAG hervorzuheben. Im Gegensatz zu allen anderen Staatsanwaltschaften, welche in bestimmten Fällen, wie bei einer besonderen Bedeutung der Straftat oder der Person des Tatverdächtigen, gem. § 8 Abs. 1 StAG an die jeweils übergeordnete Oberstaatsanwaltschaft (und in weiterer Folge den Bundesminister für Justiz) zu berichten haben, trifft die KStA diese Verpflichtung erst nach Beendigung des Ermittlungsverfahrens. Auf diese Weise wird der oftmals geäußerten Kritik an der Weisungsgebundenheit der Staatsanwälte entgegengewirkt.

Trotz der oben beschriebenen Ausgangslage kann die Einrichtung einer spezialisierten Staatsanwaltschaft für Korruptions- und Amtsdelikte als großer Fortschritt gesehen werden. Durch eine vertiefte und konzentrierte Auseinandersetzung mit den komplexen Tatbeständen des Korruptionsstrafrechts und insbesondere durch die Möglichkeit einer intensiven Kooperation mit einem direkten Ansprechpartner im Bundesministerium für Inneres, dem Bundesamt zur Korruptionsprävention und Korruptionsbekämpfung, konnten in Österreich neue Maßstäbe in der Korruptionsbekämpfung gesetzt werden.

3.2 Das Bundesamt zur Korruptionsprävention und Korruptionsbekämpfung (BAK)

Mit 1. Jänner 2010 erfolgte der nächste organisationsrechtliche Schritt, die gesetzliche Einrichtung des Bundesamts zur Korruptionsprävention und Korruptionsbekämpfung im Bundesministerium für Inneres als komplementäres Gegenstück zur und Ansprechpartner für die Korruptionsstaatsanwaltschaft (BGBl I 72/2009). Im Zuge eines ersten Begutachtungsverfahrens für ein Einrichtungs- und Organisationsgesetz im April 2008 (192/ME XXIII. GP) wurden Stimmen laut, welche eine organisationsrechtliche Stellung dieses Bundesamtes bei der Korruptionsstaatsanwaltschaft und somit im Bundesministerium für Justiz befürworteten. Dies wäre mit anderen Worten eine Justizpolizei für einen begrenzten Deliktskatalog gewesen, wobei in der politisch geführten Diskussion verfassungsrechtliche und logistische Fragen außer Acht gelassen wurden.

Bei der tatsächlichen Umsetzung folgte man der österreichischen Rechtstradition. Somit gibt es auch im sensiblen Aufgabenbereich der Korruptionsbekämpfung eine Trennung in ermittelnde und anklagende (Spezial-)Behörde sowie – aufgrund der Aufgabenverteilung auf zwei Ministerien – ein System von „checks and balances" und keine Monopolstellung.

Mit der Errichtung des Bundesamtes zur Korruptionsprävention und Korruptionsbekämpfung ist die erfolgreiche und international hoch angesehene Arbeit des Büros für Interne Angelegenheiten (BIA) aufgewertet worden. Darüber hinaus sind die betreffenden Aufgabeninhalte weiter präzisiert worden. Das Bundesministerium für Inneres erfüllte damit eine der bereits erwähnten 24 Empfehlungen der Staatengruppe gegen Korruption des Europarates (GRECO), die schon die bisherige Tätigkeit des BIA begrüßte, die zentrale Rolle des BIA betonte sowie dessen weitere Stärkung empfohlen hatte.

Das BAK ist als spezialisierte Fachdienststelle des BMI – nach internationalem Muster und mit einer klaren, gesetzlich geregelten Zuständigkeit – für den umfangreichen Bereich der Korruptionsbekämpfung und Korruptionsprävention mit Fokus auf den öffentlichen Sektor errichtet worden, um die österreichischen Bemühungen in diesem Bereich weiter zu verstärken.

Im Vergleich zum ehemaligen BIA ist der Aufgabenbereich des BAK um ein vielfaches breiter. Neben einer Erweiterung der Zuständigkeit in der Repression (der Korruptionsbekämpfung) auf die gesamte öffentliche Verwaltung – somit auch auf alle Gebietskörperschaften – ist nun auch der umfassende Bereich der Korruptionsprävention als gesetzliche Aufgabe verankert. Im Gesetzestext finden sich darüber zwar nur wenige Zeilen, der darin enthaltene Auftrag verpflichtet jedoch zu umfassendem Tätigwerden in einem bis jetzt in der europäischen Kriminalprävention eher vernachlässigten Bereich.

Die Aufgaben in der Repression, Prävention und Edukation bilden zusammen mit der Tätigkeit in der internationalen Kooperation die vier Säulen im Korruptionsbekämpfungsansatz des Bundesamtes. Beim organisatorischen Aufbau wurde diesem Ansatz Rechnung getragen: Zur Erfüllung der komplexen Aufgabenstruktur wurden neben einer Unterstützung- und Ressourcenabteilung je eine Abteilung für Prävention und Edukation, für den operativen Bereich und für internationale Kooperation eingerichtet.

In der gesetzlichen Umsetzung des BAK finden sich auch einige Besonderheiten, die die Unabhängigkeit betonen und die Aufgabenerfüllung erleichtern sollen. § 1 BAK-G enthält die Bestimmung, dass das Bundesamt organisatorisch außerhalb der Generaldirektion für die öffentliche Sicherheit einzurichten ist. Dies soll die größtmögliche organisatorische Trennung von der klassischen „Polizeihierarchie" im Bundesministerium für Inneres gewährleisten. Hinsichtlich der Bestellung der Funktionen des Direktors und des stellvertretenden Direktors definiert § 2 BAK-G besondere Ernennungsvoraussetzungen, wie beispielsweise eine gewisse praktische Erfahrung im Bereich der Korruptionsbekämpfung, Ernennungshindernisse bei einer gewissen politischen Vergangenheit und ein spezielles Ernennungsverfahren mit einem Anhörungsrecht der drei Höchstgerichtspräsidenten. Darüber hinaus ist diesen zwei Funktionen die Ausübung jeder entgeltlichen Nebenbeschäftigung mit Ausnahme von Publikation und Tätigkeit im Bereich der Lehre untersagt. Letztere Bestimmung ist zur Vermeidung von Interessenkonflikten grundsätzlich nachvollziehbar, die tatsächliche Ausgestaltung in Anbetracht der dienst- und besoldungsrechtlichen Stellung lässt jedoch Zweifel an einer Verfassungskonformität aufkommen.

Eine weitere positive Entwicklung ist der taxative Deliktskatalog des § 4 Abs. 1 BAK-G, da gerade die unpräzise Aufgabenbeschreibung im Zusammenhang mit der Aufklärung von Straftaten ein Kritikpunkt am BIA war. Neben der Umsetzung einer Empfehlung der GRECO-Evaluatoren soll die neue Regelung bei gleichzeitigem Erhalt einer gewissen Flexibilität auch die Abgrenzung zu anderen sicherheits- und kriminalpolizeilichen Einrichtungen, allen voran zum Bundeskriminalamt, erleichtern. Aufgrund § 4 Abs. 1 Z. 15 BAK-G fallen sicherheits- und kriminalpolizeiliche Angelegenheiten im Zusammenhang mit strafbaren Handlungen nach dem StGB sowie nach den strafrechtlichen Nebengesetzen von öffentlich Bediensteten aus dem Ressortbereich des Bundesministeriums für Inneres bei einem schriftlichen Auftrag eines Gerichtes oder einer Staatsanwaltschaft in die Zuständigkeit des BAK. Dies soll Ermittlungen ermöglichen, die zwar nicht in den Bereich der klassischen Amts- und Korruptionsdelikte fallen, jedoch aufgrund einer besonderen Eigenschaft der Tathandlung oder des Tatverdächtigen eine besondere Anforderung – seitens der Öffentlichkeit – an die Objektivität der ermittelnden Behörde stellen. Die Vergangenheit hat gezeigt, dass in manchen Fällen Politik, Medien oder Teile der Zivilgesellschaft eine *Anscheinsbefangenheit* in den Raum stellen, wo bei sachlicher Betrachtung eine solche nicht anzunehmen ist. In diesen Fällen soll durch die Beauftragung des BAK ein solcher Verdacht vermieden werden.

Als weitere Stärkung der Unabhängigkeit im Bereich der Korruptionsermittlungen kann das Schriftlichkeitsgebot bei Weisung zur Sachbehandlung in bestimmten Verfahren gem. § 7 BAK-G betrachtet werden, da solche Weisungen als Teil des Aktes somit transparent und nachvollziehbar werden.

Die in § 5 BAK-G geregelte Möglichkeit für Bundesbedienstete, sich bei Vorliegen eines Verdachtes, eines in die Zuständigkeit des BAK fallenden Deliktes, direkt und außerhalb des Dienstweges an das Bundesamt zu wenden, stellt einen kleinen Beitrag für einen Whistleblower-Schutz in Österreich dar.[*] Die Einrichtung eines anonymen Meldesystems, ähnlich dem im Landeskriminalamt Niedersachsen bestens bewährten Projektes, wurde bis jetzt noch nicht umgesetzt. Eine entsprechende Bestimmung im Begutachtungsentwurf zum BAK-G wurde nach umfangreichen Protesten in den Stellungnahmen wieder verworfen. Grundsätzlich ist der Schutz von Hinweisgebern, die sich selber keiner strafbaren Handlung schuldig gemacht haben, jedoch zum Beispiel an ihrer Arbeitsstelle herrschende Missstände nicht mittragen wollen, nach erfolgter Meldung an vorgesetzte Stellen oder Behörden sehr schwach ausgeprägt. Die Aufforderung zur Schaffung einer umfassenden Regelung zum Schutz von Hinweisgebern auf Bundesebene war auch eine der Empfehlungen von GRECO im Rahmen des bereits angesprochenen Evaluierungsberichtes.

In den §§ 8f. BAK-G finden sich Bestimmungen hinsichtlich einer besonderen Rechtsschutzinstanz im Zusammenhang mit der Arbeit des BAK. Die Rechtsschutzkommission, bestehend aus dem Rechtsschutzbeauftragen nach § 91a SPG und zwei weiteren Mitgliedern, soll nicht offenkundig unbegründeten Vorwürfen gegen die Tätigkeit des Bundesamtes nachgehen, sofern den Betroffenen kein Rechtsmittel zur Verfügung steht. Die über weitreichende Akteneinsichtsrechte verfügende Rechtsschutzkommission kann über eine Prüfung der Vorwürfe sowohl dem Bundesminister für Inneres als auch der Öffentlichkeit berichten, sowie Empfehlungen an den Bundesminister oder den Direktor des BAK richten. Natürlich unterliegt das BAK abseits dieser neu geschaffenen Einrichtung bei allen Arbeiten unter anderem der Kontrolle der Justizbehörden, der Volksanwaltschaft, des Menschenrechtsbeirates und des Rechnungshofes.

---

* Zu Whistleblowing siehe den Beitrag von Aleksandra Djokic in diesem Band.

4 Der Blick in die Zukunft

Im Oktober 2010 wurde das Bundesministerium für Justiz in Sachen Korruptionsbekämpfung abermals tätig und brachte ein strafrechtliches Kompetenzpaket als Ministerialentwurf im Parlament ein (187/ME XXIV. GP). Im Zusammenhang mit der Korruptionsbekämpfung besonders erwähnenswert ist die Neuordnung des Verfalls von Vermögenswerten, die durch oder für die Begehung von Straftaten erwirtschaftet wurden, die Steigerung der Effizienz der Staatsanwaltschaften im Bereich der Wirtschafts- und Korruptionsdelikte sowie die Einführung einer großen Kronzeugenregelung.

4.1 Verfall neu – Konfiskation

Im Bereich der vermögensrechtlichen Anordnungen wird eine Vereinheitlichung und Vereinfachung mit der Einführung einer neuen Verfallsregelung als Maßnahme im StGB (§ 20ff. StGB) angestrebt, da die derzeitigen Regelungen diese bislang in der praktischen Anwendung nur eine geringe Bedeutung hatten. Man kehrt bei der Berechnung der für verfallen zu erklärenden Vermögenswerte wieder zu einem Bruttoprinzip zurück, wonach Aufwendungen bei der Berechnung künftig außer Betracht bleiben. Im Bereich der organisierten Kriminalität und des Terrorismus kommt die neue Regelung des erweiterten Verfalls zur Anwendung (20b StGB). Hierbei ist nicht mehr der Nachweis zu erbringen, aus welcher konkreten strafbaren Handlung die Vermögenswerte stammen. Damit soll die bisherige Regelung der Bescheinigungslastumkehr bei vermuteten Deliktsgewinnen vereinfacht und einem breiteren Anwendungsbereich zugeführt werden, da ein zeitlicher Zusammenhang zu einer Tat ausreicht, wenn die rechtmäßige Herkunft nicht glaubhaft gemacht werden kann (918 BlgNr. XXIV. GP: 7). Gerade im Bereich der Wirtschafts- und Korruptionsdelikte ist die Rückführung von Vermögenswerten, die aus solchem kriminellen Vorgehen entstanden sind, eine wirksame Möglichkeit zur Vorbeugung. Mit der erhöhten Wahrscheinlichkeit, nach einer längeren Haftstrafe auch noch jeden Gewinn aus der strafbaren Handlung verloren zu haben, wird die neue Regelung sicherlich abschreckender wirken als bisherige.

Neben der Maßnahme des Verfalls wird zusätzlich die Strafe der Konfiskation (§ 19a StGB) eingeführt. Gegenstände, die der Täter zur Begehung einer vorsätzlichen Straftat verwendet hat, die von ihm dazu bestimmt worden waren, bei der Begehung dieser Straftat verwendet zu werden, oder die durch diese Handlung hervorgebracht worden sind, sollen nunmehr der Strafe der Konfiskation unterliegen (981 BlgNr. XXIV. GP: 7). In der Regierungsvorlage war als zusätzliche Voraussetzung vorgesehen, dass der Gegenstand zum Zeitpunkt der Entscheidung im Eigentum oder Miteigentum des Täters oder eines anderen an der Sache beteiligten war. In der Beschlussfassung des Justizausschusses wurde die Konfiskation auf die Voraussetzung des alleinigen Eigentums des Täters eingeschränkt (1009 BlgNr. XXIV. GP: 2).

4.2 Zentrale Staatsanwaltschaft zur Verfolgung von Wirtschaftsstrafsachen und Korruption (WKStA)

Zur Erweiterung der Ressourcen und zum Ausbau der Expertise im Zusammenhang mit umfangreichen Wirtschaftsdelikten, ähnlich dem Vorbild deutscher Staatsanwaltschaften, war vom BMJ ursprünglich die Errichtung von Wirtschaftskompetenzzentren im Bereich der vier Oberstaatsanwaltschaften geplant. Als Folge der Begutachtungsprozesse ging man von diesem Vorhaben ab und fokussierte auf die Schaffung einer zentralen Staatsanwaltschaft zur Verfolgung von Wirtschaftsstrafsachen und Korruption, als Weiterentwicklung der bestehenden Korruptionsstaatsanwaltschaft. Als maßgebliche Zuständigkeitsqualifikation bei Wirtschaftsdelikten ist eine erwartete Schadenssumme von mehr als fünf Millionen Euro vorgesehen. Zur Bewältigung der zu erwartenden umfangreichen Großverfahren soll sowohl im Bereich der Staatsanwälte als auch bei Experten aus dem Wirtschafts- und Finanzbereich Personal aufgestockt werden. Als Rückschritt kann die jetzt nicht mehr primäre Zuständigkeit für „das zentrale Korruptionsdelikt im Behördenbereich" (Geyer et al. 2009: 139) betrachtet werden. Zukünftig wird die WKStA nur mehr Verfahren wegen Amtsmissbrauch (§ 302 StGB) an sich ziehen, an denen wegen der Bedeutung der aufzuklärenden Straftat oder der Person des Tatverdächtigen ein besonderes öffentliches Interesse besteht. Vom ursprünglichen Prinzip, alle von der WKStA geführten Fälle zentralistisch vor dem Landesgericht für Strafsachen in Wien zu verhandeln, um eine Effizienzsteigerung bei komplexen Wirtschafts- und Korruptionsfällen zu erreichen, wurde im Nationalrat kurz vor der Beschlussfassung zugunsten einer mehr dezentralen Regelung abgegangen (151/AA BlgNr. XXIV. GP).

4.3 Kronzeugenregelung

Kronzeugenregelungen sind insbesondere in angloamerikanischen Rechtssystemen seit langem anerkannte Rechtsinstrumente, in Österreich konnte man sich bisher nicht so recht damit anfreunden. Die im § 41a StGB normierte „kleine Kronzeugenregelung" hat nur im Bereich der organisierten Kriminalität und der

Terrorbekämpfung ihren Anwendungsbereich und bietet durch die Konzipierung als besonderer Milderungsgrund keine völlige Straffreiheit.

Korruption ist bekanntlich als scheinbar opferloses Delikt von einem Doppeltätercharakter gezeichnet. Das Delikt findet im Verborgenen statt, das konspirative Vorgehen und die Verschiebung von Vermögenswerten wird ständig perfektioniert, die Aufklärung dementsprechend erschwert. Für die Strafverfolgungsbehörden ist es daher von grundlegender Bedeutung, das Band zwischen den beteiligten Akteuren zu zerschneiden. Dafür ist jedoch ein gewisses Anreizsystem notwendig, um einem Beteiligten den Ausstieg aus einem korrupten System zu ermöglichen bzw. zu erleichtern und dieses System zu destabilisieren. Die derzeitige Regelung durch das Prinzip der tätigen Reue (§ 307c StGB) ist aufgrund der Ausgestaltung, die mehr dem Rücktritt vom Versuch gleicht, und der Einschränkung auf die Korruptionstatbestände der §§ 304ff. StGB nur bedingt für diesen Anspruch geeignet.

Die Möglichkeit einer völligen Straffreiheit, einer großen Kronzeugenregelung, stieß bei Kritikern bei jedem Versuch der Einführung auf erbitterten Widerstand. Es wurde ein Verstoß gegen die rechtsstaatlichen Prinzipien gesehen, wenn der Staat mit den Tätern einen Pakt eingeht und ihn so vor einer angemessenen Strafe verschont. Auch vor einer Zunahme von ungerechtfertigten Anschuldigungen wurde in der Debatte immer wieder gewarnt (sehr umfassend Geyer et al. 2009: 129). Die grundsätzlichen Bedenken sind nicht unbegründet, neue Deliktsformen bedürfen aber auch einer Anpassung des materiellen und formellen Strafrechts. Die Konzipierung einer alle Aspekte berücksichtigenden Kronzeugenregelung ist ohne Zweifel eine legistische Herausforderung.

Nach dem Scheitern der Einführung mit dem Strafrechtsänderungsgesetz 2008 und nach einer anschließenden Entschließung des Nationalrates (Nr. 51) zur Evaluierung der Kronzeugenregelung (Bericht des BMJ, III-165 BlgNr XXIII. GP), wird im Rahmen des strafrechtlichen Kompetenzpakets eine große Kronzeugenregelung eingeführt. Bei Vorliegen der gesetzlichen Voraussetzungen und einer umfassenden freiwilligen Zusammenarbeit des Beschuldigten mit den Behörden kann der Staatsanwalt auch bei Korruptionsdelikten von der Strafverfolgung zurücktreten. Sollten sich die Hinweise im Nachhinein als falsch erweisen, verletzt der Beschuldigte seine Mitwirkungspflicht oder erhebt der Rechtsschutzbeauftragte der Justiz einen Fortführungsantrag, kann die Verfolgung wieder aufleben. Die neuen Bestimmungen knüpfen an die Regelungen der Diversion an. Wieweit das neue Instrument in der praktischen Arbeit zur Anwendung kommen wird, lässt sich zum jetzigen Zeitpunkt nur schwer beurteilen, nicht zuletzt wegen der zahlreichen Unsicherheiten für einen Beschuldigten.

5 Zusammenfassung

Die Kritik von GRECO an den österreichischen Bemühungen im Kampf gegen die Korruption war wenig schmeichelhaft. Die 24 Empfehlungen zeigten zum Teil sehr weitgehende Versäumnisse auf, die man derzeit eher in Berichten von Beitrittskandidaten zur Europäischen Union findet. Einem weitergehenden Vorwurf, Österreich hätte auf diesen Bericht nicht reagiert, kann man nicht zustimmen. Beginnend mit dem Strafrechtänderungsgesetz 2008, der Novelle 2009 und dem strafrechtlichen Kompetenzpaket im Jahr 2010 wurden im legistischen Bereich bedeutende Empfehlungen umgesetzt. Mit der Errichtung der Korruptionsstaatsanwaltschaft und des Bundesamtes zur Korruptionsprävention und Korruptionsbekämpfung wurden auch die Organisationen geschaffen, die die neuen gesetzlichen Rahmenbedingungen anwenden und die internationalen Vorgaben realisieren können.

Im Umsetzungsbericht (CoE 2010), der sich mit den Bemühungen der Staaten bei der Erfüllung der Empfehlungen beschäftigt, wurde festgehalten, dass Österreich 12 Empfehlungen zufriedenstellend umgesetzt oder behandelt hat, 7 wurden teilweise umgesetzt, und nur 5 Empfehlungen wurden als nicht umgesetzt gewertet.

Ein falscher Weg wäre es jetzt allerdings, sich auf diesen positiven Ergebnissen auszuruhen. Mitte 2011 steht die dritte Evaluierungsrunde von GRECO vor der Tür, die sich insbesondere mit den Korruptionsstraftatbeständen und dem Bereich der Parteienfinanzierungen beschäftigt.[*] In beiden Themenbereichen sehen Experten bei der derzeitigen Umsetzung dringenden Handlungsbedarf. Man darf gespannt sein, wie das Urteil der internationalen Experten lauten wird – dieses ist Anfang 2012 zu erwarten.

Literatur

Bogensberger, Wolfgang (2009). Korruptionsbekämpfung "reloaded" – Eine materiellrechtliche und verfahrensrechtliche Teilantwort des Strafrechts auf eine ständige phänomenologische Herausforderung, in: Österreichische Juristenkommission (Hg.): Korruption Ursachen – Erscheinungsformen – Bekämpfung, Schriftenreihe d. Österr. Juristenkommission, 32, Wien, 74–89.
Brandstetter, Wolfgang/Glaser, Severin/Höcher, Markus/Singer, Florian (2009a). Anmerkungen zum neuen Korruptionsstrafrecht, in: ecolex, 4–8.
Brandstetter, Wolfgang/Glaser, Severin/Höcher, Markus/Singer, Florian (2009b). Die Grenzen der „Beamtenbestechung" nach neuem Recht, in: ecolex, 8–10.
CoE (Council of Europe) (2000). Criminal law convention on corruption, Strasbourg.

---

[*] Für detaillierte Informationen zur dritten GRECO-Evaluierungsrunde siehe Wolfgang Rau in diesem Band.

CoE (2008). Joint First and Second Evaluation Round, Evaluation Report on Austria, 13.6.2008, GRECO, Strasbourg. Internet: http://www.coe.int/t/dghl/monitoring/greco/evaluations/round2/GrecoEval1-2(2007)2_Austria_EN.pdf (Zugriff: 8.12.2010)

CoE (2010). Joint First and Second Round Evaluation Compliance Report on Austria, 11.6.2010, GRECO, Strasbourg. Internet: http://www.coe.int/t/dghl/monitoring/greco/evaluations/round2/GrecoRC1&2(2010)1_Austria_EN.pdf (Zugriff: 8.12.2010)

Fuchs, Eva/Jerabek, Robert (2009). Korruption und Amtsmissbrauch: Grundlagen, Definitionen und Beispiele zu den §§ 302, 304, 310 und 311 StGB, Wien, 2. Auflage.

Fuchs, Eva/Jerabek, Robert (2010). Korruption und Amtsmissbrauch: Grundlagen, Definitionen und Beispiele zu den §§ 302, 304, 310 und 311 StGB, Wien, 3. Auflage.

Geyer, Walter/Soyer, Richard/Amann, Gabriel (2009). Kronzeugenregelungen im Strafrecht – Entwicklungen. Chancen und Gefahren im nationalen und internationalen Kontext, in: Thanner, Theodor/Soyer, Richard/Hölzl, Thomas (Hg.): Kronzeugenprogramme Kartellrecht – Strafrecht – Zivilrecht, Wien, 129–163.

Glaser, Severin (2009). Der neue Amtsträgerbegriff im österreichischen Strafrecht, in: Juristische Blätter, 225–230.

Grüne, Niels/Slanicka, Simona (Hg.) (2010). Korruption – Historische Annäherungen an eine Grundfigur politischer Kommunikation, Göttingen.

Harrison, Lawrence E./Huntington, Samuel P. (Hg.) (2000). Culture Matters – How Values Shape Human Progress, New York.

Heidenheimer, Arnold J./Johnston, Michael (Hg.) (2002). Political Corruption – Concepts & Context, New Brunswick, N.J., 3. Auflage.

Hinterhofer, Hubert (2009a). Zur Strafbarkeit des „Anfütterns" von Amtsträgern – Versuch einer einschränkenden Auslegung, in: Österreichischen Juristenzeitung, 250–254.

Hinterhofer, Hubert (2009b). Eingeschränktes Korruptionsstrafrecht für Abgeordnete österreichischer Vertretungskörper, in: ecolex, 736–738.

Kreutner, Martin (2009). Korruption – Einige kaleidoskopische Aspekte und Gedanken zu einem bekannten unbekannten Phänomen abseits des rein Rechtsdogmatischen, in: Österreichische Juristenkommission (Hg.): Korruption Ursachen – Erscheinungsformen – Bekämpfung, Schriftenreihe der Österreichischen Juristenkommission, Bd. 32, Wien, 61–66.

Kreutner, Martin (2010). 10 Guiding Principles and Parameters on the Notion of Independence of Anti-Corruption Bodies, in: Leitner, Norbert/Weiss, Katharina (Hg.): Corruption, SIAK Scientific Series, Bundesministerium für Inneres – Sicherheitsakademie, Wien, 39–64.

Mayer, Heinz (2007). Bundes-Verfassungsrecht. Kurzkommentar, Wien: Manz, 4. Aufl.

Medigovic, Ursula (2009). Geht das neue Korruptionsstrafrecht zu weit? in: Österreichische Juristenzeitung 2009, 149–160.

Medigovic, Ursula (2010). Was vom Korruptionsstrafrecht übrig blieb, in: Österreichische Juristenzeitung, 251–262.

Mitgutsch, Ingrid (2009). Die neuen Korruptionsdelikte für den öffentlichen Sektor und ihre internationalen Vorgaben, in: Mitgutsch, Ingrid/Wolfgang Wessely (Hg.): Strafrecht. Besonderer Teil: Jahrbuch 09, Wien, 39-61.

Reindl-Krauskopf, Susanne (2009a). Korruptionsstrafrecht in Österreich – Überzogen oder zahnlos? in: Journal für Strafrecht, 49–54.

Reindl-Krauskopf, Susanne (2009b). Korruptionsstrafrecht neu – ein Überblick, in: ecolex, 732–735.

Sickinger, Hubert (2007). Korruption in Österreich. Verbreitung, ausgewählte Problembereiche, Reformbedarf, in: Bundesministerium für Justiz (Hg.): 35. Ottensteiner Fortbildungsseminar aus Strafrecht und Kriminologie, Wien, 101–135.

Trüg, Gerson (2009). Vorteilsgewährung durch Übersendung von WM-Gutscheinen – Schützt Sponsoring vor Strafe? in: Neue Juristische Wochenblätter, 196–198.

Korruption in Österreichs Unternehmen – Ausmaß, Bekämpfung und Prävention

Gerhard R. Donner

Abstract

Dieser Beitrag bietet einen Überblick über Korruption in Österreichs Unternehmen. In den letzten Jahren ist das Thema Korruption in der Öffentlichkeit immer stärker behandelt worden, nicht zuletzt wegen der Arbeit nichtstaatlicher Organisationen wie Transparency International. Dies führte in Österreich zu einer Diskussion über strengere Gesetze und effizientere Strafverfolgung. Die Quantifizierung von Korruption ist eine beinahe unmögliche Aufgabe, weshalb auf Umfragen und Experteneinschätzungen zurückgegriffen werden muss. Der Artikel beschäftigt sich neben den rechtlichen Rahmenbedingungen und der Messung von Korruption auch mit der Auswirkung von Korruption und Antikorruptionsmaßnahmen in Unternehmen. Verhaltenskodizes, Trainings, interne Kontrollsysteme, Whistleblowing-Systeme und Compliance Audits stellen die Grundpfeiler der Antikorruptionsmaßnahmen in Unternehmen dar, auch wenn Studien zeigen, dass in vielen Unternehmen noch genügend Raum für Verbesserung vorhanden ist.

1 Das Phänomen Korruption

Korruption, vom deutschen Journalisten und Autor Wolfgang Mocker auch als das zweitälteste Gewerbe der Welt bezeichnet, ist ein Jahrtausende altes Phänomen, das sich in den unterschiedlichsten Kulturen und gesellschaftlichen Entwicklungsstadien wiederfindet und sich nicht selten gleich einem Krebsgeschwür in Politik und Verwaltung ebenso wie im Wirtschaftssystem und in der Justiz festsetzt und ausbreitet.

Gerade in den letzten Jahren hat dieses Thema jedoch verstärkt öffentliche Aufmerksamkeit erlangt. Als Gründe für diese erhöhte Wahrnehmung lassen sich zumindest drei Faktoren erkennen. Einerseits waren Europa und die USA mit einem vermehrten Aufdecken großer Korruptionsskandale konfrontiert, die nicht zuletzt aufgrund der medialen Präsenz aber auch des zum Teil enormen Ausmaßes der verhängten Bußgelder erstmals wirklich in das Blickfeld der breiten Öffentlichkeit gerückt sind. Damit einhergehend konnte in vielen Staaten auch eine vehemente Diskussion um eine Verschärfung sowohl der Gesetzgebung gegen Korruption als auch der Strafverfolgung konstatiert werden, wobei allerdings die Umsetzung der diskutierten Maßnahmen höchst unterschiedlich ausfiel. Begleitet wird diese Entwicklung außerdem von einem zunehmenden

Ausmaß an Aktivitäten von verschiedenen Nichtregierungsorganisationen wie beispielsweise Transparency International, die sich der globalen Korruptionsbekämpfung verschrieben haben und wesentliche Aufklärungsarbeit und Bewusstseinsbildung leisten.

Während der Begriff Korruption im Alltagsgebrauch meist relativ weit und unscharf gefasst für eine Vielzahl ethisch unkorrekter Verhaltensweisen Verwendung findet (im Sinne des lat. corrumpere = verderben etwa auch für verschiedene Betrugsdelikte), wollen wir uns hier der Definition „corruption is operationally defined as the abuse of entrusted power for private gain" (TI 2010a) folgend mit Korruption im engeren Sinn, also mit dem Missbrauch von Macht aus einer anvertrauten Position oder einem Auftrag zugunsten eines persönlichen Vorteils befassen, wobei dieser Missbrauch keineswegs auf Inhaber eines öffentlichen Amtes beschränkt ist, sondern auch entsprechende Handlungen von Funktionsträgern in der Privatwirtschaft einschließt.

Von passiver Korruption oder Bestechlichkeit spricht man dabei, wenn jemand einen Vorteil erhält oder sich versprechen lässt, um eine bestimmte, in der Regel pflichtwidrige, Handlung vorzunehmen oder zu unterlassen, und von aktiver Korruption oder Bestechung, wenn man einem Machthaber eben dafür einen Vorteil anbietet oder verspricht (Organisation for Economic Co-operation and Development 1998: 12).

2 Internationale Rechtsentwicklung und aktuelle Rechtslage in Österreich

Mit als Wegbereiter und Treiber für die mittlerweile in vielen Ländern verankerten Antikorruptionsbestimmungen sind auf internationaler Ebene insbesondere das *OECD-Übereinkommen über die Bekämpfung der Bestechung ausländischer Amtsträger im internationalen Geschäftsverkehr* (Organisation for Economic Co-operation and Development 1998), die Konventionen des Europarates gegen Korruption (CoE 1999a und 1999b) und das *Übereinkommen der Vereinten Nationen gegen Korruption* (United Nations Office on Drugs and Crime 2003), sowie mehrerer EU-Rechtsakte zu nennen, die zu umfassender und kompromissloser Bekämpfung von Korruption aufrufen und zu deren Umsetzung sich inzwischen einen Großteil der internationalen Staatengemeinschaft verpflichtet hat.

In Österreich wurde bereits 1964 das erste Antikorruptionsgesetz erlassen (BGBl 116/1964). Zunächst umfasste das österreichische Strafrecht aber nur die Bestechung inländischer Beamter bzw. leitender Angestellter öffentlicher Unternehmen. Nicht zuletzt in Reaktion auf die internationale Entwicklung erfolgten nach und nach eine Ausdehnung auch auf im Ausland verübte Bestechung sowie durch das Strafrechtsänderungsgesetz 2008 auf Korruption im privaten Sektor und eine Verschärfung der Strafbestimmungen (BGBl I 109/2007). Darüber hinaus fanden auch einzelne Bestimmungen Eingang in verschiedene Nebengesetze, so zum Beispiel in das Gesetz gegen den Unlauteren Wettbewerb.

Allerdings riefen diese Regelungen auch harsche Kritik hervor, etwa im Zusammenhang mit dem Sponsoring von Sport- und Kulturveranstaltungen, die nach umfangreicher politischer und öffentlicher Diskussionen schließlich in einer erneuten Novellierung mündete. In Folge beschloss der österreichische Nationalrat am 8. Juli 2009 das Korruptionsstrafrechtsänderungsgesetz 2009 (BGBl I 98/2009), das mit 1. September in Kraft trat und einen Teil der zuvor neu eingeführten Bestimmungen wieder abmildert.

Soweit der private Sektor betroffen ist, hat sich im Vergleich zur Rechtslage von 2008 nur wenig geändert. Sowohl die aktive als auch die passive Bestechung im Geschäftsverkehr sind strafbar, soweit damit ein pflichtwidriges Handeln oder Unterlassen verbunden ist, wobei bereits der Versuch ausreicht. Neu ist, dass Bedienstete oder Beauftragte eines Unternehmens nunmehr auch dann zu bestrafen sind, wenn sie eine bloß geringfügige Zuwendung fordern, annehmen oder sich versprechen lassen, während auf Seiten des Bestechenden die Zuwendung geringfügiger Vorteile straffrei bleibt. Ebenfalls straffrei, und zwar für beide Seiten, sind Zuwendungen im Zusammenhang mit pflichtgemäßem Handeln, wobei allerdings die Vorschriften über die Geschenkannahme durch Machthaber sowie über die Untreue (§§ 153 und 153a StGB) zu beachten sind.

Anders stellt sich die Situation im öffentlichen Sektor dar, hier kam es zu wesentlich stärkeren Veränderungen. So wurde etwa der umstrittene Begriff des Amtsträgers von der Novelle konkretisiert, der davon erfasste Personenkreis gleichzeitig aber auch deutlich eingeschränkt. Organe und Bedienstete ausgegliederter Rechtsträger, darunter fallen auch staatsnahe Unternehmungen, sind nach der neuen Regelung weitgehend ausgenommen und unterliegen daher nicht mehr den strengeren Bestimmungen für Amtsträger. Ist jemand Amtsträger, so gilt wie bisher, dass jede Vorteilsannahme und Vorteilszuwendung für eine pflichtwidrige Vornahme oder Unterlassung eines Amtsgeschäftes strafbar ist. Steht ein solcher Vorteil allerdings im Zusammenhang mit einer pflichtgemäßen Handlung oder Unterlassung, wird die Frage der Strafbarkeit nunmehr vom jeweils geltenden Dienst- oder Organisationsrecht abhängig gemacht – erlaubt dieses eine Vorteilsannahme, sieht auch das Strafrecht keine Sanktionierung mehr vor. Eine ähnliche Regelung existiert auch für die Anbahnung künftiger Amtshandlungen. Noch weiter gehen die Änderungen, wenn überhaupt kein Konnex zu einem Amtsgeschäft gegeben ist, dann sind Zuwendungen, also das sogenannte Anfüttern bzw. die Klimapflege, nämlich wieder weitgehend legalisiert.*

An Kritik am österreichischen Rechtssystem fehlt es damit nicht. So konstatieren etwa die Fortschrittsberichte zur Umsetzung der OECD-Konvention zur Bekämpfung der Bestechung ausländischer Amtsträger oder der GRECO Evaluierungsbericht vor allem mangelndes Problembewusstsein, fehlende Transparenz und Information betreffend das Vorkommen von Korruptionsfällen und deren Aufklärung, aber auch deutliche Mängel sowohl in der Gesetzgebung als auch in der Strafverfolgung (Heimann/Dell 2010; CoE 2008).

Etwas anders stellt sich hingegen die Meinung der Unternehmen dar, die sich laut entsprechenden Umfragen verstärkten Bekämpfungsmaßnahmen gegen korrupte Geschäftspraktiken gegenüber sehen. So ortet etwa der überwiegende Teil der befragten Manager eine verschärfte Durchsetzung der Antikorruptionsgesetze und einen Anstieg der Korruptionsuntersuchungen in den letzten fünf Jahren (Ernst & Young 2008).

3   Vorkommen und Ausmaß von Korruption

Da Korruption ein Phänomen ist, das einer direkten Messung kaum zugänglich ist, muss bei der Bestimmung ihres Ausmaßes im Wesentlichen auf Umfragen und Experteneinschätzungen zurückgegriffen werden, deren Aussagekraft und Repräsentativität naturgemäß gewissen Einschränkungen unterliegen (Sickinger 2007). Vor allem die drei von Transparency International publizierten Indizes haben dabei eine weite Verbreitung und hohe mediale Aufmerksamkeit erlangt und sollen daher im Folgenden kurz vorgestellt werden.*

Der seit 1995 jährlich erstellte *Corruption Perceptions Index* (CPI) versucht, das Ausmaß an Korruption im öffentlichen Sektor zu bestimmen, indem er rund 200 Länder nach dem Grad auflistet, in dem dort Korruption bei Amtsträgern und Politikern wahrgenommen wird. Am schlechtesten schneiden dabei afrikanische, asiatische und lateinamerikanische Staaten aber auch Osteuropa ab. Österreich liegt aktuell auf dem fünfzehnten Platz, somit unter den Nationen mit relativ geringer Korruption (TI 2010b).

Der Frage nach der Bereitschaft von Unternehmen, im Ausland Bestechung zu verüben, geht hingegen der *Bribe Payers Index* (BPI) nach. Er listet aktuell 22

---

*   Eine detaillierte Übersicht der jüngsten Entwicklungen im Korruptionsstrafrecht in Österreich, vor allem aus legistischer Sicht, sowie zur Thematik des Anfütterns findet sich im Beitrag von René Wenk in diesem Band.

*   Zur Frage des Messens von Korruption siehe auch den Beitrag von Matthias Pázmándy in diesem Band.

international und regional führende Exportnationen, deren Exportleistung zusammen 75 % des Welthandels ausmacht. In früheren Ausgaben dieser Erhebung war auch Österreich inkludiert, das zuletzt 2006 hinter der Schweiz, Schweden und Australien auf Platz vier rangierte, also unter jenen Ländern, deren Unternehmen am wenigsten dazu neigen, bei Geschäften im Ausland entsprechend nachzuhelfen (TI 2006 und 2008).

Während die beiden vorgenannten Instrumente auf Experteninterviews basieren, stellt das *Global Corruption Barometer* eine Meinungsumfrage zur Wahrnehmung von Korruption in der allgemeinen Bevölkerung dar. Demnach orten 46 % der befragten Österreicher (global 56 % aller Befragten) einen Anstieg von Korruption in den letzten drei Jahren, während nur 9 % (global 14 %) der Meinung sind, Korruption sei in den letzten drei Jahren zurückgegangen. Im Rahmen dieser Umfrage wird auch erhoben, wie korrupt verschiedene Institutionen wahrgenommen werden. Der private Wirtschaftssektor liegt mit Werten von 3.4 auf globaler Ebene, 3.5 im EU-Durchschnitt und 3.3 in Österreich im Mittelfeld (TI 2010c).

Neben diesen drei genannten Indizes kann mittlerweile auch das Entstehen alternativer Ansätze, die von einem wesentlich weiter gefassten Korruptionsbegriff ausgehen und beispielsweise Steuerhinterziehung und die damit verbundenen internationalen Kapitalverschiebungen einbeziehen, beobachtet werden (Tax Justice Network 2007). Diese Ansätze führen auch zu entsprechender Kritik an den oben beschriebenen Korruptionsrankings, insbesondere am Corruption Perception Index. So kommt beispielsweise Christensen (2007) zu dem Schluss, dass 53 % der Länder, die im CPI in dem Quintil mit der geringsten Korruption aufscheinen, als Steueroasen bezeichnet werden können und mit ihren Bankgeheimnissen wesentlich zur Förderung korrupten Verhaltens beitragen.

Eine kürzlich durchgeführte Untersuchung (Ernst & Young 2008) über das Phänomen der Korruption in der Privatwirtschaft liefert Einblicke in die Wirtschaftsunternehmen aus 33 Ländern und deren Umgang mit Korruption. Wie die Ergebnisse zeigen, stellen Korruption und Bestechung für vier Fünftel der heimischen Führungskräfte ein erstzunehmendes Thema dar, jeder Dritte sieht darin eine große Herausforderung, die internationalen Durchschnittswerte liegen deutlich darunter. Gleichzeitig scheinen österreichische Unternehmen aber weit weniger von Korruption betroffen zu sein, als der Großteil des internationalen Mitbewerbs. Während global gesehen einer von vier Befragten von Korruptionsfällen in den vergangenen zwei Jahren im eigenen Unternehmen berichtet, sind es in Österreich nur 6 %. Dito behauptet nur jeder zwölfte der befragten Österreicher, von einem potentiellen Auftraggeber zur Zahlung von Schmiergeld aufgefordert worden zu sein oder Geschäfte an korrupte Mitbewerber verloren zu haben. Weltweit räumt hingegen jedes vierte Unternehmen ein, von solchen Vorfällen betroffen zu sein.

Inwieweit diese Unterschiede tatsächlich auf ein ethisch korrekteres Verhalten zurückzuführen oder vielleicht doch eher das Produkt von mangelndem Bewusstsein oder auch bewusstem Verschleiern sind, ist empirisch bislang nicht belegbar und bleibt somit Gegenstand von Spekulationen.

4 Auswirkungen von Korruption

Die negativen Effekte von Korruption können zunächst ganz grundsätzlich in vier Dimensionen unterschieden und deutlich in Staaten mit einem hohen Ausmaß an Korruption beobachtet werden. In der politischen Dimension wirkt Korruption gegen Demokratie und Rechtsstaatlichkeit, indem sie die Legitimität der Ämter und Institutionen untergräbt. Aus wirtschaftlicher Sicht führt sie zu einem Abfluss von Volkseinkommen, indem knappe Ressourcen in die falschen Projekte fließen, beispielsweise in Prestigeprojekte anstatt in eher benötigte Infrastrukturprojekte, oder Leistungen überteuert eingekauft werden. Darüber hinaus behindert Korruption auch die Ausbildung funktionierender marktwirtschaftlicher Strukturen. Auf der sozialen Ebene verursacht Korruption Vertrauensverlust in das politische System, die öffentlichen Institutionen und seine Führer. Als vierte Form negativer Konsequenzen können schließlich Ausbeutung und Schädigung der Umwelt zugunsten privaten Reichtums beobachtet werden (TI 2010a).

Versucht man der Frage nach dem durch Korruption verursachten finanziellen Schadensausmaß nachzugehen, stößt man hingegen sehr rasch auf Grenzen, zumal die indirekten Schäden und Folgewirkungen kaum beziffert werden können und, wie schon eingangs ausgeführt, eben auch keine einheitliche und eindeutige Definition und Abgrenzung von Korruption vorliegt. Zwar gibt es einige Schätzungen, diese divergieren jedoch entsprechend des jeweils zugrunde gelegten Schadensbegriffs. So geht beispielsweise die Internationale Handelskammer (ICC Österreich) von einem Ausmaß von rund drei Milliarden Euro pro Jahr aus, wobei hier der Reputationsschaden und sonstige Folgewirkungen ausgeklammert bleiben (Burger-Scheidlin 2007). Zieht man den durch Wirtschaftskriminalität insgesamt verursachten Schaden, der von internationalen Untersuchungen auf etwa 5 bis 7 % des Bruttosozialprodukts geschätzt wird (Association of Certified Fraud Examiners 2008 und 2010), als Vergleichsgröße heran, würde auf Österreich umgelegt ein Betrag von rund 15 Milliarden Euro p.a. resultieren, sodass ein auf Korruption entfallender Anteil in der genannten Größenordnung durchaus plausibel erscheint.

Eine Untersuchung der Universität Linz (Schneider 2008; Schneider/ Torgler 2007) hingegen beziffert den durch Korruption in Österreich verursachten Schaden für 2008 sogar auf 24 Milliarden Euro, wobei hier von einem weiter gefassten Korruptionskonzept ausgegangen wird, das auch die Wechselwirkungen zwischen Korruption und Schattenwirtschaft mit ins Kalkül zieht.

Wie hoch auch immer der durch Korruption tatsächlich verursachte Schaden sein mag, allein die Dimension des vermuteten Ausmaßes gibt jedenfalls klar zu erkennen, dass hier in jedem Fall von einem volkswirtschaftlich beträchtlichen und ernstzunehmenden Problem die Rede ist.

Doch auch für das einzelne Unternehmen stellt Korruption ein beträchtliches Risikopotential dar. Zunächst entsteht auf beiden Seiten ein direkter finanzieller Schaden (Vermögensschaden). Das bestechende Unternehmen verzeichnet einen Mittelabfluss, den es ohne Korruption nicht gegeben hätte. Da im Gegenzug ein Vorteil, zum Beispiel ein Auftrag, erlangt wird, wird der entsprechende Betrag jedoch zumindest gedanklich, in der Regel aber auch buchhalterisch als (Vertriebs-)Aufwand verbucht und somit wegrationalisiert. Ein Schaden tritt natürlich auch auf Seiten des bestochenen Unternehmens auf, da dieses die Produkte oder Leistungen nun zu überhöhten Preisen einkauft, das bezahlte Schmiergeld hingegen in die privaten Taschen der handelnden Person fließt.

Darüber hinaus kann auch noch ein indirekter finanzieller Schaden resultieren, der sich oft erst Jahre später, sollte der Korruptionsfall aufgedeckt werden, in Form von Steuernachzahlungen, Kursverlusten der Unternehmensaktien, Restatements und dergleichen manifestieren kann. Parallel dazu können Strafzahlungen verhängt werden, die in vielen Jurisdiktionen an den Unternehmens- bzw. Konzerngewinn anknüpfen und somit ein erhebliches Ausmaß erlangen können. Darüber hinaus besteht auch die Gefahr der Nichtigkeit des Grundgeschäfts und damit einer Rückabwicklung sowie von Schadenersatzforderungen unterlegener Mitbewerber. Weitere Konsequenzen umfassen schließlich das Reputationsrisiko und damit verbunden den Verlust von Kunden und Investoren, aber auch den Ausschluss von bestimmten Märkten wie beispielsweise von öffentlichen Vergabeverfahren.

Riskant ist Korruption jedoch nicht bloß für die beteiligten Unternehmen, natürlich drohen auch den handelnden Personen sowie aus ihren Sorgfaltspflichten heraus auch an der unmittelbaren Tat nicht beteiligten Leitungs- und Aufsichtsorganen erhebliche Konsequenzen. So können neben Entlassung bzw. Abberufung zivilrechtlich Schadenersatzforderungen und strafrechtlich Geld- und Freiheitsstrafen die Folgen sein.

5 Antikorruptionsmaßnahmen in den Unternehmen

Die Toleranz der Gesellschaft gegenüber Korruption schwindet zusehends, Unternehmen sehen sich heute sowohl national als auch international einem verstärkten und aktiven Kampf gegen korrupte Geschäftspraktiken gegenüber. Unternehmen sollten daher in der Lage sein, Compliance mit den einschlägigen Vorschriften zu demonstrieren und das Auftreten korrupter Praktiken wirksam zu verhindern.

Für Unternehmen ist es daher von besonderer Bedeutung, sich mit dem Thema aktiv auseinanderzusetzen und entsprechende Präventionsmaßnahmen umzusetzen. Dazu gehören beispielsweise klare Verhaltensrichtlinien, Schulungen und Bewusstseinsbildung, Überwachungs- und Kontrollmaßnahmen ebenso wie die Möglichkeit, Fehlverhalten aufzeigen und untersuchen zu können. So können Reputations- und Vermögensschäden für das Unternehmen, aber auch Haftungsrisiken für die Organe und Mitarbeiter vermieden und eine erfolgreiche Positionierung als *compliant player* erreicht werden, sodass Korruptionsverzicht nicht zwangsläufig weniger Geschäft bedeuten muss.

Primär ist Korruptionsprävention eine Frage der Unternehmenskultur. Und die beginnt an der Spitze mit der Vorbildwirkung des Top Managements. Nur wenn die Unternehmensleitung ganz klar Null-Toleranz gegenüber Korruption kommuniziert und vorlebt, wird sie gleiches auch von ihren Mitarbeitern erwarten können. Für Verstöße sind dann auch klare Konsequenzen zu definieren und zu exekutieren und zwar unabhängig auf welcher Ebene Abweichungen auftreten. Sämtliche Präventionsmaßnahmen werden nur dann wirksam werden, wenn sie konsequent umgesetzt werden, egal ob ein Einkäufer Geschenke für die Bevorzugung eines Lieferanten annimmt oder ein Mitglied des Managements Politiker besticht, um einen lukrativen Großauftrag für das Unternehmen zu akquirieren.

Darüber hinaus wird Korruptionsprävention dann am wirkungsvollsten, wenn sie nicht als singuläre Maßnahme im Unternehmen angeordnet, sondern im Rahmen eines umfassenden und integrierten Compliance Programms nachhaltig verankert wird. Ein solches Compliance Programm hat den Vorteil, nicht alleine gegen Korruption sondern gleichzeitig auch gegen anderen Formen der Wirtschaftskriminalität wie beispielsweise Betrug, Untreue, Bilanzmanipulation, Wirtschaftsspionage, Wettbewerbsbeschränkungen, und überhaupt gegen unethisches Verhalten im Unternehmen zu wirken. Die wichtigsten Komponenten eines solchen Compliance Programms sind in den folgenden Abschnitten kurz erläutert. Um nachhaltige Wirkung zu erzeugen, ist jedoch zu beachten, dass Prävention kein einmaliges Ereignis sondern vielmehr ein fortdauernder Prozess ist. Da sowohl externe Faktoren wie Märkte, Geschäftspartner aber auch rechtliche Regelungen als auch interne Faktoren wie Mitarbeiter, Produkte, Geschäftsprozesse und Systeme einem steten Wandel unterliegen, sollten Unternehmen einerseits in regelmäßigen Abständen die Risiken, denen sie ausgesetzt sind, neu identifizieren und bewerten, andererseits die Vollständigkeit und Wirksamkeit der entsprechenden Präventionsmaßnahmen evaluieren und gegebenenfalls entsprechend anpassen.

5.1 Verhaltenskodex und Organisationsrichtlinien

Ein Verhaltenskodex, oft auch als Code of Ethics oder Code of Conduct bezeichnet, hält im Wege der Selbstregulierung die Grundwerte eines Unternehmens fest. Durch diese ethische Selbstbindung und Selbstverpflichtung werden die Leitlinien der Unternehmensführung festgeschrieben. Dies betrifft den Umgang der Mitarbeiter untereinander, den Führungsstil des Managements und das Verständnis für den Umgang mit Dritten wie Kunden, Lieferanten und der Gesellschaft insgesamt.[*]

Unternehmen können mit einem in der Organisation gut kommunizierten und verankerten Kodex eine präventive Wirkung gegen dolose Handlungen und Korruption erzielen und damit auch eine höhere Rechtssicherheit für das Unternehmen erreichen, die Schadensrisiken senken sowie die Unternehmensreputation und Geschäftsbeziehungen verbessern.

Verhaltenskodizes sind für jedes Unternehmen individuell gestaltbar und können unter anderen folgende Bereiche umfassen und regeln:

- Aufrichtiges und ethisches Verhalten
- Vermeidung von Interessenkonflikten
- Einhaltung von Gesetzen, Vorschriften und Regelungen
- Faire und zeitgerechte öffentliche Berichterstattung und Kommunikation
- Berichtsprozedere bei ungesetzlichem und unethischem Verhalten
- Verantwortlichkeit für die Einhaltung des Kodex
- Verfahrensregeln bei Verletzungen des Kodex

Da der Verhaltenskodex ähnlich einem Unternehmensleitbild sehr generelle und allgemein gültige Anforderungen festlegt, wird er in der Praxis typischerweise durch eine Reihe von Organisationsanweisungen, Verhaltensrichtlinien, aber

---

* Zum Verhaltenskodex in internationalen Finanzinstitutionen siehe den Beitrag von Kurt Bayer in diesem Band.

auch durch entsprechende Formulieren in Arbeits-, Agentur- und anderen Verträgen konkretisiert.

Allerdings stellt ein allgemein gültiger Verhaltenskodex die Grundlage für alle weiteren Komponenten und Maßnahmen eines Compliance Programms dar. Als verbindliches Regelwerk definiert er die Sollvorgaben für korrektes Handeln und Verhalten im Unternehmensalltag und unterstützt gleichzeitig die Bewusstseinsbildung bei Mitarbeitern und anderen erfassten Interessengruppen.

5.2 Kommunikation und Training

Damit die definierten Verhaltensrichtlinien auch tatsächlich Gehör finden, vor allem aber in die Tat umgesetzt werden, reicht die bloße Proklamation, etwa durch Verteilung eines Organisationshandbuchs oder Veröffentlichung im Intranet, allein nicht aus. Dafür sind Kommunikation und Trainingsmaßnamen erforderlich.

Eine regelmäßige, institutionalisierte Kommunikation zur Korruptionsprävention quer durch das gesamte Unternehmen dient in erster Linie der Bewusstseinsbildung und -verstärkung. Neben der Erzeugung von Aufmerksamkeit und Sensibilität innerhalb der gesamten Organisation stehen dabei die Erklärung der Relevanz der Ethikstandards für das Unternehmen sowie Schaffung und Aufrechterhaltung einer von Ethik und Integrität geprägten Kultur im Mittelpunkt. Dabei können unterschiedlichste Kommunikationsmedien und -kanäle, die von persönlicher Kommunikation über Mitarbeiterzeitungen und Newsletters bis zu Blogs und Websites reichen, genutzt werden.

Zusätzlich sollten auch möglichst anschauliche Schulungsmaßnahmen ergriffen werden, die der Erklärung und dem Erlernen des korrekten Verhaltens in konkreten kritischen Situationen sowie des richtigen Umgangs mit den zur Verfügung stehenden Werkzeugen dienen. Auch hier kann das gesamte zur Verfügung stehende Repertoire vom klassischen Präsenztraining hin zu Methoden des e-Learnings eingesetzt werden.

Bewusstseinsbildung, Training und regelmäßige Kommunikation gehören jedenfalls bei der Implementierung eines wirkungsvollen Compliance Programms zu den wichtigsten Erfolgsfaktoren. Nur dadurch kann sichergestellt werden, dass alle Betroffenen die Regeln und Maßnahmen, aber auch den Sinn dahinter verstehen und in der täglichen Praxis anwenden können.

5.3 Internes Kontrollsystem

Unter dem *Internen Kontrollsystem* versteht man „die von der Unternehmensleitung im Unternehmen eingeführten Grundsätze, Verfahren und Maßnahmen (Regelungen) [...], die gerichtet sind auf die organisatorische Umsetzung der Entscheidungen der Unternehmensleitung zur Sicherung der Wirksamkeit und Wirtschaftlichkeit der Geschäftstätigkeit (hierzu gehört auch der Schutz des Vermögens, einschließlich der Verhinderung und Aufdeckung von Vermögensschädigungen), zur Ordnungsmäßigkeit und Verlässlichkeit der internen und externen Rechnungslegung sowie zur Einhaltung der für das Unternehmen maßgeblichen rechtlichen Vorschriften" (Institut der Wirtschaftsprüfer 2001).

Die konkrete Ausgestaltung von Internen Kontrollen ist sehr vielfältig. Beispiele für Interne Kontrollmaßnahmen sind etwa die Funktionstrennung, wozu auch das sogenannte 4-Augen-Prinzip zählt, Zutritts- und Zugriffskontrollen, Kontenabstimmungen oder Saldenbestätigungen.

Ein funktionierendes Internes Kontrollsystem trägt wesentlich dazu bei, Malversationen von Mitarbeitern zu erkennen und nach Möglichkeit auch zu verhindern. Die Wirksamkeit der Internen Kontrollen sollte daher regelmäßig überprüft und Schwachstellen beseitigt werden. Wirkungslos bleibt das Interne Kontrollsystem hingegen dann, wenn das Management selbst korrumpiert, da dieses sich über die selbstgesetzten Regeln und Kontrollen jederzeit hinwegsetzen kann (sogenanntes Management Override of Controls). Abhilfe können hier nur einerseits die Wahrnehmung der eigenen Sorgfaltspflichten von Geschäftsführern und Vorständen über die Ressortgrenzen hinweg, andererseits eine ernstgenommene Kontrolle durch Aufsichtsrat, Innenrevision, Wirtschaftsprüfer und Aufsichtsbehörden schaffen.

5.4 Whistle Blowing

Internationalen Studien zufolge werden die meisten Unregelmäßigkeiten infolge von Hinweisen von Mitarbeitern, manchmal auch von Kunden, Lieferanten oder Mitbewerber, aufgedeckt (Association of Certified Fraud Examiners 2008 und 2010). Solche Personen, die auf Missstände oder Rechtsverstöße aufmerksam machen, werden als Whistle Blower bezeichnet.[*]

Um solche Hinweise systematisch aufzugreifen und auszuwerten, können Unternehmen sogenannte Whistle Blowing Hotlines installieren. Eine wesentliche Voraussetzung für das Funktionieren von Whistle Blowing ist jedoch der

---

* Für theoretische Überlegungen zu Whistleblowing siehe Aleksandra Djokic in diesem Band.

Schutz des Hinweisgebers. Während in den USA oder Großbritannien bereits seit langem gesetzliche Regelungen zum Schutz von Hinweisgebern existieren, gibt es im Großteil Europas kaum derartige Gesetze. Darüber hinaus sind in vielen europäischen Ländern auch arbeits- und datenschutzrechtliche Hürden zu überwinden. So könnten einem Arbeitnehmer im Zusammenhang mit einer Meldung etwa die Verletzung von Betriebsgeheimnissen und arbeitsvertraglichen Treuepflichten oder ein Verstoß gegen den Schutz personenbezogener Daten vorgeworfen werden. Für eine erfolgreiche Umsetzung muss das Unternehmen daher klare Richtlinien implementieren, in denen festgelegt wird, was wie gemeldet werden soll und wie mit solchen Mitelungen umgegangen wird. Dabei ist auch das mögliche Auftreten von Falschmeldungen oder Mobbing zu berücksichtigen.

In der Praxis haben sich Whistle Blowing Systeme außerhalb der regulären Informations- und Meldekanäle, wie beispielsweise Arbeitnehmervertretung, Abteilungsleitung, Compliance Management oder Interne Revision, durch Einschaltung einer externen Stelle besonders bewährt. Dabei können sowohl Telefonhotlines wie auch Email, Internet oder Briefkästen eingesetzt und kombiniert werden. Einerseits erhält ein potentieller Hinweisgeber dadurch mehrere Möglichkeiten zur Kontaktaufnahme. Auf der anderen Seite kann dadurch der Schutz der Hinweisgeber auch ohne vollständige Anonymität bestmöglich gewährleistet werden. In diesem Fall können nämlich die Kontaktpersonen durch besondere Verschwiegenheitsregelungen zur Geheimhaltung der Identität der Hinweisgeber verpflichtet werden. Diese Vertrauensstellung ermöglicht ihnen, Identität und Kontaktdaten der Hinweisgeber aufzunehmen, um auch noch zu einem späteren Zeitpunkt Rückfragen zur Präzisierung des gemeldeten Vorfalls und der jeweiligen Umstände zu stellen. Dadurch können eine wesentlich bessere und schnellere Aufklärung der Vorfälle erreicht und somit Akzeptanz und Wirkungsweise des gesamten Whistle Blowing Systems deutlich erhöht werden.

Weitere wichtige Voraussetzungen für den Erfolg sind schließlich auch hinreichende Kommunikationsmaßnahmen, um die Hotline bekannt zu machen, sowie entsprechende Schulungen der mit der Hotline und den weiteren Untersuchungen betrauten Personen sowie entsprechende Prozesse für die Weiterbehandlung von vorgebrachten Beschwerden. So ist beispielsweise sicherzustellen, dass alle Meldungen ernsthaft überprüft und gegebenenfalls weiterverfolgt werden. Nach Analyse eines Falles sollte auch ein Feedback an den Hinweisgeber über die Resultate der Untersuchungen gegeben werden (Donner/Mörtl 2008).

5.5 Compliance Audits

Compliance Audits stellen eine wichtige Maßnahme zur Erkennung und Bekämpfung von Korruption und anderen Malversationen in Unternehmen dar. Sie können sowohl von der Innenrevision als auch von einem spezialisierten externen Prüfer durchgeführt werden und umfassen in der Regel folgende Maßnahmen:

- Evaluierung der Vorgaben und Richtlinien auf Angemessenheit und Wirksamkeit
- Identifizierung und Evaluierung relevanter Kontrollmaßnahmen auf Angemessenheit und Wirksamkeit durch Beobachtung und Walkthroughs
- Analyse prozessbezogener Daten und Aufzeichnungen
- Massendatenanalysen in den betrieblichen Aufzeichnungssystemen der Finanzbuchhaltung, Materialwirtschaft, Lohnverrechnung etc.
- Validierung durch stichprobenartige Belegprüfung
- Prüfung relevanter Basisdokumentation (z.B. Verträge)
- Interviews mit Führungskräften und Mitarbeitern

Die Zielsetzungen liegen dabei sowohl in der Identifizierung und Bewertung von Risikopotentialen infolge eines unzureichenden Internen Kontrollsystems als auch in der Aufdeckung möglicherweise bereits eingetretener Unregelmäßigkeiten und können bei entsprechender Ausgestaltung auch zu einem sogenannten Continuous Monitoring weiterentwickelt werden. Dabei werden verschiedene Analysen und Kontrollen mit Hilfe IT-gestützter Verfahren permanent angewandt.

5.6 Notfallplan und -maßnahmen

Auch wenn die besten Vorkehrungen getroffen wurden, können Korruption und andere dolose Handlungen nicht hundertprozentig ausgeschlossen werden. Manchmal entwickeln Defraudanten äußerst hohe kriminelle Energien und hochkomplexe Vertuschungsmaßnahmen, sodass ihnen auch die besten Kontrollmaßnahmen nicht gleich auf die Spur kommen.

Für solche Fälle empfiehlt es sich, einen effizienten und effektiven Notfallplan mit klar definierten Kommunikationslinien, eindeutigen Handlungsschritten und transparenten disziplinären Maßnahmen parat zu haben. Wesentliche Aspekte eines solchen Notfallsplans betreffen die Sicherstellung von Beweismitteln und die Einleitung von Untersuchungen, die Fragen, ob und wann die Behörden eingeschaltet werden sollen, wie mit Verdächtigen umzugehen ist oder wieweit Belegschaft, Presse und andere Interessengruppen informiert werden sollen. Diese Vorbereitungen helfen wesentlich, im Ernstfall rasch und rational die richtigen Entscheidungen zu treffen und können damit erheblich zur Schadensbegrenzung und zum Schutz der Reputation beitragen.

6 Stand der Umsetzung

Angesichts der bei Korruption und Bestechung drohenden Strafen sowie des hohen Reputationsrisikos sehen sich Unternehmen heute vor der Herausforderung, einerseits korrupte Praktiken zu verhindern und andererseits auch in solchen Märkten erfolgreich zu sein, in denen Korruption noch immer ein vorherrschendes Element in Politik und Wirtschaft ist. Ein Großteil der Unternehmen hat bereits ein Verständnis für die Risiken, die mit Korruption und Bestechung assoziiert werden, entwickelt und erkennt die rechtlichen und wirtschaftlichen Auswirkungen von Korruptionsvorwürfen. Aber wird genug unternommen, um diesen Risiken entgegenzuwirken? Oft sind es die negativen Konsequenzen und vor allem die Geldstrafen, Pönalen und der Ausschluss von Märkten, die die Firmen zur Compliance zwingen. Dauerhafte Abhilfe kann aber nur eine proaktive Auseinandersetzung mit dem Thema bringen. Antikorruptionsmaßnahmen als Teil eines umfassenden Compliance Programms betreffen sowohl die Unternehmenskultur und Bewusstseinsbildung auf allen Ebenen als auch die klassischen Hard Facts wie Richtlinien, Prozesse, Kontrollmaßnahmen und Informationssystem. Ist ein solches Compliance Programm erst einmal implementiert, wirkt es nicht nur zur Risikominimierung, sondern kann als positives Differenzierungsmerkmal im Wettbewerb auch wesentlich zum Erfolg des Unternehmens beitragen. Verschiedene Untersuchungen zeigen jedoch, dass der aktuelle Stand der Umsetzung entsprechender Präventionsmaßnahmen in den Unternehmen durchaus noch einiges Potential für Verbesserungen aufweist, gleichzeitig die aktuelle Wirtschaftskrise aber die Risiken erhöht (Association of Certified Fraud Examiners 2010; Corporate Trust 2010; Ernst & Young 2007 und 2009; Euler Hermes 2008). Es bleibt somit abzuwarten, ob und wie weit die aktuellen Bestrebungen hin zu einer Good Corporate Governance dauerhaft von Erfolg gekrönt sein werden.

Literatur

Association of Certified Fraud Examiners (2008). Report to the Nation on Occupational Fraud and Abuse 2008, Austin.
Association of Certified Fraud Examiners (2010). Report to the Nation on Occupational Fraud and Abuse 2010, Austin.
BGBl. Nr. 116/1964. Bundesgesetz vom 29. April 1964 über Strafbestimmungen zur Bekämpfung der Untreue und der Bestechlichkeit (Antikorruptionsgesetz).
BGBl. I Nr. 109/2007. Bundesgesetz, mit dem das Strafgesetzbuch, die Strafprozessordnung 1975, das Strafvollzugsgesetz, das Bewährungshilfegesetz und das Jugendgerichtsgesetz 1988 geändert werden (Strafrechtsänderungsgesetz 2008).
BGBl. I Nr. 98/2009. Bundesgesetz, mit dem das Strafgesetzbuch, die Strafprozessordnung 1975 und das Staatsanwaltschaftsgesetz geändert werden (Korruptionsstrafrechtsänderungsgesetz 2009 - KorrStrÄG 2009).
Burger-Scheidlin, Maximilian (2007). Wirtschaftskriminalität und Korruption im internationalen Umfeld. Wirtschaftskriminalität – Effektive Prävention als Herausforderung für Österreichs Unternehmen. Podiumsdiskussion der Wirtschaftskammer Kärnten und Ernst & Young, Klagenfurt.
Christensen, John (2007). Mirror, mirror on the wall, who's the most corrupt of all? World Social Forum, Nairobi.
CoE (Council of Europe) (1999a). Criminal Law Convention on Corruption, Strasbourg.
CoE (1999b). Civil Law Convention on Corruption, Strasbourg.
CoE (2008). Evaluation Report on Austria. Joint First and Second Evaluation Round. Group of States against corruption (GRECO), Strasbourg.
Corporate Trust (2010). Gefahrenbarometer 2010. Sicherheitsrisiken für den deutschen Mittelstand, München.
Donner, Gerhard/Bernhard Mörtl (2008). Whistleblowing, in: Ilan Fellmann/Friedrich Klug (Hg.): Vademecum der Korruptionsbekämpfung. Kommunale Forschung in Österreich (IKW), Bd. 116, Linz, 264–267.
Ernst & Young (2007). A Survey into Fraud Risk Mitigation in 13 European Countries, New York.
Ernst & Young (2008). Corruption or compliance – weighing the costs. 10th global fraud survey, New York.
Ernst & Young (2009). European fraud survey 2009. Is integrity a casualty of the downturn? New York.
Euler Hermes (2008). Wirtschaftskriminalität, die verkannte Gefahr. Wirtschaft Konkret Nr. 303, Hamburg.
Heimann, Fritz/Gillian Dell (2010). Progress Report 2010. Enforcement of the OECD Convention on Combating Bribery of Foreign Public Officials in International Business Transactions, Berlin.
Institut der Wirtschaftsprüfer (2001). IDW Prüfungsstandard 260 „Das interne Kontrollsystem im Rahmen der Abschlussprüfung", Düsseldorf.
Organisation for Economic Co-operation and Development (1998). Convention on Combating Bribery of Foreign Public Officials in International Business Transactions. OECD Working Group on Bribery in International Business Transactions, Paris.
Schneider, Friedrich (2008). Korruption in Österreich: Einige Fakten, Mimeo, Berechnungen. Institut für Volkswirtschaftslehre an der Johannes Kepler Universität Linz.
Schneider, Friedrich/Benno Torgler (2007). Shadow Economy, Tax Morale, Governance and Institutional Quality – A Panel Analysis. Working Paper No. 0701, Linz.
Sickinger, Hubert (2007). Korruption in Österreich. Verbreitung, ausgewählte Problembereiche, Reformbedarf, in: Bundesministerium für Justiz (Hg.): 35. Ottensteiner Fortbildungsseminar aus Strafrecht und Kriminologie, 19. bis 23. Februar 2007, Wien, 101–135.

Tax Justice Network (2007). A Financial Transparency Index. An outline research proposal.
TI (Transparency International) (2006). Bribe Payers Index 2006, Berlin.
TI (2008). Bribe Payers Index 2008, Berlin.
TI (2010a). Frequently asked questions about corruption. Internet:
    http://www.transparency.org/news_room/faq/corruption_faq (Zugriff: 12.12.2010).
TI (2010b). Corruption Perceptions Index 2010, Berlin.
TI (2010c). Global Corruption Barometer 2010, Berlin.
United Nations Office on Drugs and Crime (2003). The United Nations Convention Against Corruption (UNCAC), Vienna.

Financial Crisis and Systemic Criminality – Corruption by Incompetence?
An Essay

Wolfgang Hetzer

Abstract

Everyone seems to perceive the so called *Financial Crisis* as a result of some natural disaster. Nobody obviously could avoid it, nobody was in charge and nobody is responsible or guilty. As you can not punish nature as such it might be hopeless to start a discussion about the possibilities to apply penal law thus dealing with bankers, businessmen and politicians trying to bring them to justice. This is highly deplorable but not too surprising. Behind the concept of *crisis*, individual and collective self-deception, economic interests and political calculations can be found as is elaborated in the following essay. Economically minded observers for the most part continue to espouse the view that the financial market crisis is a *systemic crisis*. If you follow that interpretation, nobody is really at fault, except perhaps politicians for failing to adjust the system's settings correctly.
When analysing development trends in criminal law in times of the financial crisis, the aspect of *governing through crime* also has to be taken into account, as states may not primarily be concerned with making criminal law even more effective, but instead consider political profit more important. This article is dealing with some of the damaging consequences deriving from that situation endangering the rule of law and the principles of democracy.

1 Introduction

The word *crisis* has apparently become a keyword in economic and financial policy. Its inflationary use also indicates an intellectual crisis. The word can absolve us of responsibility and produce an almost humble acquiescence in processes that are supposedly determined by the laws of nature. In any case, media coverage of the *financial crisis* creates the impression of an event occurring organically and not subject to forward-looking control. Such a perception is not only misleading, but also wrong. It is probably the product of clever media policies.

Nonetheless, numerous and difficult questions arise in the face of the situation of global finance, disastrous in every way. These questions span a wide range of issues, from economic policy and economic governance to security law. With regard to commercial criminal law, some scholars are convinced that we are dealing with the most complex issues ever raised in this field of law. However the public discussion of the crisis has led to a stupefaction that has made it extremely difficult to identify those responsible for and guilty of a highly damaging and very dangerous development.

The situation truly seems to be very dire. Some are even sounding the *alarm of the enemy at the gates*. A German philosopher (Richard David Precht) says that the "enemy" came treading softly, to be precise with the undermining of morals by the ebb and flow of international finance. According to him, in the current situation, a democracy needs proven and incorruptible experts at the highest levels of government. Only if the best of the best govern, he claims, is it acceptable that the people themselves do not wield the sceptre of power. However, he continues to say, in the reality of German democracy for example, experts are found well hidden and buried behind piles of unread expertises, preaching in books that no politician reads, or mired in the everyday life of our universities.[1]

In contrast, according to Precht, our politicians are like straggling wanderers, their signposts the lobbyists of all stripes that freely come and go at the *Bundestag*. The latter allegedly obtain the policies they want, whether due to donations to political parties, insistent friendliness or job offers for on the side or afterwards. Some political retirees are no longer "Elder Statesmen" but "Elder Salesmen". If an insight and an opposed interest collide, the interest will be victorious Precht is concluding.[2]

Be that as it may: behind the concept of *crisis*, individual and collective self-deception, economic interests and political calculations can be found. The customary language imputes an episodic nature to the development and pretends that it can be controlled (*crisis management*). Politicians can style themselves as determined and competent protectors of the common good, hoping that those entrusted to their care have short memories or cannot parse the complexity of the subject matter anyway, and maintain their *intrinsic trust* in those who are thought to be mighty. However, with a mix of ambition, incompetence and corruption, decision-makers in business and politics themselves created the conditions for international finance to turn into a battlefield. It is for the most part ruled by cowardly pirates, overwhelmed office holders, corrupt businesspeople and criminals, some of them wearing the guise of respectable bankers. In any case, it was no force of nature that triggered this financial crisis, but primarily shameful failure in the upper levels of management. And many governments simply looked on for years. By now, we have amassed a history of state failure.

---

1 Precht, Richard David: Die entfremdete Republik, in: Der Spiegel, 26/2010, 116117.
2 Ibid.

2   Intelligence and Intention

Suddenly, though, we seem to have woken up. Even the competence of economists is being questioned, given that despite their great mathematical intelligence, they have massively miscalculated. The world may continue to be headed for its worst economic and social nightmare, as has already been suggested looking back on the unrest in Greece in 2008. Now the symptoms of a *systemic crisis* of social market economy are being detected and democracy as a whole is seen to be at risk. At the same time, calls for a *strong state* are heard. Experts are asking if we are caught in a *real economy* crisis or *merely* in a financial market crisis. At least they have discovered by now that the financial crisis was triggered by a triple failure of the state in the US:

1. Years of low-interest policies by the Federal Reserve, which even allowed negative real-term interest
2. Refusal to regulate the financial markets at an early point in time
3. Refusal to bail out Lehman Brothers, a bank of *systemic importance*

The debate about the individual causal factors and those actually responsible began with great hesitation, and it still seems very reluctant, even though it has not yet addressed questions of culpability under criminal law in any way. Here are only a few keywords:

- Deregulated capital markets worldwide;
- faulty design of existing regulations;
- excessively generous money supply policies by the central banks;
- involvement of governments in lending via public and semi-public banks;
- omissions by the supervising owners and therefore violation of the duties incumbent on holders of government office;
- generation of large numbers of non-performing mortgages through massive promotion of home ownership (especially in the US);
- lacking adjustment of state regulations to the means of new financial instruments;
- exploitation of gaps in legislation by banks acting against the spirit of existing regulations;
- failure of banks' internal risk management;
- disproportionate remuneration rules for bank managers;
- insufficient diversification of risks in securitization;
- lack of experience with new products and accordingly inadequate risk assessments;

- arrogance and almost blind faith in the predictive power of mathematical methods and highly complex estimation procedures;
- underestimation of risk aversion.

A discussion of these very fragmentary indications that does justice to the subject matter could only be held as part of a broadly based debate on economic governance.

3 Questions and no answers

Obviously I could not deal with all those aspects of economic governance. Therefore I will merely explore some perspectives reduced to criminal law and unsystematically begin with a few questions:

- Is the damage done by the financial crisis an expression of the arbitrariness of natural disasters or the necessary consequence of a combination of lacking professional competence, political neglect and criminal energy?
- Did persons and groups who were players on the world's financial markets perhaps even collude to serve their own motives of enrichment in illegal ways and destabilize entire monetary systems in the process?
- Do we need an internationally coordinated strategy of risk minimization based on criminal law, or is it rather a question of economic governance?
- Is national criminal law even ready for such challenges?
- Do we have a system of sanctions anywhere that can impress criminals who have colluded globally like a criminal organization in a culture of asocial hedonism?
- Are we living in an era in which organized crime has established itself as a way of doing business, and in which politics are reduced to subservient serfdom to highly qualified conspirators?

Economically minded observers for the most part continue to espouse the view that the financial market crisis is a *systemic crisis*. If you follow that interpretation, nobody is really at fault, except perhaps politicians for failing to adjust the system's settings correctly. The question remains if criminal law in its current state or after the implementation of novel penalization strategies is suited for countering risks such as those appearing during the continuing financial crisis with preventive and deterrent effect.

Scepticism is in order. The categories of criminal law are based on unlawfulness, culpability and individual attribution. It is the last resort and subsists on derivations from other fields of law. Criminal law fails when dealing not with individuals, but with the moderation of social, economic and political processes and systems for the common good. However, if an assessment of the damage done by institutions and individuals should ever be possible, there may be a debate on a change of the functions of criminal law after all. It should culminate in a range of sanctions that can also respond to the challenges of *systemic crime*. Simply too much has happened to go back to business as usual, especially in commercial criminal law and capital market criminal law. This does not implicitly justify an undifferentiated call for the sharp sword of criminal law. That call cannot be heeded in any case if the principle of legality and the code of criminal procedure under the rule of law do not provide for liability. These principles, however, apply to everyone, and therefore also to those who were responsible and acted for banks before the financial crisis.

Nonetheless, it would be wrong to only stress the *systemic nature* of the financial crisis and therefore fail to ask the question of responsibility also under the standards of criminal law.* To answer the question of whether certain actions before and during the crisis may be punishable, we actually have to explore not only the origins of the crisis, but also very precisely define the facts and transactions that may be subject to criminal sanction. General observations, for instance on breach of trust, are not helpful if and as long as it is not clear what concrete constellations we are talking about.

4 Discussions and no results

In public perception, the financial crisis is being painted as a naturally occurring phenomenon, while the idea that it can be ascribed to the coordinated criminal activities of a criminal caste has met with little acceptance. Incidentally, that is why there have as yet been no earnest investigations into the actions of individual players. The large bonuses paid to bank managers and the worthlessness of dubious securities, apparent from the start, raise the question if a combination of a kleptocratic mentality in banking with immense superficiality was also a cause of the financial crisis. Action by the regional state banks outside their public purpose in itself constitutes a breach of duty. The representatives of the state governments and the associations of savings banks serving on management boards never effectively consented to the disastrous business practices of the regional state banks, as the people are the owners of these institutions with the

---

* Practical insights into criminal law and corruption concerning the case of Austria are given in the article by René Wenk in this volume.

power of disposition, and any declarations of consent therefore also fall under the reservation of § 266 of the German Penal Code (breach of trust).

A gigantic snowballing system with specific characteristics was set up, in which high-interest loans were granted to people who were not solvent. With the real property of low-income groups as the only real basis of speculative transactions, the idea was born to turn dirt into gold and ultimately to have consumption in the US financed by German taxpayers and from other nations.

Bankers are the generals of our times, now repeatedly annihilating not foreign armies, but money and jobs. As a consequence, criminal law is the only means to beat them (turning from the last resort into the sole resort). Other than that, they have nothing to fear, as supervisory boards hold no sway over them. In the markets, it is customary for the smarter players to sell to the dumber players, and it has not yet been sufficiently explored if that is always punishable as fraud. After a successful initial phase, securitized lending got out of hand to such an extent that criminal law now has to occupy itself with it. Bankers were not allowed to take minimum risks as the point of orientation for their actions, as orientation by worst-case scenarios is required according to the guidelines of the Basel Committee.

In dealing with the fallout from the financial crisis from a criminal law perspective, a greater focus *de lege ferenda* has to be put on the area of protection of bankruptcy offences. Basing arguments solely on legally protected property interests and the statutory offence of breach of trust may be anachronistic, which is why an emphasis on socially construed, legally protected interests may be a suitable response to neoliberal trends. When analysing development trends in criminal law in times of the financial crisis, the aspect of "governing through crime" also has to be taken into account, as states may not primarily be concerned with making criminal law even more effective, but instead consider political profit more important. Criminal law must take into account that lending is always a balancing act between making a profit and security, and that collective constraints weaken awareness of injustice and risks, as can be seen in the *sale and leaseback* transactions of the municipalities. The inventors of new financial products are those actually responsible for the crisis.

It is doubtful if the facts of the financial crisis can be ascertained by investigations under criminal law. In particular, such a task exceeds the resources of the department of public prosecution. Instead of making it more stringent, criminal law must be expanded to include new constellations, which would also involve the introduction of collective legally protected interests. In a neoliberal system, the state and criminal law are biased. There is a lot of criminal law applicable to the losers and no criminal law for the rich, and the financial crisis has shown that companies are not good per se, and that they must therefore be controlled.

Politicians sitting on the supervisory boards of the regional state banks in particular did not protest for a long time, as long as ample profits flowed into the state coffers, and did not put up any resistance, although it would have been necessary for such risky financial transactions. There are clear indications that gross mistakes were made in the course of introducing and maintaining risk management systems. A lack of adequate risk management constitutes a neglect of duty within the meaning of the concept of breach of duty that is an element of the statutory offence of breach of trust.

In dealing with the fallout from the financial crisis from a criminal law perspective, evasive transactions are problematic as physical elements of an offence, as they are often formally in keeping with the letter of the law, but economically contrary to the spirit of the law. Clauses prohibiting evasion of the law that would establish punishability are often lacking, and for the mental elements of an offence, we often see a *hot potato* situation, as everyone involved claims to have relied on someone else's supposed expertise, so that as of now, there is no consistent criminal law policy in cases of such *collectively incurred unwarranted risks*.

Criminal law is an appropriate tool to reduce competitive pressure among bankers, since if supervisory regulations are supported by criminal law, employees can cite the relevant precepts under criminal law to superiors if they are urged to take unwarranted risks. The fact alone that there is an existential threat is enough to assume a pecuniary loss, and to constitute the mental element of an offence, awareness of such a risk is sufficient. Incurring an existential risk to a systemically important bank poses a threat to the system as a whole and constitutes harm to the legally protected interest of a functional banking system, so that including a relevant criminal offence in the Banking Act is appropriate.

The chumminess of power and law must end, and criminal law must achieve and maintain validity in management boards, too. Fear of criminal law alone is not sufficient as grounds for the punishability of bankers, especially as the rich and powerful have far greater means of evading the law and are therefore also in a better position vis-à-vis criminal law. Criminal law policy must begin to deal with the systemic risks and not be reduced to the application of existing laws.

5   Conclusions and no improvements

The financial crisis was caused at least in part by lacking controls, the fraudulent dissimulation of the risks inherent in certain financial products and a corrupt conspiracy which very often is elegantly called *insider trading*. It is therefore only logical that there are calls for greater criminal law intervention to protect the financial system. In particular, it can be predicted that criminal law will extend further to the field of collective legally protected interests implied in the economic system. But in any case, it should have become apparent as well that the financial crisis is not merely a *system failure*. It was caused in part by en masse actions constituting physical elements of offences on the part of decision-makers in the banking system. In the process, state institutions contributed by gross negligence. In Germany, to be precise, public banks invested at least more than 100 billion euros into American securities that were ex ante low quality or worthless. In this way, consumption in the US was subsidized at the German taxpayers' cost. The supposed professionalism of numerous decision-makers not only in German banking and politics was apparently at the same level as that of the representatives of the Native Americans when they sold Manhattan to the European conquerors for a handful of glass baubles, and later their souls and dignity for a few barrels of whiskey.

So far, no one has drawn the clear and necessary conclusions. All of this is not only a political scandal, but also a special kind of continued system failure based on incompetence and corruption. In fact we are faced with a form of organized crime that is extremely dangerous and globally orchestrated. Indeed, the decisive motivation seems to have been the rashly paid and utterly disproportionate bonuses, just another word for corruptive payments. Nonetheless, no sufficiently effective efforts have been undertaken to confiscate these ill-gotten gains from illusory profits of the past. Instead, the practice of securing these gains is being continued even in the banks just bailed out by governments. Unfortunately, the realization that the only way to address these conditions in banking by law consists in public criminal investigations has not yet gained a lot of ground. This would be in the interest of the banking system itself so as to eliminate the appearance of a *management kleptocracy*. It is high time for criminal law, traditionally used against the *lower classes*, to be equally applied to the *upper classes*. If there was ever a case where that is overdue, it is the financial crisis. In the crisis, risks came to bear that had been evident for a considerable time.

Though the extent of the losses suffered may have been surprising, their occurrence was not. Even in the regulated zones, banking lived on the edge with the knowledge and consent of political and economic decision-makers. National egoism and human weakness, inadequate laws and insufficient supervision, with the players systematically procuring benefits for themselves (read: corruption) and lacking competence, social lethargy and decaying public spirit, as well as structural mistakes are some of the factors, among many others, that initiated and promoted the greatest destruction of wealth in recent economic history.

6 Perspectives and no petitions

The current and continuing disastrous development of the global economy is not an inevitable predicament of fate, but instead the product of political errors, economic incompetence systemic corruption and individual criminal energy. The term *financial crisis* has been used to neutralize and deceive in a public debate that creates the impression that the system of the global financial markets is suffering only a temporary malfunction, and that the responsibility imputable under criminal law to certain decision-makers is insignificant.

At the origin of the disaster scenario, there were several governments in the US who led especially low-income population groups into a debt trap by means of welfare state lending policies, and thus provoked excessive securitization business with low-quality mortgage-backed securities and credit default swaps. In the US, state failure has in multiple ways promoted the emergence of a financial industry where a break with rationality and a disconnect from reality occurred due to empirically completely unfounded mathematical models used to construct so called structured financial products, facilitating the emergence of a climate of megalomania and asocial irresponsibility.

In the Anglo-Saxon countries in particular, the decline of conventional industrial production of goods was accompanied by the rise of a capital market culture that pursues profit maximization beyond all economic reason and defies the principles of social market economy. Yield expectations, actual profits and certain transactions in private banking have shown that trade in innovative and structured financial products in particular has degenerated into a self-referential system of self-interest to the detriment of the common good.

In Germany, the regional state banks participated in international speculative transactions under the eyes of the politicians responsible without the necessary know-how and far in excess of their coverage resources, and in the process intentionally and systematically violated the accounting principles of transparency and truthfulness by establishing special purpose vehicles without assets. Throughout the world, governments permitted the production and use of "financial weapons of mass destruction"[3] (Warren Buffett), that is trade in derivatives of any kind, without performing even a halfway reliable impact assessment in time, an omission that casts doubt on the ethical foundations of political action.

Some investment bankers (Lloyd Blankfein) have even come to claim that they are doing God's work by maximizing their banks' profits, a fact that seems grounds for considering a review not only of the expertise, but also a medical

---

3 Buffett, Warren: What Worries Warren. Avoiding a 'Mega-Catastrohpe', in: Fortune, Vol. 147 (4), March 3, 2003.

(psychiatric) examination of the state of mind possibly prevalent in that sort of industry.

Due to objective conflicts of interests, some rating agencies repeatedly made claims that did not reflect the real economic situation of companies and markets, but were instead guided by manipulative wishful thinking. State financial supervision proved unable to prevent certain practices in international financial reporting from reflecting not the correct assets of market players, but their embellished and risky self-portrayals on the balance sheet date.

Because of the amounts of sovereign debt accumulated, the budget policies of numerous EU member states have opened up speculation opportunities for large players on the international financial markets that expose entire national economies to existential threats. Under the pressures of *Realpolitik*, the financial situation and lacking competitiveness of some national economies in the EU have forced the Union to undertake a guarantee obligation that could cause it to transform from a traditional community of solidarity into a novel community of liability outside the existing treaty framework, with unpredictable consequences for the future of European integration.

Participation in global financial transactions was increasingly characterized by risky credit creation that distorted competition and allowed participants, due to leverage effects, to make investments that in no way reflected their real financial and economic potential anymore. The monetary policies of some central banks and inadequate risk management by numerous financial institutions created conditions under which even the financial management of large investment firms was characterized first by self-delusion and then by manipulative measures, which ultimately gave cause for suspicion of systematic and organized fraudulent and corrupt behaviour.

Globally coordinated initiatives of the financial industry also led to threats to stabilization policies in the real economy, and if these threats come true, they could develop dynamics and a destructive force that can no longer be effectively countered by the means of traditional national and international economic governance. In the foreseeable future, it will remain uncertain if the application of criminal law to individual decision-makers in business, finance and politics can have appropriate preventive and deterrent effect, as the necessary process to clarify conditions for punishability under the rule of law and effective sanctions has only just begun.

Korruptionsbekämpfung in der Entwicklungszusammenarbeit – Ansätze, Chancen und Herausforderungen

Georg Huber-Grabenwarter[1]

Abstract

Dieser Beitrag setzt sich mit dem erst seit wenigen Jahren enttabuisierten Thema der Korruptionsbekämpfung in der Entwicklungszusammenarbeit (EZA) auseinander. Ausgehend von derzeit gültigen internationalen Vorgaben haben bi- und multilaterale Geber in den letzten Jahren sowohl bei der Vermeidung von Korruption im Rahmen der eigenen Prozesse (interne Anti-Korruptionsebene) als auch bei der Unterstützung von Anti-Korruptionsbemühungen in Entwicklungsländern (externe Anti-Korruptionsebene) zahlreiche Ansätze und Initiativen entwickelt. Insbesondere die Weltbank hat sich hier als federführend erwiesen. Aufgrund der nach wie vor vorherrschenden Schwierigkeit, Korruption sowie auch den Einfluss von Geberinitiativen auf das Ausmaß von Korruption zu messen, bleibt die Frage, inwieweit Geberinitiativen bisher erfolgreich waren, allerdings weitgehend ungeklärt. Während das mittlerweile geschaffene globale Bewusstsein zu Korruption sowie diverse Instrumente zu Anti-Korruption für die EZA weitreichende Chancen bieten, so stehen Geber auch zahlreichen Herausforderungen gegenüber. Dazu zählen etwa der Umgang mit Entwicklungsländern mit hoher Korruption und schwachem Reformwillen sowie die Schaffung eines internen Problembewusstseins.

We need to address transparency, accountability, and institutional capacity. And let's not mince words: We need to deal with the cancer of corruption.
Ehemaliger Weltbankpräsident James D. Wolfensohn, 6. Oktober 1996

1 Einleitung

Mit diesen Worten leitete der ehemalige Weltbankpräsident J.D. Wolfensohn einen Wandel in der Weltbank ein, der nicht nur zur mittlerweile erfolgten umfassenden Institutionalisierung von Anti-Korruption innerhalb der Bank führte, sondern letztlich Auswirkungen auf die gesamte Entwicklungszusammenarbeit (EZA) hatte.

---

1 Georg Huber-Grabenwarter ist Referent für Good Governance und Menschenrechte in der Austrian Development Agency (ADA), zuständig auch für Anti-Korruption. Die im vorliegenden Beitrag zum Ausdruck gebrachten Ansichten und Schlussfolgerungen sind jene des Autors und entsprechen nicht notwendigerweise jenen der ADA.

Über lange Zeit vollkommen tabuisiert oder bagatellisiert, kam Korruptionsbekämpfung erst in den letzten Jahren auf die Agenden der EZA. Betrachtet man deren Anfänge in den 60er Jahren, in denen die EZA vielfach als „Missgeburt des Kalten Krieges" (Nuscheler 2005: 78) bezeichnet sowie der Vorwurf gemacht wurde, vor allem kurzfristigen politischen und strategischen Vorteilen sowie Exporten der Geberländer zu dienen,[2] ist die Tabuisierung während dieser Zeit auch wenig verwunderlich. In Anbetracht des in den 70er Jahren gelegten Anspruchs der EZA auf „Entwicklung durch Wachstum" (Nuscheler 2005: 78), ist dies vor dem Hintergrund der enormen Kosten und ökonomischen, sozialen und politischen Konsequenzen[3] von Korruption aber letztlich doch ein wenig erstaunlich.[4]

Das Ende des Kalten Krieges und die damit einhergehende Hoffnung der Verbreitung demokratischer und verantwortungsvoll geführter Regierungsformen,[5] neue Instrumente zur Messung von Korruption,[6] zunehmende wirtschaftliche Verflechtungen und der Druck der USA[7] sowie zahlreicher neu gegründeter

---

2 So war etwa die EZA in den USA lange Zeit in den Haushaltstitel der „wechselseitigen Sicherheit" integriert und damit primär Instrument der Sicherheitspolitik (Nuscheler 2005: 78).
3 Nach Schätzungen des Weltbankinstituts beträgt die Summe der weltweit jährlich bezahlten Bestechungsgelder ca. 1.000 Milliarden US-Dollar (Kaufmann 2005, 83); 10 Milliarden US-Dollar – ca. die Hälfte der jährlich geleisteten *Official Development Assistance* (ODA) – sollen aufgrund von Korruption jährlich Afrika verlassen (Moyo 2010: 57). Neben den durch Korruption verursachten wirtschaftlichen Konsequenzen (u.a. Abschreckung von Investoren, Förderung von Schattenwirtschaft oder Ineffektivität öffentlicher Institutionen), verursacht Korruption vor allem auch soziale (vgl. etwa Transparency International 2010) und politische Folgen. Letztlich untergräbt Korruption das Vertrauen der Öffentlichkeit in den Staat sowie das soziale Gefüge, Rechtsstaat und Menschenrechte, führt zu politischer Instabilität und ist vielfach auch ursächlich für Konflikte (United States Institute of Peace 2011).
4 Mitentscheidend dafür waren *inter alia* Ansichten und Forschungen bekannter Ökonomen und Politikwissenschaftler, die Korruption durchaus auch positive ökonomische Wirkungen beimaßen. So betonten etwa Leff oder Huntington, dass Korruption durchaus effizienzsteigernd wirken könne (Tanzi 1998: 578ff.).
5 Diese Hoffnung ist allerdings bisher nur teilweise erfüllt worden. Während die Zahl gewählter Demokratien von 1989 bis 2010 von 69 auf 115 gestiegen ist (Freedom House 2011: 15), haben (vielfach aufgrund von Wahlfälschungen) gewählte Regierungen nicht notwendigerweise verantwortungsvoll regiert (Collier 2009: 23ff.).
6 Darunter fallen u.a. der von Transparency International (TI) seit 1995 jährlich veröffentlichte, die Wahrnehmung von Korruption messende *Corruption Perceptions Index* (CPI), der *Global Corruption Barometer* und der *Bribe Payers Index* von TI, die Weltbank Governance Indikatoren, der Bertelsmann Transformations-Index oder der *Global Integrity Index* (vgl. UNDP 2000a).
7 Als Folge des Watergate Skandals wurde in den USA 1977 der *Foreign Corrupt Practices Act* (FCPA) verabschiedet, der die Bestechung ausländischer Amtsträger in den USA unter Strafe stellte. Ähnliche Regelungswerke in westlichen Nationen blieben aus. Vielfach (so auch in Österreich) war die Bestechung ausländischer Amtsträger lange Zeit sogar steuerlich absetzbar. Der dadurch beklagte Wettbewerbsnachteil amerikanischer Unternehmen gegenüber europäischen Kontrahenten führte zu massivem Druck der USA, verbindliche internationale Instrumente zu

Nicht-Regierungsorganisationen (NRO), darunter insbesondere *Transparency International* (TI), führten hier zu einem bedeutsamen Paradigmenwechsel (Wolf 2008: 368; Cremer 2008: 21ff.; Huber-Grabenwarter 2010: 197), der sowohl die Verabschiedung zahlreicher internationaler Abkommen[8] als auch die Aufnahme von Anti-Korruption in die Agenden der Entwicklungszusammenarbeit mit sich brachte. Korruptionsbekämpfung wurde von nun an sukzessive in die Aktivitäten nahezu aller Geber sowie in leitende internationale politische Vorgaben der EZA aufgenommen. Welche Maßnahmen Geber getroffen haben, welche Vorgaben für sie gelten sowie mit welchen Herausforderungen Geber konfrontiert waren, soll nun Gegenstand dieses Beitrags sein.

2 Internationale Vorgaben zur Korruptionsbekämpfung in der EZA

Die wichtigsten derzeit geltenden Vorgaben zu Anti-Korruption im Kontext der EZA wurden allesamt erst nach der Verabschiedung der Korruption völlig ausklammernden *Millennium Development Goals* (MDGs) im Jahre 2000 ausgearbeitet.[9] So wird im international bedeutsamen Monterrey Konsens über die Finanzierung der EZA von 2002[10] etwa betont:

"Dem Kampf gegen Korruption auf allen Ebenen kommt Priorität zu. Korruption stellt ein schwerwiegendes Hemmnis für die effektive Mobilisierung und Allokation von Ressourcen dar und entzieht diese den Aktivitäten, die für die Armutsbekämpfung und eine nachhaltige wirtschaftliche Entwicklung unabdingbar sind." (Vereinte Nationen 2002: 4).

Im Zuge der Debatte um eine Steigerung der Wirksamkeit der EZA wurde Anti-Korruption schließlich in die heute diesbezüglich als grundlegenden Vorgaben geltenden *Erklärung von Paris über die Wirksamkeit der Entwicklungszusam-*

---

verabschieden. Ergebnis (u.a.) dieses Druckes war die Verabschiedung des OECD Übereinkommens über die Bestechung ausländischer Amtsträger im internationalen Geschäftsverkehr von 1998.

8 Darunter fallen u.a. die Inter-Amerikanische Konvention gegen Korruption (1996), das OECD Übereinkommen über die Bestechung ausländischer Amtsträger im internationalen Geschäftsverkehr (1998), das Zivilrechts- sowie das Strafrechtsübereinkommen des Europarats (1999), die Konvention der Afrikanischen Union über die Verhütung und Bekämpfung der Korruption (2003) und die VN Konvention gegen Korruption (2003).

9 Vereinzelt gab es bereits davor für die EZA relevante Leitlinien. So etwa die *OECD DAC Recommendation on Anti-Corruption Proposals for Aid-Funded Procurement* von 1996, die zur Aufnahme von Anti-Korruptionsklauseln in Beschaffungsverträge im Kontext der bilateralen EZA führten (OECD 1996).

10 Im Wesentlichen bekannten sich Industrieländer in Monterrey zu einer Steigerung ihrer ODA Zahlungen und Entwicklungsländer im Gegenzug zu guter Regierungsführung (Vereinte Nationen 2002).

menarbeit (OECD 2005) sowie *Aktionsplan von Accra* (OECD 2008) aufgenommen.[11] Wenngleich beide Dokumente keine Rechtsverbindlichkeit erzeugen, stellen sie doch ein starkes politisches Bekenntnis dar und gelten als vordringliche Leitfäden der EZA. Darin bekennen sich Geber und Entwicklungsländer dazu, wirksame Maßnahmen gegen Korruption zu setzen (OECD 2005: Par. 4 xi) und dabei alles zu tun, um Korruption zu bekämpfen sowie die Grundsätze der *UN Convention against Corruption* (UNCAC)[12] zu achten (OECD 2008: Par. 24d). Während Entwicklungsländer insbesondere Transparenz und Rechenschaftspflicht bei der Verwendung öffentlicher Mittel stärken sollen, werden Geber angehalten Maßnahmen gegen Korruption durch die eigenen Individuen und Firmen sowie zur Wiedererlangung illegal erworbener Vermögenswerte zu setzen (OECD 2008: Par. 24d).

Die im Jahre 2006 verabschiedeten OECD DAC *Principles for Donor Action in Anti-Corruption* (OECD 2006), gelten – auch wenn auch sie nicht rechtlich bindend sind – als weitere wesentliche Grundlage für die Geberarbeit zu Anti-Korruption.[13] Demnach sollen Geber 1) gemeinsam und in Zusammenarbeit mit den Partnerregierungen Anti-Korruptionsbemühungen in Partnerländern unterstützen; 2) auch die Geberseite von Korruption adressieren; und 3) sowohl Forschung als auch den Wissensaustausch zu Korruptionsbekämpfung forcieren.

Neben diesen politischen Vorgaben gilt heute vor allem die UNCAC als eine der wichtigsten Grundlagen für Geber zu Anti-Korruption. Die UNCAC ist eine der wenigen Konventionen, die ein eigenes Kapitel (Kapitel VI) zu technischer Unterstützung enthält. Aufgrund ihres nahezu alle Aspekte von Korruption umfassenden Charakters (vgl. zur UNCAC bspw. Webb 2005; Babu 2006; Hechler 2010; Huber-Grabenwarter 2010)* sowie auch der überaus hohen Akzeptanz,[14] gilt sie als das entscheidende internationale Instrument zur globalen Prävention und Bekämpfung von Korruption für die Zukunft, auch wenn einige der

---

11 Eine Effektivitätssteigerung der EZA soll insbesondere durch Ausrichtung anhand der Kriterien *Ownership* (Eigenverantwortung), *Alignment* (Partnerausrichtung), *Harmonisation* (Harmonisierung), *Managing for Results* (Ergebnisorientiertes Management) und *Mutual Accountability* (gegenseitige Rechenschaftspflicht) erreicht werden (OECD 2005: 5ff.).
12 Resolution 58/4 der Generalversammlung der Vereinten Nationen vom 31.10.2003.
13 Um eine auf nachhaltige Entwicklung abzielende EZA zu fördern sowie um sich auszutauschen und abzustimmen, wurde innerhalb der *Organisation for Economic Co-Operation and Development* (OECD) 1961, das aus allen großen OECD Gebern bestehende *Development Assistance Committee* (DAC), geschaffen. Innerhalb des DAC wurde das *Network on Governance* (Govnet), das für alle Governance Themen, inklusive Anti-Korruption, zuständig ist und innerhalb des Govnet wiederum eine Arbeitsgruppe zu Anti-Korruption, das *Anti-Corruption Task Team* (ACTT), eingerichtet. Die *Principles for Donor Action in Anti-Corruption* wurden vom ACTT ausgearbeitet und vom DAC verabschiedet (OECD 2006).
* Siehe zur UNCAC auch den Beitrag von Erik N. Larson in diesem Band.
14 Die UNCAC zählt heute nicht weniger als 150 Mitgliedstaaten (Stand: 11.03.2011).

Bestimmungen in der UNCAC nicht rechtlich verbindlich sind[15] und auch wenn bei der Verabschiedung eines die Konvention überprüfenden Organs nur eine Kompromisslösung möglich war.[16] Nach der UNCAC müssen Mitgliedstaaten nach Maßgabe vorhandener Kapazitäten prüfen, inwieweit eine „weitest gehende" technische Unterstützung insbesondere von Entwicklungsländern bei der Bekämpfung von Korruption möglich ist (Art. 60 (2) UNCAC). Mitgliedstaaten müssen zudem „*to the extent possible*" zur optimalen Umsetzung der UNCAC beitragen und dabei in Kooperation miteinander maximale Anstrengungen unternehmen, um Entwicklungsländer (auch finanziell und materiell) bei der Prävention und Bekämpfung von Korruption und der Umsetzung der UNCAC zu unterstützen (Art. 62).

3 Geberansätze zur Bekämpfung von Korruption

Geber setzen diese Vorgaben heute im Wesentlichen auf zwei Ebenen um. Einerseits treffen sie Maßnahmen, die Korruption im Rahmen der eigenen Maßnahmen und Initiativen verhindern sollen (*interne Anti-Korruptionsebene*).* Neben der Vermeidung von Korruption durch die eigenen Mitarbeiter, fallen darunter auch Vorkehrungen zur Prävention und Bekämpfung von Korruption bei der Zusammenarbeit mit Partnern.[17] Zum Zweiten unterstützen Geber ländereigene

---

15 Die UNCAC besteht aus verbindlichen Bestimmungen (im englischen Originaltext durch das Wort „*shall*" ausgedrückt. Ein Beispiel für eine verbindliche Bestimmung ist die Bestechung nationaler öffentlicher Amtsträger gem. Art. 15 UNCAC), aus Bestimmungen, deren Umsetzung Mitgliedstaaten verbindlich zu prüfen haben (zumeist „*shall consider*", bspw. Bestechung im Privatsektor gem. Art. 21 UNCAC) und aus freiwillig umzusetzenden Bestimmungen („*may*", bspw. Art 45 UNCAC, nach dem Mitgliedstaaten mit anderen Staaten Abkommen über die Auslieferung von Personen, die wegen eines in der Konvention verankerten Vergehens verurteilt worden sind, abschließen können).

16 Der sogenannte *UNCAC Review Mechanism* konnte erst nach langwierigen Verhandlungen anlässlich der 3. Vertragsstaatenkonferenz in Doha 2009 verabschiedet werden. Forderungen vor allem westlicher Nationen, aber auch von zahlreichen Staaten der G-77 u.a. nach einer starken zivilgesellschaftlichen Beteiligung beim Prozess der Prüfung der Umsetzung der Konvention oder etwa nach Transparenz (Veröffentlichung der Staatenberichte) konnten dabei nur bedingt erfüllt werden. Als besonders starke Opponenten dieser Forderungen zeigten sich Ägypten, Russland, Iran, Kuba, Pakistan oder auch China.

* Für eine detaillierte Darstellung derartiger Maßnahmen siehe den Beitrag von Kurt Bayer in diesem Band.

17 Die Vermeidung von Korruption im Rahmen der Zusammenarbeit mit Partnern wird bei einigen Gebern auch als eigene Ebene ausgewiesen (bspw. Ministry of Foreign Affairs/Danida 2003), manche Geber fügen noch eine vierte Ebene hinzu – bspw. *Swedish International Development Cooperation Agency* (Sida), die ihren Einsatz für globale Anti-Korruptionsstandards als zusätzliche Ebene anführt (Sida 2011).

Anti-Korruptionsbemühungen in Entwicklungsländern (*externe Anti-Korruptionsebene*). Bei beiden Ebenen gibt es Unterebenen, beide Ebenen ergänzen und überschneiden sich und sind zum Teil auch voneinander abhängig.

3.1 Interne Anti-Korruptionsebene

Trotz Schätzungen, nach denen ca. zwischen 5–30 % der EZA Mittel durch Korruption in falsche Kanäle fließen bzw. missbräuchlich verwendet werden (Wolf 2008: 367; International Centre on Asset Recovery 2011: 24),[18] wurde die Notwendigkeit, Korruption in den eigenen Reihen sowie in der Zusammenarbeit mit Partnern zu bekämpfen von Gebern lange ignoriert. Ursächlich dafür war mitunter die Befürchtung, dass eine proaktive Herangehensweise an die Korruptionsproblematik bloß Vorbehalte gegenüber der ohnehin bereits stark in der Kritik stehenden EZA bestärken würde (Cremer 2008: 22). Auch hier führten Druck von NROs, das generell gestiegene Bewusstsein zu Korruption und damit einhergehende völkerrechtliche Verpflichtungen (Bray 2007: 1, 15ff.), aber auch bekannt gewordene Korruptionsfälle[19] zu einem Wandel. Im Sinne relevanter Vorgaben (u.a. Art. 7–10, 12 UNCAC)[20] oder der von der OECD entwickelten Grundpfeiler für eine ethische Infrastruktur – Kontrolle, Führung und Management (Mathisen 2003: 2f.) – haben Geber heute umfassende interne Maßnahmen getroffen.

---

18 Bei den von der Weltbank bzw. multilateralen Entwicklungsbanken zur Verfügung gestellten – zurück zu zahlenden – Mitteln wird dieser Betrag zwischen 5 % und 25 % (Cremer 2008: 17; Rogers 2008: 712; Moyo 2010: 52) geschätzt. Missbräuchliche Verwendung bei von der Weltbank gewährten Krediten ist u.a. deshalb besonders schwerwiegend, da auch die durch Korruption abgezweigten Gelder zurückgezahlt werden müssen und damit massiv zur Schuldenlast der Länder beitragen, obwohl ihnen die Gelder nicht zur Verfügung standen (Rogers 2008: 712). Teilweise wurde der EZA auch der Vorwurf gemacht, zur Steigerung von Korruption beizutragen (Moyo 2010: 52f.). Insgesamt kamen Studien hierzu allerdings zu unterschiedlichen Ergebnissen. So betonten etwa Dalgaard und Olsson aus dem Jahr 2006, dass in Ländern, in denen umfassende ODA Zahlungen geleistet werden, Korruption durch EZA erhöht würde, während in Ländern mit niedrigen ODA Zahlungen Korruption durch EZA reduziert würde. Eine andere Studie kam zum Ergebnis, dass es entscheidend darauf ankomme, ob eine Gesellschaft homogen (weniger korruptionsanfällig) oder inhomogen (stark korruptionsanfällig) ist. Wenige Zweifel gibt es darüber, dass manche Geberpraktiken wie etwa Privatisierungen zu Korruption beigetragen haben (Fritz/Kolstad 2008: 8).

19 So war etwa die heutige *Gesellschaft für Internationale Zusammenarbeit* (GIZ; ehemals *Gesellschaft für Technische Zusammenarbeit* – GTZ) in den 90er Jahren von einem weitreichende Wellen schlagenden Korruptionsfall betroffen (Bannenberg/Schaupensteiner 2004: 189–198).

20 Diese fordern von Mitgliedstaaten allgemein, geeignete Maßnahmen zur Vermeidung von Korruption sowohl im öffentlichen Sektor als auch im und durch den Privatsektor zu treffen (vgl. zum Privatsektor Livschitz 2009).

Zum einen versuchen Geber eine interne Anti-Korruptionskultur zu schaffen. Dafür ist zunächst ein klares Bekenntnis auf Führungsebene entscheidend. Einige Geber haben daher leitende Dokumente zu Anti-Korruption oder Anti-Korruptionsstrategien ausgearbeitet,[21] andere sind gerade dabei, Strategien zu entwickeln,[22] in denen zumeist auch der Stellenwert der internen Ebene betont und Maßnahmen dazu beschrieben werden. Die Strategie der *United States Agency for International Development* (USAID) weist beispielsweise darauf hin, dass die Achtung von Anti-Korruption, Transparenz und Rechenschaftspflicht im Rahmen der eigenen Prozesse für eine glaubwürdige Agentur von entscheidender Bedeutung ist, betont, dass Mitarbeiter diesbezüglich anstreben, „*best practices*" in allen Operationen anzuwenden und gibt einen Überblick über Maßnahmen, die hierfür getroffen worden sind (USAID 2005: 10, 25).[23] Manche Geber, wie beispielsweise das *UK Department for International Development* (DFID) oder die *Danish International Development Agency* (DANIDA) nehmen zudem eine „Zero-Tolerance" Politik gegenüber Korruption ein. Demnach akzeptieren sie u.a. keine wie immer geartete Ausnahme von Korruption und verpflichten die eigenen Mitarbeiter, jeden Korruptionsfall zu melden (DANIDA 2008: 18; DFID 2010).

Zudem haben die meisten Geber Verhaltenskodizes verabschiedet, die zwar vielfach in Details voneinander divergieren, aber zumeist allesamt Regelungen über Integrität, Bestechung, Geschenkannahme, Interessenkonflikte, Transparenz oder den Umgang mit vertraulichen Informationen enthalten. Durch Aufnahme in Arbeitsverträge erlangen diese Regelungen vielfach Verbindlichkeit. In der GIZ wurden hierzu etwa die „Grundsätze integeren Verhaltens" (GTZ 2010) ausgearbeitet, zu denen Mitarbeiter der GIZ Zentrale und entsandte Mitarbeiter durch eine Klausel in ihren Arbeitsverträgen verpflichtet werden (Böttcher 2010: 1; Runde et al. 2010). DANIDA verfügt über relativ umfassende Verhaltensregelungen, die Mitarbeiter u.a. verpflichten, Interessenkonflikte zu meiden, keine unlauteren Vorteile aus der eigenen Position zu ziehen oder etwa die Gesetze des jeweiligen Partnerlandes zu achten. Im Gegensatz zu vielen

---

21 Dies gilt etwa für die Weltbank, die *Asian Development Bank* (ADB), die *United States Agency for International Development* (USAID), die *Swedish International Development Agency* (Sida), die *Australian Agency for International Development* (AusAID) oder die *Schweizer Direktion für Entwicklung und Zusammenarbeit* (DEZA).

22 Bspw. das deutsche *Bundesministerium für wirtschaftliche Entwicklung und Zusammenarbeit* (BMZ) und die GIZ. Bisher keine Strategien verabschiedet haben u.a. das *UK Department for International Development* (DFID) (Fagan/Weth 2010: 7) oder die *Austrian Development Agency* (ADA).

23 Auch die DEZA-Strategie *Korruption bekämpfen* enthält einen Hinweis auf die Bedeutung der internen Ebene (DEZA 2006: 13) und in der *ADB Anti-Corruption Policy* von 1998 ist die Verbesserung der Integritätsstandards in der Bank eines von drei Hauptzielen (ADB 2010: 42ff.).

anderen Gebern enthält der Verhaltenskodex von DANIDA auch die Verpflichtung, die Regeln zum einen Partnern bekannt zu geben und zum anderen jeden Verstoß zu melden (DANIDA 2008). Auch innerhalb der ADA wurden verbindlich ein Verhaltenskodex (2008) sowie eine Richtlinie zur Annahme von Geschenken (2007) verabschiedet. Demnach gilt für Mitarbeiter etwa der Grundsatz, keine unlauteren Vorteile aus der eigenen Tätigkeit zu ziehen sowie Geschenke und Gefälligkeiten abzulehnen und auch nicht zu gewähren.[24] ADA Mitarbeiter müssen zudem jeden Interessenkonflikt (bereits der Anschein der Befangenheit ist entscheidend) an Vorgesetzte melden und bei Vergabeverfahren Unbefangenheitserklärungen unterzeichnen.

Für eine Anti-Korruptionskultur generell geboten sind zudem ein offener Umgang mit Korruption, positive Anreize, die Abhaltung von Trainings und andere sensibilisierende Maßnahmen, eine möglichst transparente Aufarbeitung von Korruptionsfällen, permanente Strukturen oder Anti-Korruptionsberatungsstellen sowie interne Möglichkeiten, vertrauensvoll Verdachtsfälle zu melden und sichtbare Sanktionen. Während positive Anreize gar nicht bis selten zu finden sind, haben einige Geber etwa unabhängige Stellen eingerichtet, die vertrauensvoll (teilweise auch anonym) Beschwerden über Korruption entgegennehmen können und für die Sensibilisierung von Mitarbeitern sowie für Wissensmanagement zuständig sind. Die Weltbank hat hier einen der derzeit wohl umfassendsten Ansätze. Die sich aus u.a. Rechtsexperten und ehemaligen Staatsanwälten zusammensetzende *Vice Presidency for Integrity* (INT) führt Trainings für Mitarbeiter durch und kann beispielsweise auch anonym vorgebrachte Beschwerden von Externen wie Mitarbeitern der Bank über Korruption[25] in Weltbank Projekten und Programmen sowie über Fehlverhalten eigener Mitarbeiter

---

24 Ausnahmen davon sind ortsübliche Geschenke, die eine gewisse Mindesthöhe nicht übersteigen sowie Geschenke im Sinne der KKK-Regel (Kalender, Kugelschreiber, Klumpert). Die ADA passt ihre Vorgaben an die für Amtsträger nach §74 Abs. 1 Z 4a des österreichischen Strafgesetzbuches (StGB) geltenden §305 ff. StGB an. Zu betonen gilt es allerdings an dieser Stelle, dass aus dem derzeitigen StGB gem. KorrStÄG 2009 aus Sicht des Verfassers nicht klar zu entnehmen ist, ob ADA Mitarbeiter als Amtsträger iSd §74 Abs. 1 Z 4a (lit d) StGB zu qualifizieren sind und damit die strengeren Vorschriften des StGB zu Korruption (als jene im Privatsektor) zur Anwendung kommen. In Anbetracht dessen, dass etwa die von Österreich ratifizierte UNCAC gem. Art. 2 UNCAC auch Mitarbeiter von Staatsunternehmen als Amtsträger klassifiziert, behandelt die ADA die eigenen Mitarbeiter vorsichtshalber als öffentliche Amtsträger iSd §74 Abs. 1 Z 4a StGB. Bewusst oder unbewusst, die derzeit vorhandenen gesetzlichen Bestimmungen schaffen nicht nur einen Graubereich, sondern auch eine Rechtsunsicherheit, die aus der Welt geschaffen werden sollte (vgl. auch Kucsko-Stadlmayer 2009).

25 Die Bank definiert Korruption als „*the abuse of public office for private gain*". Das Mandat der INT umfasst die Formen „*corrupt practice*", „*fraudulent practice*"; „*collusive practice*", „*coercive practice*" und „*obstructive practice*". Diese Formen von Korruption wurden gemeinsam mit anderen *International Financial Institutions* (IFIs) festgelegt und gelten daher auch für alle IFIs (World Bank 2006: 3).

entgegennehmen, prüfen und diesen nachgehen. Die Beschwerden werden vertraulich behandelt, die Identität des Beschwerdeführers auf Wunsch geheim gehalten.[26] Zudem werden die behandelten Fälle von der INT aufgearbeitet, veröffentlicht (vgl. etwa Department of Institutional Integrity 2007) und deren Ergebnisse in interne Regelungen eingearbeitet.

Die GIZ hat einen weisungsunabhängigen und neutralen Integritätsberater eingerichtet, der durch (verpflichtende) Trainings für die entsprechende Sensibilisierung von Mitarbeitern sorgt, als Beratungsstelle fungiert, für Wissensmanagement verantwortlich ist und andererseits vertrauensvoll Beschwerden über Korruption im Unternehmen entgegennimmt (auch anonyme Beschwerden an einen externen Ombudsmann sind möglich). Sollte ein Korruptionsfall vorliegen, so entscheidet letztlich das sogenannte Integritäts-Komitee[27] über etwaige Sanktionen (insbesondere disziplinarrechtlich).[28] Auch die DANIDA führt umfassende Anti-Korruptionskurse für ihre Mitarbeiter durch und hat zum Schutz von Hinweisgebern etwa eine *Anti-Corruption Hotline* eingerichtet, an die man sich auch anonym wenden kann (DANIDA 2007, DANIDA 2008). Während in der ADA Sensibilisierungsveranstaltungen für Mitarbeiter stattfinden,[29] so wurde bisher keine unabhängige permanente Stelle für die Annahme von Beschwerden eingerichtet (im *Code of Conduct* findet sich bloß der Hinweis, dass bei Unklarheiten der Vorgesetzte oder die allgemeine Verwaltungseinheit unterstützend tätig werden).[30]

Weitere präventive, von Gebern vielfach getroffene Maßnahmen zu Anti-Korruption sind generell Transparenz, das Mehr-Augen Prinzip bei Vergabe-

---

26 Das Verfahren vor der INT ist verwaltungsrechtlicher Natur. Daher gelten auch weniger strenge Beweisregeln als im Strafverfahren. Während im Strafverfahren im englischsprachigen Raum gewöhnlich ein Beweis jedem Zweifel erhaben sein muss („*beyond reasonable doubt*"), gilt für das Verfahren vor der INT ein Vorbringen als gegeben, wenn es wahrscheinlicher ist, dass das behauptete Verhalten eingetreten ist, als dass es nicht eingetreten ist („*balance of probabilities*").
27 Dieses besteht aus einem der derzeit sieben Geschäftsführer, dem Leiter der Personalabteilung und dem Leiter des kaufmännischen Bereichs (Runde et al. 2010: 2).
28 Die DEZA verfügt über ein *Compliance Office*, an das man vertrauensvoll Korruptionsfälle melden kann. Der Vertrauensgrundsatz wird nur dann aufgehoben, wenn offensichtlich ist, dass der Hinweisgeber in böser Absicht handelt. Sanktionen können disziplinarrechtlicher Natur, Weiterleitung an Strafverfolgungsbehörden sowie etwa Änderung oder Schließung von Programmen und Projekten sein (vgl. DEZA Korruption, Veruntreuung, Missbrauch und Verluste melden - das "Compliance Office" steht Ihnen zu Diensten, http://www.deza.admin.ch/de/Home/Themen/Rechtsstaatlichkeit_Demokratie/Korruptionsbekae mpfung/Korruption_Veruntreuung_Missbrauch_und_Verluste_melden, Zugriff: 4.4.2011)
29 So wurden beispielsweise alle ADA Mitarbeiter im Jahre 2010 zu Anti-Korruption sensibilisiert, gemeinsam mit TI-Österreich fand zudem eine Veranstaltung zu Anti-Korruption für in der EZA tätige österreichische NROs statt.
30 Wenngleich diese Lösung nicht ideal ist, so gibt es vergleichbare Lösungen auch bei anderen Gebern (vgl. Sida 2003: 7f.).

oder Beschaffungsprozessen, der Vorrang der öffentlichen Ausschreibung, die Trennung von Planung, Vergabe und Abrechnung oder der in periodischen Abständen stattfindende Positionswechsel in besonders korruptionsgefährdeten Bereichen (Rotationsprinzip).

Bei der Zusammenarbeit mit Partnern verfügen Geber insbesondere über Anti-Korruptionsklauseln, die sicherstellen sollen, dass die eingesetzten Mittel den Zwecken entsprechend verwendet werden. Vielfach werden dabei auch die Verhaltenskodizes Bestandteile der Verträge mit Partnerorganisationen.[31] Vertragspartner der GIZ müssen etwa eine Integritätsvereinbarung unterzeichnen, nach der die Auftragnehmer verpflichtet werden, die Integritätsvorkehrungen der GIZ zu beachten und entsprechende organisatorische Vorkehrungen zu treffen (GTZ 2011). In der ADA sind in den Allgemeinen Vertragsbedingungen Rückzahlungsklauseln bei missbräuchlicher Mittelverwendung enthalten; die Verträge der ADA Einheit zur Förderung der Privatwirtschaft mit Unternehmen enthalten zudem eine Klausel, durch die Vertragspartner zur Einhaltung der OECD Leitsätze für multinationale Unternehmen (OECD 2000) verpflichtet werden. Dadurch werden Unternehmen nicht nur zu korruptionsfreiem Verhalten angehalten, die grundsätzlich nicht bindenden Leitsätze werden dadurch auch rechtlich verpflichtend und einklagbar. Als Sanktionen im Falle von missbräuchlicher Verwendung kommen die Änderung oder Beendigung von Vertragsbeziehungen, die Rückforderung von Geldern, der Ausschluss von künftigen Vertragsbeziehungen (*Debarment*) bzw. auch die Weiterleitung an Strafverfolgungsbehörden in Betracht. Auch hier zeigt sich insbesondere die Weltbank als federführend: Sollte sich im Rahmen von Verfahren vor der INT herausstellen, dass Individuen oder Firmen gegen die bankinternen Verhaltensregeln verstoßen haben, so werden von einem Sanktionskomitee etwaige Sanktionen ausgesprochen. Darunter kann auch der für einen bestimmten Zeitraum geltende oder permanente Ausschluss von Weltbankprojekten fallen (*Debarment*). Im Falle eines Ausschlusses werden die Namen dieser Firmen und Individuen auf einer öffentlich zugänglichen Liste publiziert.[32] Wenn das Fehlverhalten derart ist, dass es gegen Gesetze des Entwicklungslandes, in dem operiert wurde, verstößt, so können auch Strafverfolgungsbehörden eingeschaltet werden. Durch das *Voluntary Disclosure Programme* (VDP) können Unternehmen auch einem Ausschluss entgehen bzw.

---

31 So gilt die Verpflichtung der Einhaltung des Verhaltenskodex der DEZA etwa auch für deren Vertragspartner (DEZA 2008: 3).
32 Siehe World Bank Listing of Ineligible Firms and Individuals http://siteresources.worldbank.org /INTOFFEVASUS/Resources/WB_Anti_Corruption_Guidelines_10_2006.pdf (Zugriff 4.4.2011). Aufgrund eines gegenseitigen Abkommens untereinander, können auch andere *International Financial Institutions* (IFIs), dieselben Unternehmen von der Auftragsvergabe ausschließen (*Cross Debarment*) (African Development Bank et al. 2010).

ihre Identität und damit auch Reputation wahren, wenn und solange sie gewisse Bedingungen erfüllen, inklusive der Offenlegung der korrupten Praktiken an die Bank, einer internen Aufarbeitung sowie Ausarbeitung eines Compliance Programmes.[33]

Die meisten Geber verfügen zudem über zusätzliche Kontrolleinrichtungen: neben der Aufforderung an Vertragspartner nach periodischer Berichtsablegung (finanziell und narrativ) und deren sachlicher und finanzieller Prüfung, zählen in der ADA dazu etwa die Innenrevision, die interne Kontrolle, externe Buch-/Rechnungsprüfer sowie die Rechnungshofkontrolle.

3.1.1 Sonderform Budgethilfe

Direkte Budgethilfe, definiert als *„a method of financing a partner country's budget through a transfer of resources from an external financing agency to the partner government's national treasury"* (OECD DAC 2006: 26)[34], wurde wiederholt als besonders korruptionsanfällig bezeichnet. Und in der Tat könnten die durch Budgethilfe im Sinne der Pariser Erklärung gewünschten positiven Wirkungen, insbesondere Stärkung der Eigenverantwortung und ländereigener Institutionen (vor allem Finanzmanagementsysteme) und die Senkung von Transaktionskosten,[35] durch Korruption ebenso untergraben werden wie dessen entwicklungspolitischer Nutzen. In diesem Sinne betont bereits die Pariser Erklärung, dass dort wo Korruption existiert, Geber davon abgehalten werden, sich auf die Systeme der Partnerländer zu verlassen und gegen Korruption und den Mangel an Transparenz daher vorgegangen werden müsse (OECD 2005: 4, xi).

---

33 Siehe näheres dazu Rogers 2008.
34 Bei der direkten Budgethilfe (BH) werden Finanzmittel direkt an die Partnerregierung (in der Regel Finanzministerium) transferiert. Die Gelder sind an kein spezifisches Projekt gebunden und die Umsetzung erfolgt anhand der landeseigenen Beschaffungs-, Finanzmanagement- und Allokationssysteme. Im Wesentlichen unterscheidet man dabei unter genereller BH (Bereitstellung von Mitteln für den allgemeinen Staatshaushalt, in der Regel wird dabei die nationale Entwicklungsstrategie unterstützt) und sektorieller Budgethilfe (die finanziellen Mittel werden für einen bestimmten Sektor zweckgewidmet, zumeist erfolgt dies durch direkte Unterstützung des Budgets eines Fachministeriums). Beide Formen der BH fallen wiederum unter die sogenannten programmgestützten Ansätze (ADA 2010a: 8ff.). Die möglichen Schwierigkeiten hinsichtlich Korruption im Kontext von BH werden hier beispielhaft für alle Formen von – ähnliche Fragestellungen aufwerfenden – programmbasierten Ansätzen dargestellt.
35 Bisherige Geberpraktiken haben teilweise zu einem absurden verwaltungstechnischen Aufwand für Entwicklungsländer geführt. Die Regierung Mosambiks, beispielsweise, verfügt über nicht weniger als 1.000 unterschiedliche Bankkonten für die unterschiedlichsten Geberbeiträge; Tansania empfängt jede Woche ca. 19 Gebermissionen und muss jedes Quartal um die 2.400 Berichte schreiben (Oxfam 2011: 3).

Hervorgehoben werden muss an dieser Stelle allerdings, dass bisher durchgeführte Studien zumindest keine Beweise finden konnten, dass Budgethilfe stärker als andere Modalitäten von Korruption betroffen ist (OECD/International Development Department 2006: 14).

Dessen ungeachtet ist das Korruptionsrisiko bei Budgethilfe nicht zu unterschätzen. Geber haben daher auch eine Vielzahl an präventiven und kontrollierenden Maßnahmen getroffen: So wird zumeist einerseits neben makroökonomischen Faktoren im Vorfeld anhand von *Good Governance*[36] Kriterien inklusive politischer Wille geprüft, ob Entwicklungsländer budgethilfetauglich sind.[37] Zudem werden vielfach parallel zur Vergabe von Budgethilfe relevante Institutionen des öffentlichen Finanzmanagements wie etwa Rechnungshöfe sowie Checks-and-Balance Institutionen (u.a. Parlamente, Zivilgesellschaft) unterstützt, um die ländereigenen institutionellen Kapazitäten für ein effektives, transparentes Finanzmanagement zu stärken. In den mit den Entwicklungsländern ausgehandelten bilateralen Finanzierungsabkommen werden ferner zumeist Anti-Korruptionsklauseln eingefügt, nach denen die Vergabe von Budgethilfe auch abgebrochen sowie ausgesetzt werden kann, sollte es zur missbräuchlichen Verwendung von Geldern kommen. Ob bzw. wann dies der Fall ist, wird in einem in regelmäßigen Zeitabständen stattfindenden, den Fortschritt prüfenden Dialog (bzw. Monitoring) zwischen den Budgethilfe gebenden Gebern und der Partnerregierung geprüft.[38] Geber versuchen dabei verstärkt, sich untereinander abzu-

---

36 Für den Begriff Good Governance gibt es keine allgemeingültige Übersetzung. Vielfach verwendete deutsche Termini dafür sind verantwortungsvolle oder gute Regierungsführung bzw. Staatsführung. Im Cotonou Abkommen der EU mit den Afrikanischen, Karibischen und Pazifikstaaten (AKP) wird *Good Governance* definiert als *„die transparente und rechenschaftspflichtige Verwaltung menschlicher, natürlicher, wirtschaftlicher und finanzieller Ressourcen innerhalb eines Gesellschaftssystems mit dem Ziel nachhaltiger und ausgewogener Entwicklung. Dies geschieht in einem politischen und institutionellen Umfeld, das die Menschenrechte und demokratischen Prinzipien sowie die Rechtsstaatlichkeit achtet"* (European Commission 2005: Art. 9 par. 3).
37 Festgelegte „technische" Mindestanforderungen, wann ein Land anhand dieser Kriterien als budgethilfetauglich gilt, gibt es allerdings nicht. Dies wird vielmehr im Einzelfall entschieden. In der Praxis hat sich diese Vorgehensweise daher auch als sehr unterschiedlich erwiesen. So wurden einige Entwicklungsländer als budgethilfetauglich klassifiziert, die zweifelhafte Performances zu Korruption aufwiesen.
38 Der entwicklungspolitische Fortschritt der Regierung wird dabei anhand der sogenannten *Performance Assessment Frameworks* (PAF) gemessen, einer aus Indikatoren bestehenden Politikmatrix, zumeist beruhend auf den nationalen Armutsbekämpfungsstrategien. Dieses Monitoring bzw. dieser Dialog ist – wenngleich die beiden Dialoge auch teilweise zusammenfallen – vom politischen Dialog zu unterscheiden, in dem ein Austausch etwa über die Einhaltung von Menschenrechten oder verantwortungsvolle Regierungsführung stattfindet. Dieser findet vielfach im Kontext des Abkommens von Cotonou der Europäischen Union mit Afrikanischen, Karibischen und Pazifikstaaten (AKP-Staaten) statt (Art. 8, 9). Die Möglichkeit, aufgrund von Korruption (oder auch Menschenrechtsverletzungen) das Abkommen auszusetzen oder abzubrechen ist auch dort explizit vorgesehen (Art. 96, 97).

stimmen, kurzfristige, Ad-hoc-Entscheidungen zu vermeiden und den Dialog mit der Regierung zu suchen sowie ein eventuelles Aussetzen der Budgethilfe oder den Rückzug aus dem Land bloß als *ultima ratio* in Betracht zu ziehen (vielfach auch als „*Graduated Response*" bezeichnet).[39] Der Frage der Messbarkeit von Korruption kommt dabei besondere Bedeutung zu. Die bisherige Geberpraxis hat allerdings gezeigt, dass aufgrund vielfach fehlender vorher festgelegter „technischer" Grenzen bzw. „*red lines*" bloß im Einzelfall – häufig anhand von größeren Korruptionsfällen – abgewogen und entschieden wird, wann in einem Land die Budgethilfe aufgrund von Korruption eingestellt werden soll.[40]

3.2 Externe Anti-Korruptionsebene

Die Prävention und Bekämpfung von Korruption in Entwicklungsländern ist mittlerweile als wesentlicher Bestandteil für eine effektive, effiziente und nachhaltige Entwicklung von Gebern und Entwicklungsländern anerkannt. Als wesentliche Grundsätze gelten dabei zum einen, möglichst kollektiv vorzugehen, sowie Entwicklungsländer in deren Bemühungen, Korruption zu bekämpfen zu unterstützen. Um sich untereinander abzustimmen und gemeinsame Anstrengungen zu unternehmen sowie um die Bedarfe von Entwicklungsländern zu identifizieren, wurden diverse Foren zum Austausch eingerichtet. Darunter fallen insbesondere das beim Governance Netzwerk (Govnet) des OECD *Development Assistance Committee* (DAC) angesiedelte und aus OECD DAC Gebern bestehende *Anti-Corruption Task Team* (ACTT)[41] sowie die UNCAC *Implementation Review Group* (IRG).[42]

Insbesondere die UNCAC bietet hierfür vielfach den entscheidenden Rahmen. Demnach sind generell präventive Maßnahmen ebenso erforderlich wie ein effizient funktionierendes System der Strafverfolgung und eine Beteiligung einer Vielzahl an Stakeholdern. Geber sind daher vielfach unterstützend tätig etwa bei

---

39 Derzeit wird im EU-Rahmen diesbezüglich eine gemeinsame Position ausgearbeitet. Siehe dazu: http://ec.europa.eu/europeaid/how/public-consultations/index_cn.htm (Zugriff 4.4.2011).
40 Dies hat der Gebergemeinschaft nicht selten den Vorwurf eingebracht, *Double Standards* anzuwenden.
41 Das Task Team dient dem Austausch der Geber untereinander sowie der Umsetzung insbesondere der Pariser Erklärung, des Accra Aktionsplanes und der *OECD DAC Principles for Donor Action in Anti-Corruption*. Siehe auch FN 13.
42 Die IRG wurde 2009 anlässlich der 3. Vertragsstaatenkonferenz zur UNCAC in Doha eingerichtet. Sie besteht aus allen Mitgliedstaaten der UNCAC (auch etwa Signatarstaaten können als Beobachter teilnehmen) und dient als Gremium im Rahmen der UNCAC Überprüfung, in dessen Rahmen Good Practices bei der Umsetzung der Konvention sowie *Technical Assistance* (TA) *Needs* von Mitgliedstaaten identifiziert und aufgearbeitet werden sollen. Hinsichtlich TA löst die IRG damit die bisherige UNCAC Arbeitsgruppe zu TA ab (vgl. UNODC 2010: 9).

der Ausarbeitung eines umfassenden Präventionssystems in der öffentlichen Verwaltung, beim Aufbau von Kapazitäten von Anti-Korruptionskommissionen iSd Art. 6 UNCAC,[43] bei der Stärkung von Integrität von Strafverfolgungsbehörden, insbesondere dem Justizsektor,[44] oder bei der Unterstützung zivilgesellschaftlicher Organisationen und deren Beteiligung an der Prävention und Bekämpfung von Korruption iSd Art. 13 UNCAC. Auch die Beteiligung des Privatsektors an Anti-Korruptionsinitiativen sowie die Adressierung der Geberseite von Korruption (also insbesondere von Unternehmen) ist hier ebenso zu nennen wie Maßnahmen zur Reform des öffentlichen Sektors, inklusive der Erhöhung von Löhnen.[45]

Neben der Weltbank, die mitunter durch Verabschiedung der Weltbank *Governance and Anti-Corruption Strategy* (GAC) auch hier über einen der umfassendsten Ansätze verfügt und Anti-Korruption letztlich in alle Sektoren, Initiativen und Maßnahmen integriert (World Bank 2007a, World Bank 2007b; World Bank 2009; Chêne 2010: 3f.), haben auch bilaterale Geber in den letzten Jahren verstärkt Anti-Korruptionsbemühungen ihrer Partnerländer unterstützt. Gemeinsam mit anderen Gebern fördert die ADA etwa den bosnischen Staatsgerichtshof durch Bereitstellung von Richtern bzw. internationalen Beratern bei der Ahndung von Kriegsverbrechen und organisiertem Verbrechen oder ein von der Weltbank gesteuertes Projekt zur Förderung von Transparenz und Effektivität in der öffentlichen Verwaltung in Albanien (ADA 2010b: 6). Das deutsche *Bundesministerium für wirtschaftliche Entwicklung und Zusammenarbeit* (BMZ) setzt u.a. über die GIZ eine Vielzahl an Projekten und Programmen um, die sich entweder explizit oder implizit Anti-Korruption widmen. Basierend insbesondere auf der VN Konvention gegen Korruption (UNCAC), fördert das GIZ Vorhaben zu Integrität und Anti-Korruption etwa eine Vielzahl an kleineren Projekten in den Partnerländern der deutschen EZA.[46] In Kenia förderte die GIZ die Einrich-

---

43 Siehe dazu etwa Hussmann et al. 2009.
44 Vgl. näheres dazu Armytage 2009.
45 Empirische Studien kamen allerdings bisher zu dem Ergebnis, dass eine Erhöhung der Löhne zwar als *eine* Maßnahme gegen Korruption durchaus sinnvoll sein kann, dass aber die bloße Erhöhung von Löhnen ohne gleichzeitige Stärkung von effektiven Kontroll- und Monitoringmechanismen, inklusive Sanktionen, tendenziell keinen Einfluss auf Korruption habe (Chêne 2009: 1). In Singapur beispielsweise hat die Erhöhung der Löhne öffentlicher Amtsträger entscheidend als eine Maßnahme zu Verbesserungen beigetragen – die Löhne von vor allem MinisterInnen und anderen höherrangigen Amtsträgern zählen weltweit mitunter zu den höchsten. Empirische Studien haben dennoch ergeben, dass eine Erhöhung von Löhnen generell zu einer Reduktion von korrupten Handlungen beitragen kann, dass aber der Gesamtumfang von durch Korruption verlorengegangen Geldern nicht notwendigerweise ein geringerer wird (Tanzi 1998: 573).
46 Das Vorhaben hat beispielsweise in einigen Entwicklungsländern (darunter Indonesien, Kenia, Bangladesch, Jemen) sogenannte *UNCAC Compliance Reviews* durchgeführt bzw. unterstützt.

tung eines anonymen, elektronischen Hinweisgebersystems für die kenianische Anti-Korruptionskommission (Schultz et al. 2010). Vorhaben der GIZ zu Anti-Korruption gab es in den letzten Jahren zudem in Ghana, Liberia, Elfenbeinküste, Sierra Leone (Justizsektor) oder Kenia, Jemen, Indonesien (Anti-Korruptionskommissionen) (Huber-Grabenwarter 2010: 206).

Hinsichtlich der Adressierung der Geberseite von Korruption arbeiten Geber einerseits verstärkt mit dem Privatsektor zusammen oder unterstützen internationale Initiativen, die Korruption im und durch den Privatsektor bekämpfen (vgl. auch Huber-Grabenwarter/Böhm 2009). So unterstützt die ADA beispielsweise Initiativen wie den *UN Global Compact*[47] oder gemeinsam mit anderen Gebern das *Business Anti-Corruption Portal*.[48] Auch *Public Private Partnerships* (PPPs) zu Anti-Korruption[49] fallen ebenso darunter wie Multi-Stakeholder-Transparenzinitiativen wie beispielsweise die *Extractive Industries Transparency Initiative* (EITI)[50] oder die *Constructive Sector Transparency Initiative* (CoST).[51] * Um Korruption durch die eigenen Unternehmen zu unter-

---

Das sind Abgleiche der Gesetzeslage zu Anti-Korruption sowie deren praktische Umsetzung in einem spezifischen Land mit den Vorgaben der UNCAC. Basierend auf dieser Analyse werden Empfehlungen abgeleitet, die bei der Prävention und Bekämpfung von Korruption wichtig sind (mehr dazu bzw. zum Vorgängervorhaben „Unterstützung von Partnerländern bei der Umsetzung der VN Konvention gegen Korruption" vgl. Huber-Grabenwarter 2010: 203ff.).

47 Der *Global Compact* wurde von Kofi Annan im Jahre 2000 ins Leben gerufen. Ziel ist es, Unternehmen zu einem sozial verantwortlichen Verhalten zu bewegen. Dazu wurden zehn Prinzipien ausgearbeitet, zu denen sich Unternehmen bekennen und diese umsetzen müssen, um Mitglieder beim Global Compact zu werden. Prinzip 10 bezieht sich auf Korruption: „*Businesses should work against corruption in all its forms, including extortion and bribery*". Inzwischen sind mehr als 5.300 Unternehmen und 130 Nationen Mitglieder des Global Compact. Siehe: http://www.unglobalcompact.org/AboutTheGC/index.html (Zugriff: 11.3.2011).

48 Das *Business Anti-Corruption Portal* (BACP) ist eine von Gebern unterstützte Initiative, die Informationen und Instrumente für kleine und mittlere Unternehmen aufbereitet, damit diese im Rahmen ihrer Auslandsengagements Korruption möglichst vermeiden und effektive interne Strukturen aufbauen können. Das Portal ist hier zu finden: http://www.business-anti-corruption.com/ (Zugriff: 11.3.2011).

49 Vgl. dazu etwa http://www.gtz.de/en/praxis/29510.htm (Zugriff: 11.3.2011).

50 Die *Extractive Industries Transparency Initiative* (EITI) ist eine von Tony Blair im Jahre 2002 ins Leben gerufene Initiative, deren Ziel es ist Regierungen zu einem transparenten Umgang mit Einnahmen aus den *Extractive Industries* Sektoren (also: Öl, Gas und Bergbau) zu bewegen. In diesem Sinne fordert die Initiative Regierungen auf, Zahlungen von Unternehmen zu veröffentlichen. Diese werden dann von EITI überprüft. Langfristiges Ziel ist es, dem so genannten *resource curse* (dem Phänomen, dass Einnahmen aus den *Extractive Industries* oft nicht zur Armutsbekämpfung beitragen, sondern zu Korruption, Konflikten und Menschenrechtsverletzungen führen) zu begegnen. Die Website von EITI ist zu finden unter http://eiti.org (Zugriff: 11.03.2011).

51 Ähnlich wie EITI, setzt sich CoST durch Veröffentlichung von Informationen während der Projektimplementierung im Infrastruktursektor für Transparenz ein, um damit u.a. Rechenschaftspflicht zu ermöglichen. Die Initiative wurde in acht Ländern (Äthiopien, Malawi, Philippinen,

binden, unterstützt zudem DFID beispielsweise das Britische *Serious Fraud Office* (SFO), das u.a. für die Ahndung von Auslandsbestechung in Umsetzung der OECD Konvention gegen Bestechung zuständig ist.

Ein weiterer Aspekt der Geberseite von Korruption ist der in der UNCAC in einem eigenen Kapitel (Kapitel V) adressierte, rechtlich komplexe Prozess der Wiedererlangung illegal erworbener Vermögenswerte (*Asset Recovery*). Schätzungen zufolge ist die Summe der unrechtmäßigen Kapitalströme (*Illicit Financial Flows*) aus Entwicklungsländern pro Jahr ca. acht bis zehnmal so hoch wie die Summe der gesamten ODA aller Geber des OECD DAC (International Centre on Asset Recovery 2011: 8f.; UNDP 2008b: 10). Wenngleich Geberorganisationen aufgrund innerstaatlicher Kompetenzverteilungen hier nur beschränkt tätig sein können, so gibt es auch hier Ansätze. Über das *Basel Institute on Governance* (BIG) und dessen *International Centre on Asset Recovery* (ICAR) werden etwa Trainings in Entwicklungsländern zur Wiedererlangung illegal erworbener Vermögenswerte durchgeführt. Geberagenturen nutzen zudem verstärkt ihren Einfluss um innerstaatliche Transparenz in – etwa Banken – zu fördern und auf die enormen negativen Folgen von *Illicit Financial Flows* hinzuweisen. Die Weltbank und das *UN Office on Drugs and Crime* (UNODC) haben ferner die *Stolen Asset Recovery* (StAR) Initiative ins Leben gerufen, die sich etwa durch Ausarbeitung von Handbüchern, praktischen Leitfäden oder Trainings gegen diese Art der Finanzströme einsetzt.

4 Ergebnisse, Chancen und Herausforderungen

4.1 Ergebnisse der letzten zehn Jahre und Chancen für die Zukunft

Bei der Frage, was bisher im Rahmen der Bekämpfung von Korruption im Kontext der EZA erreicht wurde, stehen insbesondere zwei Aspekte im Vordergrund: die Messbarkeit sowohl des Ausmaßes an Korruption, als auch die Messbarkeit des Einflusses von Gebern unterstützten Anti-Korruptionsmaßnahmen auf eine potentielle Reduzierung von Korruption (Kausalität). Wenngleich die zumeist auf Wahrnehmung basierenden Indices zur Messung von Korruption entscheidend zur Enttabuisierung der Korruptionsproblematik beitragen konnten und die zumeist sehr stark miteinander korrelierenden Indices letztlich durchaus zumin-

---

Tansania, Großbritannien, Vietnam, Sambia) pilotiert und bisher von DFID und der Weltbank unterstützt. Mehr unter: http://www.constructiontransparency.org (Zugriff: 11.3.2011).

* Für weitere Bemerkungen zu EITI siehe den Beitrag von Kurt Bayer in diesem Band.

dest ein Indiz für das tatsächliche Ausmaß von Korruption darstellen,[52] so ist eine objektive Datenerhebung nach wie vor unmöglich und sowohl die Indices selbst als auch darauf basierende politische Entscheidungen werden weiterhin stark kritisiert.[53] * Hinsichtlich der Frage, des Einflusses von Gebern unterstützten Anti-Korruptionsbemühungen, kam etwa eine Evaluierung von fünf Anti-Korruptionsprojekten des Europarats in Süd-Ost Europa, der Türkei, Moldau, Aserbaidschan und Georgien zu dem Ergebnis, dass Projekte generell längerfristiger angesetzt werden müssen, die Ausarbeitung von effektiven Erfolg messenden Indikatoren für Geber ein großes Anliegen sein sollte oder weitere Überlegungen angestrengt werden sollten, inwieweit Druck auf fehlenden politischen Willen für Anti-Korruptionsreformen ausgeübt werden kann (Devine 2011: 9f.). Mehr Evaluierungen dieser Art sind erforderlich, um die Effektivität von Anti-Korruptionsbemühungen im Kontext der EZA zu steigern.

Insgesamt konnten nach den Weltbank Governance Indikatoren (inklusive dem Indikator *Control of Corruption*) [54] in den letzten zehn Jahren im globalen Schnitt keine Fortschritte bei der Verbesserung von *Good Governance*, inklusive Anti-Korruption, festgestellt werden. Während es in einigen Ländern Fortschritte gibt (so etwa Liberia oder Indonesien zu Anti-Korruption), so gibt es in anderen Ländern wieder Rückschritte (etwa Venezuela, Elfenbeinküste). Erfolge waren insbesondere in jenen Ländern erkennbar, in denen es einen ausgeprägten Re-

---

52 In den Worten des Erfinders des CPI, Prof. Johann Graf Lambsdorff: „*In an area in which objective data is not available, such an approach helps our understanding of real levels of corruption*" (Lambsdorff 2009: 395).
53 Ein Vorschlag zur Verbesserung der zumeist auf Wahrnehmung basierenden Indices kommt beispielsweise von Anne Moulin, die eine stärkere Heranziehung von *Victimized Based Indices* empfiehlt (Moulin 2010).
* Detaillierter geht der Beitrag von Matthias Pázmándy in diesem Band auf dieses Thema ein.
54 Die Governance Indikatoren messen *Good Governance* durch die Erhebung von Expertenmeinungen zu sechs Governancethemen: *Voice and accountability* (misst das – auf Wahrnehmung basierende – Ausmaß der Teilhabe von Bürgern an der Regierungsbildung sowie der Wahrung von Meinungs-, Presse-, Vereinigungs- und Versammlungsfreiheit); *Political stability and absence of violence* (misst die Wahrscheinlichkeit von politischer (De-) Stabilität, möglichen Konflikten, inklusive Terrorismus); *Government effectiveness* (misst die Qualität, Unabhängigkeit, Kompetenz öffentlicher Verwaltungen, sowohl was deren gesetzgeberische, als auch was deren implementierende Kompetenzen betrifft; auch die politische Unabhängigkeit wird gemessen); *Regulatory quality* (misst das Ausmaß an Markt-(un)-freundlichen Maßnahmen der Regierung wie Preiskontrollen oder exzessive Regulierung); *Rule of Law* (misst das Ausmaß an Vertrauen in rechtsstaatliche Strukturen, inklusive Wahrnehmungen zu Kriminalität, Effektivität des Justizsystems, Eigentumsrechten und Vertragsdurchsetzung) und *Control of Corruption* (misst auf Wahrnehmung basierende Korruption des öffentlichen Sektors, inklusive Groß- und Kleinkorruption, und „state capture" von Eliten und private Interessen).

formwillen gab.⁵⁵ In welchem Ausmaß die EZA für Fortschritte in einigen Ländern mitverantwortlich war, bleibt allerdings nach wie vor weitgehend unklar. Festzuhalten gilt es jedoch trotz allem, dass auch in der EZA gerade auf der Ebene der Bewusstseinsbildung, sowohl auf der internen wie auf der externen Ebene, in den letzten Jahren enorme Fortschritte erzielt werden konnten und die internationale Gemeinschaft nach wie vor im Wachsen begriffen ist. Zudem wurde eine Reihe an internen wie externen Instrumenten und Maßnahmen zu Anti-Korruption entwickelt. Das von den IFIs praktizierte *Debarment*, beispielsweise, trägt der Erkenntnis Rechnung, dass rechtskonformes Verhalten insbesondere dann eintritt, wenn die Gefahr der Aufdeckung und Sanktionierung hoch ist (Cremer 2008: 87). Das *Voluntary Disclosure Programme* (VDP) der Bank wiederum versucht dem Problem der gerade bei Korruption auftretenden schwierigen Aufdeckung zu begegnen. Ähnliche Initiativen könnten auch von anderen Gebern verstärkt genutzt werden.

Auch menschenrechtliche Standards und Instrumente bieten aufgrund der engen Verwandtschaft der beiden Themen⁵⁶ auch für die Korruptionsproblematik Chancen und sollten verstärkt genutzt werden. Partizipation, Informationsfreiheit, faire Verfahren oder etwa auch Meinungs- und Pressefreiheit sind auch für den Kampf gegen Korruption wesentliche Elemente. Insbesondere der vom Menschenrechtsansatz geforderte Fokus auf die Ermächtigung des Einzelnen bei der Wahrnehmung und Durchsetzung seiner Rechte (*Empowerment*) ist auch für die Anti-Korruptionsagenda wesentlich. Menschenrechtliche Gremien und Instrumente sollten daher beispielsweise verstärkt auch für die Anti-Korruptionsagenda genutzt werden.⁵⁷

Auch internationale Anti-Korruptionskonventionen wie die UNCAC oder Regionalkonventionen wie die AU Konvention zur Prävention und Bekämpfung von Korruption bieten weitreichende Chancen. Zum einen kann durch die Unterstützung von Entwicklungsländern bei der Umsetzung von Konventionen, zu denen sie sich durch Ratifikation selbst verpflichtet haben, das Korruptionsthema auf eine technische Ebene gebracht werden und damit der politischen Sensibilität

---

55 Ein Vergleich der derzeitigen Schwerpunktländer der *Österreichischen Entwicklungszusammenarbeit* (OEZA) zum Indikator *Control of Corruption* für die Jahre 1998, 2003, 2008 zeigt deutlichere Verbesserungen in Serbien und Albanien, leichte Verbesserungstendenzen in Bhutan, Bosnien & Herzegowina und Mosambik, aber zumindest Tendenzen der Verschlechterung in Burkina Faso, Moldau, Äthiopien und Nicaragua. In Uganda kommt es nach zwischenzeitlichen Verbesserungen wieder zu einer verstärkten Wahrnehmung von Korruption. Vergleiche über zehn Jahre in Kosovo sind aufgrund der späten Staatsgründung nicht möglich.
56 Die Elemente Partizipation, Transparenz und Rechenschaftspflicht gelten bspw. für beide Bereiche als wesentliche Eckpfeiler im Kontext der EZA.
57 Siehe dazu auch Köchlin/Carmona 2009; International Council on Human Rights Policy 2009, 2010.

des Themas entgegengewirkt werden. Zum anderen gibt gerade die UNCAC einen umfassenden Rahmen vor, der auch für die EZA genutzt werden kann und insbesondere im Kontext der UNCAC IRG auch genutzt wird (vgl. auch Kapitel 3.2 in diesem Beitrag).

Auch Budgethilfe ist aus einer Anti-Korruptionsperspektive, bei aller gebotenen Sorgfalt, durchaus zu begrüßen. Zum einen konnte bis heute nicht festgestellt werden, dass – wie vielfach behauptet – Budgethilfe stärker von Korruption betroffen ist als andere Formen der EZA; zum anderen wird durch Budgethilfe über den damit einhergehenden Dialog vielfach erst ein Forum geschaffen, das es auch erlaubt, schwierige Themen wie Korruption anzusprechen. In Anbetracht der bisherigen Geberpraxis, sollte aber Korruption auf einer möglichst technischen Ebene (u.a. Heranziehung und Weiterentwicklung von Indices und Studien; Vermeidung von Entscheidungen anhand von einzelnen Korruptionsfällen) stärker (insbesondere bei der Auswahl von budgethilfetauglichen Ländern) berücksichtigt werden, auch wenn Korruption – zu Recht – nicht das einzige bei Budgethilfe heranzuziehende Kriterium ist.

Schließlich sind auch in den letzten Jahren entstandene Multi-Stakeholder-Initiativen wie EITI oder CoST,[58] oder etwa Instrumente zur Aufspürung von Geldern wie die *Public Expenditure Tracking Surveys* (PETS),[59] Maßnahmen zur Verbesserung von Transparenz bei Vergabeprozessen wie TIs *Integrity Pacts*,[60] oder Maßnahmen, die die Bevölkerung zur Kontrolle befähigen (*Social Audits*) in diesem Kontext erwähnenswert.

4.2 Herausforderungen

- Entscheidend bei der Umsetzung von Anti-Korruption in der EZA wird sein, inwieweit realistische Erwartungshaltungen auch der Öffentlichkeit gegenüber präsentiert werden können. „Zero-Tolerance" Haltungen gegenüber Korruption können aus der Sicht des Verfassers durchaus auch kontraproduktiv sein, da es beispielsweise unwahrscheinlich ist, in fragilen oder ähnlichen Situationen Korruption an allen Ecken zu vermeiden. Dies – so auch Cremer (2008: 143) – führe letztlich nur zu einer neuen Form der Tabuisierung.

- Als für alle Sektoren und nahezu alle Aktivitäten relevantes Querschnittsthema wird Anti-Korruption heute vielfach bei zahlreichen EZA Aktivitäten mitbedacht. So spielen Anti-Korruptionselemente (insbe-

---

58 Siehe FN 50, 51.
59 Vgl. dazu Sundet 2008.
60 Siehe näheres dazu *Transparency International* 2002.

sondere Transparenz, Integrität, Partizipation, Rechenschaftspflicht) bei der Projektaufsetzung und -abwicklung sowie im Kontext von Budgethilfe heute verstärkt eine Rolle. Eine systematische Eingliederung von Anti-Korruptionselementen in alle Bereiche, inklusive deren Umsetzung, hat sich dennoch aus mehreren Gründen bisher als schwierig erwiesen: mangelnder Wille auf Führungsebene, mangelndes Bewusstsein, Schwierigkeiten beim Aufbrechen bisheriger, gewohnter Arbeitsabläufe, nicht ausreichende Ressourcen oder etwa mangelnde Anreize für Mitarbeiter sind nur ein paar Gründe dafür (Chêne 2010). Vor allem eine stärkere Bewusstseinsbildung sowie das Aufbrechen des Ansatzes, dass eine Offenheit der Korruptionsproblematik gegenüber letztlich nur den Gegnern der EZA dienlich sei, scheint immer noch vielfach erforderlich.[61]

- Systemimmanente Anreize stehen allerdings zumindest teilweise auch den internen Anti-Korruptionsbemühungen entgegen. Interner Druck, Prozesse weiter zu verfolgen, insbesondere der Mittelabflussdruck (Fritz/Kolstad 2008: 9), der Druck, auch gegenüber dem Steuerzahler Erfolge aufweisen zu müssen aber auch geostrategische und Export fördernde Überlegungen führen dazu, dass Korruption bis zu einem gewissen Grad auch heute noch tabuisiert wird. Positive Anreize – etwa Karriereanreize für integres Verhalten – findet man demgegenüber selten (vgl. auch Moyo 2010: 54ff.).
- Zudem kommt noch, dass etwa Korruptionsfälle in den eigenen Reihen vielfach nicht transparent aufgearbeitet werden. Auch wenn es etwa Verhaltenskodizes gibt, so werden Mitarbeiter hinsichtlich des tatsächlichen Umgangs mit Korruption und den möglichen Sanktionen vielfach im Dunkeln gelassen. Dies führt mitunter dazu, dass Mitarbeiter zwar Korruption in der EZA als Problem identifizieren, aber nicht in der eigenen Institution. Dies ist beispielsweise auch das Ergebnis einer auf der Befragung von Mitarbeitern der OEZA beruhenden Studie von *Transparency International* Österreich, nach der nahezu alle Befragten Korruption in der EZA als Problem identifizierten, nicht aber in der eigenen Institution (Böckmann/Bachmayer 2009: 6). Dabei wären Erfahrungen, Aufarbeitungen und daran anschließende Gegenmaßnahmen für die Vermeidung von Korruption vor allem vor dem Hintergrund der Effektivität der EZA wichtig.

---

61 Der umfassende Ansatz der Weltbank in Kombination mit ihrer in der EZA immer noch vorherrschenden Dominanz dürfte auch hier einen großen Einfluss auf die übrige Geberlandschaft haben. Die Entscheidung, Governance und Anti-Korruption auf die Agenda der Bank zu bringen, wurde vielfach als bahnbrechend für die Bank und letztlich für die gesamte EZA bezeichnet und mit der seinerzeit bahnbrechenden Entscheidung des damaligen Weltbank Präsidenten, McNamara, im Jahre 1968 verglichen, Armutsreduzierung zum primären Ziel der Bank zu machen (Cremer 2008: 20).

- Auch dem vielfach vorgebrachten Argument des kulturellen Relativismus, dass Korruption „*in Entwicklungsländern ‚fester Bestandteil der Kultur' und derart in den gesellschaftlichen Alltag eingewoben*" (Bray 2007: 12) sei, dass dagegen nicht vorgegangen werden könne und Korruptionsbekämpfung letztlich bloß ein westliches Konzept sei, ist als Herausforderung zu werten. Dass die Prävention und Bekämpfung von Korruption ein Anliegen zumindest der meisten Kulturen ist, wird deutlich, wenn man betrachtet, dass alle großen Weltreligionen Korruption ächten (vgl. auch Thiel et al. 2007: 8f.); korrupte Handlungen wie Bestechung seit jeher in den unterschiedlichsten Kulturen beobachtbar und thematisiert wurden;[62] ehemals korrupte Nationen wie Hong Kong oder Singapur das Ausmaß an Korruption stark reduzieren konnten, was zwar in anderen kulturell ähnlich geprägten Nationen nicht gelang, aber nur schwer mit dem Argument, Korruption sei eben in manchen Kulturen verankert, vereinbar ist (Cremer 2008: 84); oder weltweit (insbesondere in afrikanischen Nationen) Wahlkämpfe häufig von Versprechungen beim Kampf gegen Korruption begleitet sind und potentielle Regierungen sich gerade über den Kampf gegenüber der Bevölkerung zu legitimieren versuchen (Collier 2009; Cremer 2008).[63] Wenngleich kulturelle Faktoren nicht unbeachtlich sind, so scheint es in der Tat, dass
  „*es hier entscheidend nicht um „Kultur", sondern um Macht [geht]. Niemand bezahlt gerne Schmiergelder. Wenn gewöhnliche Bürger sie doch bezahlen, so in der Regel nicht freiwillig, sondern weil ihnen keine andere Wahl bleibt. (Im Rahmen einer Studie) auf dem Baltikum, in Tansania, Uganda, Südafrika, Bolivien und anderen Ländern [...] stellte sich heraus, dass ärmere Leute am meisten darunter leiden. Weit davon entfernt, Schmiergeldzahlungen für normal zu halten, empfinden Menschen, die es mit korrupten Netzwerken zu tun haben, oft eine ohnmächtige Wut*" (Bray 2007: 12).
- Geber werden heute vielfach immer noch dahingehend kritisiert, zwar Transparenz zu fordern, selbst aber intransparent zu agieren.[64] Auch Geber sollten sich im Sinne der *Mutual Accountability* vor einer zivilgesellschaft-

---

62 Mittlerweile bekannt ist beispielsweise das Zitat von Kautilya, Arthasastra, Premieminister einer indischen Teilregion (321–296 v.Chr.): "*Just as it is impossible not to taste the honey or the poison that finds itself at the tip of the tongue, so it is impossible for a government servant not to eat up at least a bit of the king's revenue.*"
63 So betonen etwa Sanchez du Waters (entnommen aus Snider/Kidane 2007: 695): "*[e]very revolution in the less developed world has been at least partially inspired by the desire to drive out corrupt rulers and officials, replacing them with honest men and raising the moral tenor of society. But the process is never completed. One regime replaces another, and the corruption appears again.*"
64 Nach einer Studie von *Publish What You Fund* aus dem Jahre 2010 zu „*Aid Transparency*" gelten insbesondere Japan, Österreich, Italien und Portugal als intransparente Geber; die Weltbank, die Niederlande und Großbritannien werden dagegen im Vergleich als transparenteste Geber bewertet (Publish What You Fund 2010: 9).

lichen Beteiligung bei der Prüfung ihrer Transparenz nicht scheuen und verstärkt Initiativen wie der *International Aid Transparency Initiative* (IATI) beitreten.

- Erfahrungen haben gezeigt, dass interne wie externe Buch- und Rechnungsprüfungen Korruption in den seltensten Fällen aufdecken konnten (Fritz/Kolstad 2008: 14; Jansen 2009: 4, 6; Kramer 2007: 4). Zumeist ist es Zufall oder Beschwerden von (internen und externen) Hinweisgebern, die zur Aufdeckung von Korruptionsfällen führen. Aufgrund von in der Vergangenheit vielfach zu beobachtenden Repressalien gegenüber Hinweisgebern, sind Mechanismen zum Hinweisgeberschutz von entscheidender Bedeutung und wurden mittlerweile auch von vielen Gebern eingerichtet. In Österreich steht man vielerorts aufgrund der Vergangenheit Hinweisgeberschutz bzw. auch anonymen Hinweisgebersystemen skeptisch gegenüber. Dies wäre aber – bei gleichzeitiger Sanktionierung von „bösgläubigen" Beschwerden – ebenso wichtig, wie die Einrichtung von unabhängigen Ansprechpersonen zu Anti-Korruption.

- Auch das Auftreten neuer Geber zeigt sich derzeit vor allem als Herausforderung. So versucht die OECD etwa seit geraumer Zeit, neue Geber – insbesondere Brasilien, Russland, Indien, China, Südafrika (BRICS) – zu bestimmten Themengebieten, inklusive Anti-Korruption in der EZA, zur Kooperation zu bewegen. In Anbetracht dessen, dass sich diese aber bisher in ihrer Kooperationsbereitschaft selektiv zeigten und vielfach von intransparenten Vertragsabschlüssen gerade im so korruptionsanfälligen Sektor des Ressourcenmanagements zu lesen ist (Global Witness 2011), ist dies sicherlich eine der größten Herausforderungen, denn wozu – die ohnedies bereits heute sich als große Herausforderung zeigende – Geberharmonisierung oder *„collective action"*, wenn große Akteure keine Bereitschaft der Teilnahme daran zeigen.

- Schließlich gilt auch der Umgang mit Staaten, denen ein mangelnder politischer Wille nachgesagt wird, als eine der größten Herausforderungen. Wie sollen Geber in Situationen agieren, in denen Korruption massiv und kein Reformwille erkennbar ist? Wie kann dies gemessen werden und wo soll oder muss eine Grenze gesetzt werden? Reichen die derzeitigen Instrumentarien dafür aus? Die Debatte, ob und wenn ja, in welchen Situationen sich Geber aus Ländern wegen hoher Korruption (oder Menschenrechtsverletzungen) zurückziehen sollen, ist gerade vor dem Hintergrund der jüngsten Ereignisse in der arabischen Welt dringlich (Cremer 2008: 160ff.; Human Rights Watch 2010; Collier 2009: 223ff.; Moyo 2010).

5 Zusammenfassung

In Anbetracht dessen, dass bilaterale und multilaterale Geber erst in den letzten zehn Jahren begonnen haben, sich der Korruptionsproblematik zu widmen, ist bereits beachtlich viel erreicht worden.[*] Doch während auf der globalen Ebene durch Verabschiedung der diversen Konventionen, Instrumente zur Messung von Korruption oder durch die Gründung von NROs etc. die Phase der Bewusstseinsschaffung zu Korruption vielfach abgeschlossen scheint und die große Herausforderung in der Zukunft insbesondere in der Umsetzung und Rechtsdurchsetzung der verschiedensten Instrumente liegt, so gibt es aus der Sicht des Verfassers in der EZA diesbezüglich noch viel zu tun. Argumenten wie jenen des kulturellen Relativismus oder dass eine zu große Offenheit der Korruptionsproblematik letztlich der EZA schade muss entschieden entgegengearbeitet werden. Da Korruption alle Sektoren betrifft, wird eine der entscheidenden Fragen der Zukunft sein, Anti-Korruptionselemente in die Prozesse aller Sektoren zu integrieren. Hier gibt insbesondere die Weltbank einen Weg vor, der beispielhaft auch für andere Geber sein könnte. Wichtig ist vor allem auch, Korruption präventiv zu vermeiden. Dies umfasst zunächst transparente Strukturen, partizipative Elemente und Rechenschaftspflicht. Aufgrund der schwierigen Aufdeckung von Korruption, sind Hinweisgebersysteme und –schutz essentiell.

In der EZA wurde vielfach damit argumentiert, dass eine offene Haltung zur Korruptionsproblematik „*Wasser auf die falschen Mühlen*" (Cremer 2008: 25) leiten, bzw. die Kritiker der EZA stärken würde. Wie Cremer treffend formuliert, ist aber genau das Gegenteil der Fall: „*Künftig wird das Wasser genau dann zu den falschen Mühlen fließen, wenn die Träger nicht überzeugend die Frage beantworten können, wie sie der Korruption begegnen wollen*" (Cremer 2008: 24).

Literatur

ADA (Austrian Development Agency) (2010a). Budgethilfe: Strategie, Wien. Internet: http://www.entwicklung.at/uploads/media/Strategie_Budgethilfe_Juli2010.pdf (Zugriff: 9.3.2011).
ADA (2010b). Fokus: Korruptionsbekämpfung, Wien. Internet: http://www.entwicklung.at/uploads/media/Fokus_Korruption_Okt2010_02.pdf (Zugriff: 9.3.2011).
ADB (Asian Development Bank) (2010). Anticorruption and Integrity, Manila. Internet: http://www.adb.org/Documents/Policies/Anticorruption/anticorruption.pdf (Zugriff: 11.3.2011).

---

[*] Für einen historischen Überblick der Korruptionsthematik siehe den Beitrag von Alexander Böckmann in diesem Band.

African Development Bank/Asian Development Bank/European Bank for Reconstruction and Development/Inter-American Development Bank/World Bank (2010). Agreement for Mutual Enforcement of Debarment Decisions, Luxemburg. Internet: http://siteresources.worldbank. org/NEWS/Resources/AgreementForMutualEnforcementofDebarmentDecisions.pdf (Zugriff: 22.3.2011).
Armytage, Livingston (2009). Monitoring judicial integrity: Lessons for implementation of Article 11 UNCAC, U4 Issue, Bergen. Internet: http://www.cmi.no/publications/file/3483-monitoringjudicial-integrity.pdf (Zugriff: 4.3.2011).
Babu, Rajesh R. (2006). The United Nations Convention against Corruption: A critical overview, Calcutta. Internet: http://papers.ssrn.com/sol3/papers.cfm?abstract_id=891898 (Zugriff: 11.3.2011).
Bannenberg, Britta/Schaupensteiner, Wolfgang (2004). Korruption in Deutschland: Porträt einer Wachstumsbranche, München.
Böckmann, Alexander/Bachmayer, Ruth (2009). Österreichische Entwicklungszusammenarbeit und Maßnahmen gegen Korruption, Transparency International – Austrian Chapter, Wien. Internet http://www.ti-austria.at/uploads/media/Entwicklungszusammenarbeit _u_Massnahmen_gg_Korruption.pdf (Zugriff: 9.3.2011).
Böttcher, Detlev (2010). Integritätsmanagement der GTZ, Eschborn. Internet: http://www.gtz.de/ de/dokumente/de-Integritaetsmanagement-in-der-GTZ.pdf (Zugriff: 30.3.2011).
Bray, John (2007). Facing up to Corruption: Korruption bekämpfen – ein Ratgeber für Unternehmen, Control Risks/Simmons & Simmons, London. Internet: http://www.control-risks. com/pdf/Korruption_bekaempfen_2007.pdf (Zugriff: 9.3.2011).
Chêne, Marie (2009). Low salaries, the culture of per diems and corruption, U4 Expert Answer, Bergen. Internet: http://www.u4.no/helpdesk/helpdesk/query.cfm?id=220 (Zugriff: 3.3.2011).
Chêne, Marie (2010). Mainstreaming anti-corruption within donor agencies, U4 Expert Answer, Bergen. Internet: http://www.u4.no/helpdesk/helpdesk/query.cfm?id=231 (Zugriff: 9.3.2011).
Collier, Paul (2009). Gefährliche Wahl: Wie Demokratisierung in den ärmsten Ländern der Erde gelingen kann, München.
Cremer, Georg (2008). Korruption begrenzen: Praxisfeld Entwicklungspolitik, Freiburg.
DANIDA (Danish International Development Agency) (2007). Danida's Anti-Corruption Course Module 2: Preventing Corruption within the Danish Aid Delivery System, Copenhagen. Internet: http://www.umkc.dk/NR/rdonlyres/63D60C4F-029A-4C34-8278-86568EA3A31A/0/ Module2.pdf (Zugriff: 11.3.2011).
DANIDA (2008). Anti-Corruption Code of Conduct, Copenhagen.
Internet: http://amg.um.dk/en/menu/PoliciesAndStrategies/AntiCorruption/AntiCorruption.htm (Zugriff: 11.3.2011).
Department of Institutional Integrity (2007). Detailed Implementation Review: India Health Sector 2006 – 2007, Washington D.C. Internet: http://siteresources.worldbank.org/ INTDOII/Resources/WB250_Vol1_Web_011508.pdf (Zugriff: 9.3.2011).
Devine, Vera (2011). Lessons learned from the evaluation of five Council of Europe projects, U4 Practice Insight, Bergen. Internet: http://www.cmi.no/publications/publication/ ?3963=lessonslearned-from-the-evaluation-of-five (Zugriff: 11.3.2011).
DEZA (Direktion für Entwicklung und Zusammenarbeit) (2006). Korruption bekämpfen: DEZA Strategie, Bern. Internet: http://www.deza.admin.ch/ressources/resource_de_92770.pdf (Zugriff: 11.3.2011).
DEZA (2008). Code of Conduct für Akteure der DEZA, Bern. Internet:
http://www.sdc.admin.ch/en/Home/About_SDC/Invitations_to_tender/ressources/resource_de_ 170922.pdf (Zugriff: 11.3.2011).

DFID (UK Department for International Development) (2010). DFID's Anti-Fraud and Corruption Policy, London. Internet: http://webarchive.nationalarchives.gov.uk/+/http://www.dfid.gov.uk/aboutDFID/anti-fraud-corruption-policy.pdf (Zugriff: 30.3.2011).
European Commission (2005). Partnership Agreement ACP-EC, Brussels. Internet: http://www.europarl.europa.eu/intcoop/acp/03_01/pdf/cotonou_2006_en.pdf (Zugriff: 2.3.2011).
Fagan, Craig/Weth, Felix (2010). Good practice in donor's anti-corruption strategies, U4 Expert Answer, Bergen. Internet: http://www.u4.no/helpdesk/helpdesk/query.cfm?id=261 (Zugriff: 9.3.2011).
Freedom House (2011). Freedom in the World: erosion of freedom intensifies. Internet: http://www.freedomhouse.org/images/File/fiw/Tables%2C%20Graphs%2C%20etc%2C%20FIW%202011_Revised%201_11_11.pdf (Zugriff: 11.3.2011).
Fritz, Verena/Kolstad, Ivar (2008). Corruption and aid modalities, Bergen. Internet: http://www.cmi.no/publications/file/3102-corruption-and-aid-modalities.pdf (Zugriff: 11.3.2011).
GTZ (Gesellschaft für Technische Zusammenarbeit) (2010). Grundsätze integeren Verhaltens, Eschborn. Internet: http://www.gtz.de/de/dokumente/de-integritaet.pdf (Zugriff: 30.3.2011).
GTZ (2011), Integritätsvereinbarung zwischen der Deutschen Gesellschaft für Technische Zusammenarbeit (GTZ) GmbH und dem Auftragnehmer (AN), Eschborn. Internet: http://www.gtz.de/en/ausschreibungen/de-Integritaetsvereinbarung.pdf (Zugriff: 11.3.2011).
Global Witness (2011). China and Congo: Friends in Need – A report by Global Witness on the Democratic Republic of Congo, March 2011, London. Internet: http://www.globalwitness.org/sites/default/files/library/friends_in_need_en_lr_1.pdf (Zugriff: 29.3.2011).
Hechler, Hannes (2010). An Ambassador's Guide to the UN Convention against Corruption, Bergen. Internet: http://www.cmi.no/publications/file/3907-an-ambassadors-guide-to-the-united-nations.pdf (Zugriff: 30.3.2011).
Huber-Grabenwarter, Georg (2010). Supporting the Implementation of International Anti-Corruption Initiatives: The German UNCAC Project, in: Sebastian Wolf/Diana Schmidt-Pfister (Hg.): International Anti-Corruption Regimes in Europe: Between Corruption, Integration, and Culture, Baden-Baden, 195–212.
Huber-Grabenwarter, Georg/Boehm, Frédéric (2009). Laying the foundations for sound and sustainable development: strengthening corporate integrity in weak governance zones, in: Dieter Zinnbauer/Rebecca Dobson/Krina Despota (Hg.): Global Corruption Report 2009: Corruption and the Private Sector, Cambridge, 46–54.
Human Rights Watch (2010). Development without Freedom: How Aid underwrites Repression in Ethiopia, New York. Internet: http://www.hrw.org/node/93605 (Zugriff: 11.3.2011).
Hussmann, Karen/Hechler, Hannes/Peñailillo, Miguel (2009). Institutional arrangements for corruption prevention: Considerations for the implementation of the United Nations Convention against Corruption Article 6, U4 Issue, Bergen. Internet: http://www.u4.no/document/publication.cfm?3343=institutional-arrangements-for-corruption (Zugriff: 13.3.2011).
International Centre on Asset Recovery (2011). Development Assistance, Asset recovery and Money Laundering. Making the Connection, Basel.
International Council on Human Rights Policy (2009). Corruption and Human Rights: Making the Connection, Versoix, Switzerland. Internet: http://www.ichrp.org/files/reports/ 40/131_web.pdf (Zugriff 12.3.2011).
International Council on Human Rights Policy (2010). Corruption and Human Rights: Integrating Human Rights in the Anti-Corruption Agenda, Versoix, Switzerland. Internet: http://www.ichrp.org/en/projects/1312 (Zugriff: 23.3.2011).
Jansen, Eirik G. (2009). Monitoring aid: Lessons from a natural resources programme in Tanzania, U4 Practice Insight 2009: 1, Bergen. Internet: http://www.u4.no/document/publication.cfm?3383=monitoring-aid-lessons-from-a-natural-resources (Zugriff: 18.3.2011).

Kaufmann, Daniel (2005). Myths and Realities of Governance and Corruption, Washington D.C. Internet: http://papers.ssrn.com/sol3/papers.cfm?abstract_id=829244 (Zugriff: 12.3.2011).
Köchlin, Lucy/Sepúlveda Carmona, Magdalena (2009). Corruption and Human Rights: Exploring the Connection, in: Robert I. Rotberg (Hg.): Corruption, Global Security and World Order, Cambridge (Massachusetts), Washington D.C., 310–341.
Kramer, Michael W. (2007). Corruption and fraud in international aid projects, Bergen. Internet: http://www.cmi.no/publications/file/2752-corruption-and-fraud-in-international-aid-projects.pdf (Zugriff: 10.3.2011).
Kucsko-Stadlmayer, Gabriele (2009). Korruptionsstrafrecht und Dienstrecht, in: Juristische Blätter, Vol. 131, 742–750.
Lambsdorff, Johann Graf (2009). Corrruption Perceptions Index 2008, in: Dieter Zinnbauer/Rebecca Dobson/Krina Despota (Hg.): Global Corruption Report 2009: Corruption and the Private Sector, Cambridge, 395–402.
Livschitz, Mark (2009). Compliance: Präventive Massnahmen zur Korruptionsbekämpfung im privaten Sektor (gemäss Übereinkommen der UNO gegen Korruption), in: Schweizerische Zeitschrift für internationales und europäisches Recht, Vol. 3, 381–406.
Mathisen, Harald W. (2003). Fighting the Bug within – Anti-corruption measures of the Utstein development agencies, Chr. Michelsen Institute, Bergen. Internet: http://unpan1.un.org/intradoc/groups/public/documents/UNTC/UNPAN017451.pdf (Zugriff: 11.3.2011).
Ministry of Foreign Affairs / Danida (2003). Danida Action Plan to Fighting Corruption, Copenhagen. Internet: http://amg.um.dk/NR/rdonlyres/176B4D78-09FE-4B54-88A7-BA7AE319 7E9F/0/corruption_action_plan.pdf (Zugriff: 11.3.2011).
Moulin, Anne-Marie (2010). Mismatches between Corruption Perception, Corruption Victimisation and Anti-Corruption Measures, in: Sebastian Wolf / Diana Schmidt-Pfister (Hg.): International Anti-Corruption Regimes in Europe: Between Corruption, Integration, and Culture, Baden-Baden, 125–135.
Moyo, Dambisa (2010). Dead Aid: Why Aid is not working and how there is another way for Africa, London.
Nuscheler, Franz (2005). Entwicklungspolitik, Bonn.
OECD (Organisation für wirtschaftliche Zusammenarbeit und Entwicklung) (1996). Recommendation on Anti-Corruption Proposals for Aid-Funded Procurement: Follow Up, Paris. Internet: http://www.oecd.org/document/30/0,3746,en_2649_34565_2394526_1_1_1_1,00.html (Zugriff: 11.3.2011).
OECD (2000). Leitsätze für Multinationale Unternehmen, Paris. Internet: http://www.oecd.org/dataoecd/56/40/1922480.pdf (Zugriff: 11.3.2011).
OECD (2005). Erklärung von Paris über die Wirksamkeit der Entwicklungszusammenarbeit, Paris. Internet: http://www.oecd.org/dataoecd/37/39/35023537.pdf (Zugriff: 5.3.2011).
OECD (2006). Principles for Donor Action in Anti-Corruption, Paris, Internet: http://www.oecd.org/document/11/0,3343,en_2649_34565_45792510_1_1_1_1,00.html (Zugriff: 9.3.2011).
OECD (2008). Aktionsplan von Accra, Accra. Internet: http://www.oecd.org/dataoecd/62/34/42564567.pdf (Zugriff: 5.3.2011).
OECD / International Development Department (2006). Evaluation of General Budget Support: Synthesis Report, Birmingham. Internet: http://www.oecd.org/dataoecd/25/43/37426676.pdf (Zugriff: 9.3.2011).
OECD DAC (2006). Harmonising Donor Practices for Effective Aid Delivery - Volume 2: Budget Support, Sector Wide Approaches and Capacity Development in Public Financial Management, Paris. Internet: http://www.oecd.org/dataoecd/53/7/34583142.pdf (Zugriff: 11.3.2011).
Oxfam (2011). Oxfam contribution to the EC Green Paper on the Future of Budget support: Ensuring EC Budget Support in Long-Term, Predictable and Accountable, The Hague. Internet:

http://ec.europa.eu/development/icenter/files/green_paper_contributions_future_eu_budget/Organisations/gp_org_Oxfam_en.pdf (Zugriff: 29.3.2011).
Publish What You Fund (2010). Aid Transparency Assessment 2010, London. Internet: http://www.publishwhatyoufund.org/files/Aid-Transparency-Assessment.pdf (Zugriff: 3.3.2011).
Rogers, Sarah B. (2008). The World Bank Voluntary Disclosure Program (VDP): A Distributive Justice Critique, in: Columbia Journal of Transnational Law, Vol. 46, No. 3, 709–732.
Runde, Hartmut/Litzinger, Angelika/Wysluch, Johanna Beate (2010). Antikorruption als Teil des Integritätsmanagements der GTZ, Eschborn. Internet: http://www.gtz.de/de/dokumente/de-Antikorruption_und_Integritaet.pdf (Zugriff: 30.3.2011)
Schultz, Jessica/Opimbi, Osore/Vennen, Thomas (2010). Reducing risks of corruption: Lessons from an online complaints system in Kenya, U4 Practice Insight, Bergen. Internet: http://www.cmi.no/publications/file/3789-reducing-risks-of-reporting-corruption.pdf (Zugriff: 1.3.2011).
Sida (Swedish International Development Cooperation Agency) (2003). Acting on Suspicions of Corruption. http://www.u4.no/document/showdoc.cfm?id=98 (Zugriff: 11.3.2011).
Sida (2011). Corruption affects development, Stockholm. Internet: http://www.sida.se/English/About-us/How-we-operate/Our-Work-Against-Corruption/ (Zugriff: 11.3.2011).
Sinder, Thomas R./Kidane, Won (2007). Combating Corruption through International Law in Africa: A Comparative Analysis, in: Cornell International Law Journal, Vol. 40, 692–749.
Sundet, Geir (2008). Following the money: Do Public Expenditure Tracking Survey matter? U4 Issue Brief, Bergen. Internet: http://www.cmi.no/publications/file/3195-following-the-money.pdf (Zugriff: 11.3.2011).
Tanzi, Victor (1998). Corruption around the world: causes, consequences, scope and cures, Washington D.C. Internet: http://www.imf.org/external/pubs/ft/staffp/1998/12-98/pdf/tanzi.pdf (Zugriff: 11.3.2011).
Thiel, Reinhold E./Aschoff-Ghyczy, Christiane/Döhne, Karin/Ecken, Clemes/Euler, Hartwig/Gelfort, Eike/Grolig, Sonja (2007). Korruption in der Entwicklungszusammenarbeit: ein Problem auch für kirchliche Organisationen, Berlin. Internet: http://www.transparency.de/fileadmin/pdfs/Themen/webversion_final.pdf (Zugriff: 6.3.2011).
Transparency International (2002). Integrity Pacts: The concept, the model and the present applications: A status report, Berlin. Internet: http://info.worldbank.org/etools/antic/docs/Resources/InitiativeType/Integrity%20Pacts/TI_IntegrityPact_Statue.pdf (Zugriff: 9.3.2011).
Transparency International (2010). The Anti-Corruption Catalyst: Realising the MDGs by 2015, Berlin. Internet: http://www.transparency.org/content/download/54426/869536/MDG+report_08_09_web.pdf (Zugriff: 11.3.2011).
UNDP (United Nations Development Programme) (2008a). Corruption and Development: Anti-Corruption Interventions for Poverty Reduction, Realization of the MDGs and Promoting Sustainable Development, New York. Internet: http://www.agora-parl.org/sites/default/files/UNDP%20-%20Corruption%20and%20Development%20-%2012.2008%20-%20English%20-%20PACE.pdf (Zugriff: 6.3.2011).
UNDP (2008b). A User's Guide to Measuring Corruption, Oslo. Internet: http://www.undp.org/oslocentre/docs08/users_guide_measuring_corruption.pdf (Zugriff: 3.3.2011).
United States Institute of Peace (2011). Truth Commission Sierra Leone, Washington D.C. Internet: http://www.usip.org/publications/truth-commission-sierra-leone (Zugriff: 12.3.2011).
UNODC (United Nations Office on Drugs and Crime) (2010). Mechanism of the Review of the Implementation of the United Nations Convention against Corruption: Basic Documents, Vienna. Internet: http://www.unodc.org/documents/treaties/UNCAC/Publications/ReviewMechanism-BasicDocuments/Mechanism_for_the_Review_of_Implementation_-_Basic_Documents_-_E.pdf (Zugriff: 11.3.2011).

USAID (United States Agency for International Development) (2005). USAID Anti-Corruption Strategy, Washington D.C. Internet: http://www.usaid.gov/our_work/democracy_ and_governance/publications/pdfs/ac_strategy_final.pdf (Zugriff: 11.3.2011).
Vereinte Nationen (2002). Bericht der Internationalen Konferenz über Entwicklungsfinanzierung, Monterrey, A/CONF.198/11 Internet: http://www.un.org/Depts/german/conf/ac198-11.pdf (Zugriff: 12.03.2011).
Webb, Philippa (2005). The United Nations Convention against Corruption: Global Achievement or Missed Opportunity?, in: Journal of International Economic Law, Vol. 8 (1), 191–229.
Wolf, Sebastian (2008). Internationale Korruptionsbekämpfung – Anmerkungen zum zehnjährigen Jubiläum des OECD-Bestechungsübereinkommens, in: Kritische Justiz, Vol. 4, 366–377.
World Bank (2006). Guidelines on Preventing Combating Fraud and Corruption in Projects Financed by IBRD Loans and IDA Credits and Grants, Washington D.C. Internet: http://siteresources.worldbank.org/INTOFFEVASUS/Resources/WB_Anti_Corruption_Guidelines_10_2006.pdf (Zugriff: 11.3.2011).
World Bank (2007a). Strengthening World Bank Group Engagement on Governance and Anti-Corruption, Washington D.C. Internet: http://siteresources.worldbank.org/PUBLICSECTOR ANDGOVERNANCE/Resources/GACStrategyPaper.pdf (Zugriff: 9.3.2011).
World Bank (2007b). Implementation Plan for Strengthening World Bank Group Engagement on Governance and Anti-Corruption, Washington D.C. Internet: http://web.worldbank.org/ WBSITE/EXTERNAL/TOPICS/EXTGOVANTICORR/0,,contentMDK:21519459~pagePK:2 10058~piPK:210062~theSitePK:3035864,00.html (Zugriff: 10.3.2011).
World Bank (2009). Strengthening World Bank Group Engagement on Governance and Anti-Corruption: Second Year Progress Report, Washington D.C. Internet: http://siteresources. worldbank.org/PUBLICSECTORANDGOVERNANCE/Resources/285741-1233946247437/ GACReport2.pdf (Zugriff: 30.3.2011).

Korruptionsbekämpfung in internationalen Finanzinstitutionen – Die Rolle der Resident Boards
Ein Essay

Kurt Bayer

Abstract

In den letzten Jahren haben *Multilaterale Entwicklungsbanken* (MDB) besonderes Augenmerk auf Korruptionsbekämpfung gelegt. Der Artikel stellt externe und interne Antikorruptionsmaßnahmen der MDB dar und geht insbesondere auf Antikorruptionsaktivitäten im Zusammenhang mit Verhaltenskodizes der Verwaltungsräte ein. Dabei werden die Verwaltungsratkodizes der Weltbankgruppe, der Inter-Amerikanischen Entwicklungsbank, der Afrikanischen Entwicklungsbank, der Asiatischen Entwicklungsbank und der Verhaltenskodex der Direktoren der EBRD vorgestellt und anschließend miteinander verglichen. Hohe Integritätsstandards zur Vermeidung von Konflikten mit Privatinteressen bilden eine der grundlegenden Gemeinsamkeiten. Unterschiede bestehen vor allem bei Regelungen zur Möglichkeit mit Wertpapieren der eigenen Bank zu handeln und in Warte- bzw. Abkühlungsperioden für eine eventuelle Wiederbeschäftigung in der Bank. In einem letzten Kapitel werden weitreichendere Antikorruptionsaktivitäten am Beispiel der EBRD dargestellt.

1 Definitionen und Konzepte

Laut Wikipedia ist Korruption im juristischen Sinn der Missbrauch einer Vertrauensstellung in einer Funktion in Verwaltung, Justiz, Wirtschaft, Politik oder auch einer nichtwirtschaftlichen Vereinigung oder Organisation, zum Beispiel einer Stiftung, um einen materiellen oder immateriellen Vorteil zu erlangen, auf den kein rechtlich begründeter Anspruch besteht. Korruption bezeichnet üblicherweise Bestechung und Bestechlichkeit, Vorteilsnahme und -gewährung. Im politischen Sinn ist Korruption nach einer Definition des Politikwissenschaftlers Harold Lasswell die Verletzung eines allgemeinen Interesses zu Gunsten eines speziellen Vorteils. Dazu zählt auch Missbrauch von Macht oder Geld durch öffentliche oder private Personen zum persönlichen Vorteil, durch Annahme oder Angebot von Bestechung oder durch Androhung von Zwang.

Transparency International, die führende NGO im Bereich der Korruptionsbekämpfung, bekannt vor allem durch die Veröffentlichung eines jährlichen *Corruption Perceptions Index* für (nunmehr) 174 Länder, definiert Korruption als Missbrauch von anvertrauter Macht für persönlichen Gewinn, sowohl im öffentlichen wie privaten Bereich.

In einem weitgefassten Überblick über die ökonomische Literatur zur Korruption kommt Bardhan (1997) zum Schluss, dass die meisten Autoren effizienzvermindernde und wachstumsstörende Effekte der Korruption identifizieren. Samuel Huntington (1968) meint allerdings im Gegensatz hiezu, dass in Fällen, in denen kein funktionierender Staat mit durchsetzbaren Regelungen zur Beschaffung, zur Lizenzvergabe, etc. vorhanden ist, Bestechung effizienzsteigernd wirken kann, weil sie sonst stockende Prozesse zum Laufen bringt. Bardhan (1997: 1329) diagnostiziert, dass Korruption negativ korreliert mit dem Bezahlungsniveau öffentlich Bediensteter und der Entwicklung eines „starken", d.h. auf Rechtsbasis funktionierenden Staates.

Obwohl vielfach behauptet wird, dass Korruption und ihre Akzeptanz von Land zu Land unterschiedlich seien, dass z.b. in vielen Ländern größere Geschenke an Geschäftspartner und andere nicht nur akzeptiert sind, sondern ein „muss" des Geschäftslebens (Bardhan 1997: 1330), zeigen Umfragen, dass in fast allen Ländern Korruption ganz oben in der Skala der Sorgen der Bürger steht (ebd.). Dieser vermeintliche Gegensatz kann dahingehend aufgelöst werden, als davon auszugehen ist, dass zwischen den „normalen" Bürgern (die letztlich durch Effizienz- und Wachstumsverluste Opfer von Korruption sind) und den politisch-wirtschaftlichen Eliten (die von Korruption profitieren können) deutliche Auffassungsunterschiede bestehen.

Dass Korruption ein weitverbreitetes Phänomen ist, belegt eine Vielzahl von Studien. Eine 2010 durchgeführte Umfrage der Internationalen Anwaltskammer und der OECD etwa belegt, dass mehr als ein Fünftel aller international tätigen Anwälte ein oder mehrmals aufgefordert wurden, bei Bestechungen mitzuwirken. Ein Drittel aller Befragten sagte aus, dass ein ihnen bekannter Anwalt in Korruptionsfälle verwickelt war (Washington Post 2010). Es ist jedoch unter Autoren und Praktikern umstritten, welche Art von Antikorruptions-Aktivitäten sinnvoll und wirksam ist. Dennis de Tray, der lange Jahre Weltbank-Direktor in Indonesien war und derzeit für das Center for Global Development in Washington, D.C. arbeitet, empfiehlt eine Unterscheidung zwischen Korruptionisten, welche (dennoch) ihr Land weitergebracht haben (z.B. Suharto in Indonesien) und solchen, die es zurückgehalten haben (z.B. Mobutu in Zaire). Er meint, dass oft zwischen unterschiedlichen Zielen, wie z.B. Armutsbekämpfung jetzt und Institutionenaufbau für später, Zielkonflikte bestehen und die Antikorruptionspolitik klare Vorgaben machen muss, welches Ziel sie verwirklichen will. Am besten wäre es, die Empfänger von Hilfsgeldern zu verpflichten, ihre eigenen Bürger über die Summen, deren Verwendungszweck und das tatsächliche Outcome zu informieren (de Tray 2006). In einem äußerst informativen Buch über

Korruption und Entwicklung kommt Sarah Bracking (2007) zum Schluss, dass sinnvolle Antikorruptionspolitik in den jeweiligen Landeskontext eingepasst sein und Teil einer Demokratisierungskampagne werden muss, um langfristig wirksam zu werden. Die Schätzungen, wieviel von den jährlich fließenden Geldern der Entwicklungszusammenarbeit veruntreut werden, gehen weit auseinander, doch bezweifelt niemand, dass es sich um signifikante Beträge handelt und dass Korruption dadurch, dass sie das Vertrauen der BürgerInnen in den Staat und den Privatsektor untergräbt, den Entwicklungsprozess massiv behindert und Demokratisierungsprozesse stört.

2 Multilaterale Entwicklungsbanken und Korruptionsbekämpfung

Korruption und ihre Bekämpfung spielen für Institutionen, welche (vor allem öffentliche) Gelder vergeben, eine sehr bedeutende Rolle. Dieser Essay befasst sich vor allem mit den Korruptions-Bekämpfungs-Aktivitäten der *Multilateralen Entwicklungsbanken* (MDB). Im besonderen geht dieser Aufsatz auf die Weltbankgruppe (*International Bank for Reconstruction and Development* – IBRD), die *Europäische Bank für Wiederaufbau und Entwicklung* (EBRD), die *Inter-Amerikanische Entwicklungsbank* (IDB), die *Asiatische Entwicklungsbank* (ADB) und die *Afrikanische Entwicklungsbank* (AfDB) ein. Daneben gibt es eine ganze Reihe anderer multi- und bilateraler Entwicklungsinstitutionen, deren Praktiken in weiterem oder engerem Ausmaß jenen der hier angeführten folgen.

Alle MDB haben Antikorruptions- oder Integritätsstrategien, welche präventive und kurative Anstrengungen unternehmen, den Ruf der Bank schädigendes illegales Verhalten bei ihren Aktivitäten und Geschäftsbeziehungen hintanzuhalten. Einige der Banken veröffentlichen jährliche Antikorruptionsberichte, in denen den Stakeholdern der Bank die diesbezüglichen Aktivitäten des Vorjahres berichtet werden (siehe etwa EBRD 2010).

Neben den allgemeinen Antikorruptionsansätzen der MDB behandelt dieser Aufsatz im besonderen die Rolle der politisch besetzten Verwaltungsräte in den MDB, die gemeinsam mit den Präsidenten die jeweilige Bank zu führen haben. Es ist ein besonderes Merkmal dieser Institutionen, dass ihre Verwaltungsräte (Board of Executive Directors) jeweils vollzeitlich vor Ort im Headquarter der jeweiligen Bank sitzen (Washington, D.C., London, Manila, Tunis) und daher tagtäglich mit der jeweiligen Geschäftsführung der Bank betraut sind. Durch ihre „resident"-Tätigkeit haben sie besondere Möglichkeiten der Überwachung der Bankaktivitäten, darunter besondere Aufgaben bei der Korruptionsbekämpfung. Die Direktoren und ihre Mitarbeiter müssen sich einem jeweils spezifischen Verhaltenskodex unterwerfen, der sich aufgrund der besonderen treuhänderischen Rolle der Direktoren in Einzelbereichen von jenem für die jeweiligen Bankangestellten gültigen Verhaltenskodizes unterscheidet. Da es sich bei den MDB-Aktivitäten vielfach um die Vergabe relativ großer Summen dreht, ist der Anreiz zur Korruption durch Personen, die an irgendeiner Stelle dieses Geldflusses sitzen, groß (sowohl bei jenen, die „an der Quelle" sitzen, d.h. in der vergebenden Institution (MDB), als auch bei jenen, die am Zielort diese Mittel in Empfang nehmen, verwalten und mit der Endverwendung betraut sind). Da MDB öffentliche Gelder verwalten und vergeben, ist hier sowohl der politische Druck der Eigentümer, welche letztlich Steuerzahlergeld zu verantworten haben, groß, dass diese Gelder den Zwecken ungeschmälert zugute kommen, für welche sie intendiert sind.

Aus moralischen, aber besonders auch aus den angeführten Gründen von Effizienz- und Wachstumsverlusten, die durch Korruption bewirkt werden, haben MDB in den letzten Jahren besonderes Augenmerk auf Korruptionsbekämpfung gelegt. Lange Jahre wurde jedoch in den meisten MDB (mit Ausnahme der EBRD, die ein anderes Mandat in ihren Statuten aufweist) das „unpolitische" Mandat der MDB so ausgelegt, dass nicht nur Einmischung in die inneren Angelegenheiten des Ziellandes verboten war (siehe unten bei den einzelnen Kodizes), sondern auch Korruptionsbekämpfung im Zielland selbst politisch verpönte Einmischung in innere Angelegenheiten bedeutete und daher den MDB, ihren Mitarbeitern und Funktionären verboten war. Ausnahme hievon war schon immer die EBRD, deren Gründungsstatut 1991 ausdrücklich auch ein „politisches" Mandat vorschreibt, nach welchem EBRD-Aktivitäten der Förderung der Demokratie und einer tragfähigen Marktwirtschaft verpflichtet seien. Bei der Weltbank war es erst James Wolfensohn (1995–2005), der als Präsident dieses – von den Zielländern selbst vehement vertretene – Tabu aufbrach und Korruption als einen der Hauptverursacher für die Rückständigkeit und mangelnden Entwicklungsfortschritt bezeichnete und entsprechende Programme zur Stärkung der Rechtsstaatlichkeit auflegte. Damit wurde *Good Governance*, also gute Regierungs-/Geschäftsführung als eine der Grundlagen für einen positiven Entwicklungsprozess akzeptiert und damit zu einem der Kriterien, mit denen Entwicklungsfortschritt gemessen wurde, und zwar sowohl im öffentlichen, wie auch im Privatsektor. Eine Vielzahl von Studien hat belegt, dass Korruption erstens nicht nur Gelder der Entwicklungszusammenarbeit (also von MDB, Fonds und bilateralen Gebern) von der Zielbevölkerung weg in private Konten abzieht, sondern auch langfristige dynamische negative Folgen für Wirtschafts- und Sozialentwicklung hat, indem sie Entwicklungen verhindert oder verzögert, verteuert, heimische und ausländische Investitionen ebenso verhindert wie die Bildung neuer Unternehmen; dass sie zweitens zu einer Misallokation von Ressourcen führt und dass sie weiters persönliche Abhängigkeiten schafft und wenn sie den Alltag der Bürgerinnen und Bürger erreicht auch demokratische Prozesse behindert. Es ist heute unbestritten, dass Korruption auch die Erreichung der im Jahr 2000 vereinbarten Millennium-Development-Ziele (Zieldatum 2015) behindert, wie dies letztlich auch durch die von mehr als 130 Staaten ratifizierte UN Convention against Corruption (siehe unten) belegt wird.

Aus Gründen der leichteren Verständlichkeit möchte ich in diesem Aufsatz folgende Differenzierung machen: Externe Korruptionsbekämpfung bezieht sich auf die Bekämpfung der Korruption durch MDB im Zielland, d.h. mit den jeweiligen „Klienten" der Bank; interne Korruptionsbekämpfung auf die Aktivitäten, welche innerhalb der eigenen Organisation korrupte und illegale Praktiken hintanhalten.

2.1 „Externe" Korruptionsbekämpfung durch MDB

Bezüglich der externen Korruptionsbekämfung kann die Weltbank als Leitinstitution gelten. Ihre Korruptionsbekämpfungsstrategie basiert auf folgenden zu fördernden Säulen: Stärkere politische Rechenschaftspflicht, verstärkte Mitwirkung der Zivilgesellschaft, Schaffung eines wettbewerbsorientierten Privatsektors, institutionelle Beschränkungen politischer und wirtschaftlicher Macht, Verbesserungen im Management des Öffentlichen Sektors (z.B. Budgetprozesse), sowie – übergreifend – Transparenz und Öffentlichkeit von Aktivitäten. Dies alles kann unter „Aufbau des Rechtsstaates" subsumiert werden. Seit 2007 besteht eine MDB-Taskforce-Initiative, betraut mit der Aufgabe, die einschlägigen Antikorruptions-Aktivitäten der MDB zu harmonisieren. Im Zuge dieser Aktivität ist es 2009 u.a. zur Vereinbarung eines *Cross-Debarment* gekommen, wonach Sanktionen eines MDB gegen ein als korrupt erkanntes Unternehmen/Person mit ebensolchen Sanktionen der anderen MDB gespiegelt werden. Dadurch wird die Wirksamkeit der Sanktionen deutlich gestärkt. Dieser Vereinbarung sind lange Verhandlungen vorausgegangen, geprägt dadurch, dass alle MDB mit dem Problem zu kämpfen hatten, nicht selbst im Einzelfall Untersuchungen durchzuführen und eigene Bewertungen vorzunehmen, sondern die Ergebnisse der anderen Institution direkt zu übernehmen. Angesichts der Tatsache, dass die Eigentümer der Entwicklungsbanken in sehr weiten Bereichen dieselben sind, mag dies den Außenstehenden verwundern. Die spezifische Rechenschaftspflicht der MDB macht jedoch diesen signifikanten Fortschritt bei der Verwirklichung der zur Harmonisierung der Verfahren aufrufenden Paris Agenda 2005 (OECD 2005) verständlich.

MDB arbeiten bei der Korruptionsbekämpfung nicht im luftleeren Raum, sondern können auf internationale Vereinbarungen zurückgreifen. Auf internationaler Ebene ist vor allem die United Nations Convention against Corruption (UNCAC) zu erwähnen, die erstmals eine rechtlich bindende Vereinbarung darstellt, die bisher von ca. 140 Ländern ratifiziert wurde und laufend überprüft wird. Im Rahmen dieser Konvention wird noch über den Überprüfungsmechanismus diskutiert (auch im Rahmen der Doha-Entwicklungs-Runde), wobei besonders der Wunsch vieler Länder, die Ergebnisse der Länderprüfungen öffentlich zu machen, einen bisher unlösbaren Streitpunkt darstellt. Ein Vorgänger war die OECD *Anti-Bribery Convention* von 1997, welche den OECD-Mitgliedsländern auferlegt, Bestechung von ausländischen Funktionären strafbar zu machen. Transparency International überprüft etwa alle zwei Jahre deren Umsetzung, zuletzt im *Transparency International Progress Report* 2010 (Transparency International 2010).

Eine ganze Reihe von aktiven Korruptionsbekämpfungs-Initiativen, welche auf freiwilligen Vereinbarungen von Unternehmen und Staaten beruhen, wurde in den letzten Jahren durch MDB unterstützt. Wichtig darunter ist die *Extractive Industrie Transparency Initiative* (EITI) (wonach die Produktions-Aufteilungsverträge von Förderfirmen mit den Staaten und damit die Aufteilung der Gewinne veröffentlicht werden;[*] Ghana, Liberia, Azerbadjan und Mongolei wurden hier bisher als einzige Länder zertifiziert); der Kimberley-Prozess, wonach nur zertifizierte Diamanten von Verarbeitern übernommen werden (womit die Zirkulation von *Blutdiamanten* eingeschränkt werden soll); die Equator Bank-Prinzipien (wonach sich internationale Banken zur Einhaltung ethischer und ökologischer Kriterien bei ihren Geschäftsaktivitäten verpflichten), die Stolen Asset Recovery Initiative (nach der ins Ausland verbrachte veruntreute Gelder von Politikern dem Land selbst zurückgegeben werden) und andere mehr. So wertvoll solche Initiativen vor allem für die Bewusstseinsbildung sind, so skeptisch sind sie jedoch bezüglich ihrer Wirksamkeit für die Korruptionsbekämpfung zu beurteilen, da sie keine rechtlich durchsetzbaren Instrumente sind und daher auf dem Goodwill der betroffenen Länder und Unternehmen aufbauen müssen.

Alle MDB haben Regeln, dass sie – und das betrifft Finanzierungen des privaten Sektors – mit der Korruption verdächtigten Personen, aber auch mit *politically exposed persons* (PEP) keine Geschäfte machen dürfen, um die Reputation der Institution nicht zu gefährden, bzw. in Zweifelsfällen verschärfte Due-Diligence-Prüfungen durchführen, um die Reputation der Bank nicht zu gefährden. Die Weltbankgruppe unter Präsident Wolfowitz hat 2005 mit einigen der Korruption verdächtigten Regierungen ihre Beziehungen sistiert, bzw. ihre

---

[*] Siehe zu weiteren Bemerkungen zu EITI auch den Beitrag von Georg Huber-Grabenwarter in diesem Band.

Beziehungen auf Geschäfte mit dem Privatsektor reduziert, was allerdings sehr umstritten war, da diese Initiative nicht in eine breitere Antikorruptionsstrategie eingebaut war.

Wenn ein Korruptionsverdacht gegen Personen oder Unternehmungen im Zuge von MDB-Finanzierungen auftaucht, untersuchen MDB-Institutionen (meist der Chief Compliance Officer oder von ihm beauftrage interne oder externe Institutionen) diese Verdachtsmomente auf Stichhaltigkeit und können entweder das Verfahren einstellen oder Sanktionen vorschlagen. Bei Vorliegen einer starken Vermutung (ein rechtlich stichhaltiger Beweis ist vielfach von MDB-Untersuchern nicht oder nicht leicht zu erbringen und ist außerdem Aufgabe der öffentlichen Behörden) durch ein Enforcement Committee, kann eine mögliche Sanktion aus einer Verwarnung, einer Sistierung und Rückzahlungsverpflichtung des relevanten Kredits bis zu einem *Debarment*, d.h. einer zeitweisen oder permanenten Ausschließung von Geschäften mit der jeweiligen MDB bestehen. Eine solche Ausschließungs-Sanktion ist auf der Webseite der Bank zu veröffentlichen.

Darüber hinaus haben die meisten MDB einen Mechanismus eingerichtet, bei dem lokale Stakeholder (Betroffene) eines Projekts Beschwerde über negative Auswirkungen eines Projekts erheben können, mit der Begründung dass die relevanten Verfahren der Kreditvergabe der jeweiligen Bank nicht eingehalten wurden. Dieser Mechanismus (*Inspection Panel* bei der Weltbank; *Project Complaint Mechanism* bei der EBRD) ist primär darauf ausgerichtet, allgemein befriedigende Lösungsmöglichkeiten für das jeweilige Problem zu finden.

2.2 MDB-Instrumente der internen Korruptionsbekämpfung

Alle MDB haben in den letzten Jahren ihr Instrumentarium zur internen Korruptionsbekämpfung ausgebaut. Die wichtigsten Instrumente sind Verhaltenskodizes für Belegschaft, Management und Verwaltungsräte, stringente Beschaffungsregeln, Auditing und Monitoring-Aktivitäten, Integritäts-Beauftragte, bzw. Büros mit (teilweise) angeschlossenen Untersuchungsabteilungen, welche Korruptionsvorwürfen nachgehen; Whistleblower-Schutzmaßnahmen[*], um besser Informationen über illegale Praktiken zu erhalten; sowie eine ganze Reihe von disziplinären Sanktionsmaßnahmen im Falle von Fehlverhalten. Diese Instrumente werden durch Schulungsmaßnahmen im Bereich Antikorruption und Anti-Geldwäsche (*Anti-Money Laundering*, AML) unterstützt. Die Verhaltenskodizes für Management und Verwaltungsratsmitglieder schließen auch die Offenlegung

---

[*] Zu Whistleblowing siehe auch den Beitrag von Aleksandra Djokic in diesem Band.

von finanziellen Interessen ein, um Interessenkonflikte bei Projektbeurteilungen und -entscheidungen auszuschließen.

Die Verhaltenskodizes der einzelnen Banken unterscheiden sich nur sehr geringfügig voneinander: sie legen Wohlverhaltensregeln bei der Interaktion mit Kollegen und Klienten fest, schreiben fest, wie im Falle von Korruptionsversuchen vorzugehen ist, welche bankinternen Institutionen zu informieren sind, verbieten private Nutzung von bankeigenen Ressourcen, fordern auf, bei Kontakten mit der Zivilgesellschaft und Lokalbehörden und Firmen die Bedeutung von globaler gesellschaftlicher Verantwortung immer wieder hervorzuheben und mit gutem Beispiel voranzugehen, informieren, wie bei potenziellen Interessenkonflikten vorzugehen ist und fordern auf anzuerkennen, dass jene Personen, die mit der Überprüfung von Wohlverhalten beauftragt sind, besondere Verantwortung tragen, die zu unterstützen ist.

Im institutionellen Bereich sind die Instrumente der MDB unterschiedlich stark ausgeprägt. Alle MDB haben jedoch einen Chief Compliance Officer (mit jeweiligen Büros), welcher beauftragt ist, die einzelnen Integritäts-Verpflichtungen durch Entwicklung von Antikorruptions-Policies und deren Implementierung zu überwachen, Anlaufstelle für Zweifelsfälle zu sein, Anlaufstelle für Verdachtsmomente auf Fehlverhalten von Bankangestellen zu sein, Whistleblower-Anlaufstelle zu sein und – im gegebenen Fall Untersuchungen gegen Bankangestellte (und Funktionäre) einzuleiten.

Alle MDB haben Sanktionskataloge gegen Mitarbeiter bei Fehlverhalten, welche von Belehrungen über Verwarnungen, zu temporären Freistellungen bis zur Entlassung (je nach Untersuchungsergebnis) gehen. Sie sind gehalten, im konkreten Fall auch die Strafverfolgungsbehörden des betroffenen Landes beizuziehen, bzw. mit diesen zu kooperieren.

2.2.1 Verwaltungsratkodex der Weltbankgruppe (Fassung 2007)

Der Kodex gilt für den Präsidenten, Exekutivdirektoren, deren Stellvertreter und Berater und ist jeweils bei Amtsantritt eines neuen Direktors, bzw. anderen Büromitarbeitern zu unterzeichnen. Er legt in § 2 b u.a. fest, dass die Betroffenen nicht in die politischen Angelegenheiten eines Mitgliedstaates einzugreifen haben („unpolitisches Mandat") und dass sie ihre gesamte Arbeitskraft in den Dienst der Weltbank zu stellen haben. Der Kodex legt auch das Verhalten in der schwierigen Dreifachrolle der Direktoren als Vertreter ihres Heimatlandes, ihrer Stimmrechtsgruppe und der Bank ingesamt dar und verbietet Einflußnahme auf Kontrakte, Disziplinarmaßnahmen, sowie Anstellungen innerhalb der Bank. Bei Interessenkonflikten (§ 7) muss im Nicht-Vermeidensfall oder im Zweifelsfalle dem Ethikkomitee Meldung gemacht werden, sowie die Entschlagung im konkreten Fall angekündigt werden. Das Ethikkomitee entscheidet über das Vorliegen eines Interessenkonfliktes und damit die weitere Entschlagung. Dem Kodex Unterliegende haben ihre geschäftlichen und finanziellen Interessen, sowie jene ihrer Familienmitglieder anzuzeigen und dürfen nicht an Entscheidungen, die ihre eigenen Finanzinteressen betreffen mitwirken (§ 8). Externe Aktivitäten dürfen der Bank nicht schaden und sind dem Ethikkomitee anzuzeigen. Ausnahmen sind Lehr- und bestimmte Publikationstätigkeiten.

Die Betroffenen dürfen sich ein Jahr lang nicht mit Angelegenheiten, die ihren vorigen Arbeitgeber betreffen, befassen. Ein Jahr nach Beendigung der Tätigkeit in der Weltbankgruppe dürfen Betroffene sich nicht mit Geschäftsaktivitäten der WB-Gruppe befassen. Dies gilt nicht bei künftiger Beschäftigung in einer staatlichen oder internationalen Institution. Ein Jahr lang dürfen sich die Betroffenen nicht um eine Position in der Weltbankgruppe bewerben. Geschenkannahme ist streng verboten.

Ein aus fünf Direktoren bestehendes Ethikkomitee ist mit der Überwachung und Implementierung dieser Aufgaben betraut und behandelt alle Ethikangelegenheiten von Verwaltungsratsmitgliedern. Das Komitee legt den Direktoren einen jährlichen Bericht unter Wahrung bestimmter Vertraulichkeit vor. Das Komitee entscheidet mit einfacher Mehrheit. Wenn das Komitee der Meinung ist, dass Vorwürfe gegen ein Verwaltungsratsmitglied berechtigt sind, schlägt es dem Board vor, den Vorwürfen nachzugehen und eine Untersuchung einzuleiten. Die Ergebnisse sind dem Verwaltungsrat vorzulegen, welcher nach Vorliegen der Ergebnisse endgültig entscheidet. Mögliche Sanktionen sind schriftliche Verwarnung, Benachrichtigung der Gouverneure der Stimmrechtsgruppe oder andere passende Maßnahmen.

2.2.2 Verwaltungsratkodex Inter-Amerikanische Entwicklungsbank (Fassung 2009)

Der Geltungsbereich umfasst Direktoren, Stellvertreter und Berater. In der Einleitung betont der Kodex, dass die Tätigkeit im Verwaltungsrat eine Ehre darstellt und von den Direktoren hohe Standards an Ehrlichkeit, Integrität und Unparteilichkeit verlangt. Grundprinzipien der Tätigkeit sind höchste Standards an professionellem und ethischem Verhalten. Sie müssen sowohl die Interessen des sie entsendenden Landes, ihrer Stimmrechtsgruppe, sowie der Bank selbst mit Integrität vertreten, sie sind verpflichtet, ihre treuhänderische Tätigkeit für die Bank mit voller Kraft und Aufmerksamkeit durchzuführen.

Interessenkonflikte ihrer selbst sowie ihrer Familienmitglieder sind zu vermeiden; im Zweifelsfall ist der Bank-Generalsekretär um Rat zu fragen und muss sich der Betroffene entschlagen. Bankeigentum ist nicht für persönlichen Gebrauch zu nutzen, bei Tätigkeit außerhalb der Bank sind die nationalen Gesetze des jeweiligen Landes einzuhalten.

Auch die IDB verbietet ihren Funktionären und Angestellten, in die politischen Angelegenheiten eines Mitgliedslandes einzugreifen, oder sich in ihren Aktivitäten von politischen Überlegungen leiten zu lassen. Nur ökonomische Kriterien zählen bei Entscheidungen der Direktoren. Verwaltungsratsmitgliedern ist es verboten, von der IDB ausgegebene Wertpapiere zu erwerben. Dies gilt auch für Derivate und ähnliche Handelsaktivitäten. Ebenso ist es ihnen verboten, Wertpapiere oder andere Finanzinteressen bei Klienten der Bank zu erwerben oder mit ihnen zu handeln. Hier gibt es allerdings de-minimis Regeln bei öffentlich gehandelten Wertpapieren in einem Ausmaß, das keinen Anlass für Interessenkonflikte gibt. Fragliche Fälle dieser Art sind dem Generalsekretär zu melden.

Direktoren müssen sich bei öffentlichen Statements bewusst sein, dass sie in den Augen der Öffentlichkeit Bankfunktionäre sind und daher vorsichtig formulieren. Sprechen sie in persönlicher Kapazität, müssen sie dies offenlegen. Im persönlichen Umgang mit Management und Staff der Bank haben Direktoren mit Respekt und Würde zu agieren und diskriminatorisches und abfälliges Verhalten zu vermeiden. Jegliche Diskriminierung ist verboten.

Nach Beendigung der Direktorenschaft muss ein Direktor ein Jahr warten, bevor er sich in der Bank selbst bewerben kann und darf auch in anderen Institutionen ein Jahr lang keine die Bank betreffenden Aktivitäten setzen, außer er ist in öffentlichen oder internationalen Institutionen tätig. Ausnahmen können von einem Conduct Committee genehmigt werden. Interventionen bei Personalentscheidungen und Beschaffungskontrakten sind verboten.

Der Verhaltenskodex wird von einem Conduct-Komitee, bestehend aus sechs Direktoren, implementiert und überwacht, welches vom Verwaltungsrat bestellt wird.

2.2.3 Verwaltungsratkodex der Afrikanischen Entwicklungsbank (Fassung 2007)

Eingangs erwähnt der Kodex, dass die Board Directors mit der täglichen Geschäftsführung der Bank betraut sind, beauftragt von den Gouverneuren, und dass sie daher eine strategische Position bezüglich des Mandats der Bank einnehmen. Daher müssen Direktoren die höchsten Standards von Loyalität, Kompetenz und Integrität bei der Erfüllung ihrer Aufgaben wahrnehmen. Der Kodex gilt für Direktoren, ihre Stellvertreter, Berater und Assistenten. Wichtig ist die Loyalität zur Bank, die die gesamte Aufmerksamkeit und Arbeitszeit der Direktoren erfordert. Es besteht Anwesenheitspflicht, Abwesenheit bedarf der Bewilligung des Boards. Management und die Angestellten der Bank sind mit Respekt und Höflichkeit zu behandeln und deren professionelle Integrität ist zu respektieren.

Der Kodex legt speziell fest, dass Direktoren legitimerweise Fragen über die geographische Verteilung der Bankmittel, Rekrutierung und behauptete unfaire Behandlung von Geschäftspartnern aus ihrer Stimmrechtsgruppe stellen dürfen, sie dürfen jedoch nicht in die konkrete Behandlung solcher Beschwerden eingreifen. Sie dürfen auch keine bevorzugte Behandlung für private oder öffentliche Einheiten aus ihrer Stimmrechtsgruppe verlangen. Direktoren ist es verboten, in die internen politischen Angelegenheiten von Mitgliedsländern einzugreifen, jedoch können Fragen der Good Governance in Mitgliedsländern von Direktoren diskutiert werden.

Direktoren dürfen während ihrer Amtszeit nicht an (partei-)politischen Aktivitäten ihres Heimatlandes (oder anderer Länder) teilnehmen, da dies die Reputation der Bank beeinflussen könnte. Öffentliche Statements müssen die Interessen der Bank berücksichtigen.

Interessenkonflikte sind zu vermeiden v.a. der Anschein, dass die Position zu persönlichem Gewinn missbraucht wird, Bevorzugung von Personen/Firmen gewährt wird, die Effizienz der Bank eingeschränkt und die Unparteilichkeit gefährdet wird. Im Fall einer solchen Handlung ist das Ethikkomitee schriftlich zu informieren und der Direktor muss sich entschlagen. In Zweifelsfällen ist das Ethikkomitee um Rat zu fragen. Finanzielle Interessen sind zu deklarieren, finanzielle Interessen bei Geschäften der AfDB sind verboten. Geschenkannahme ist nur in kleinem Rahmen erlaubt. Direktoren und ihre Stellvertreter dürfen zwei Jahre nach Beendigung ihrer Tätigkeit nicht in der Bank arbeiten, Berater ein Jahr lang.

Das Ethikkomitee ist mit der Durchführung und Überwachung des Kodex betraut und macht im konkreten Fall Vorschläge an den Verwaltungsrat bezüglich Verwarnungen, Berichten an den zuständigen Gouverneur oder anderer Sanktionen.

2.2.4 Verwaltungsratkodex der Asiatischen Entwicklungsbank

Der Kodex gilt für Direktoren, Stellvertreter und den Präsidenten der ADB. Diese müssen die höchsten Standards bezüglich Integrität im persönlichen und professionellen Verhalten einhalten. Sie (und Beschäftigte) dürfen nicht in interne politische Angelegenheiten der Mitgliedsländer eingreifen und sich in ihren Entscheidungen nicht von den politischen Verhältnissen des Landes beeinflussen lassen. Sie dürfen keinen persönlichen Vorteil aus ihrer Tätigkeit ziehen und müssen Interessenkonflikte oder deren Anschein vermeiden. Sollte ein gegenteiliger Fall eintreten, ist sofort der Vorsitzende des Ethikkomitees schriftlich zu benachrichtigen und muss sich der Betroffene entschlagen.

Grundsätzlich sollen die Betroffenen keinerlei finanzielle Interessen an der Bank bzw. deren Aktivitäten haben, doch können sie aus Investitionsgründen Aktien der Bank halten, jedoch nicht kurzfristig mit ihnen handeln (6-Monatsfrist). Die Verwendung von Insiderinformation zu persönlichem Gewinn ist verboten.

Direktoren und deren Stellvertreter dürfen ein Jahr nach Beendigung ihrer Tätigkeit nicht in der ADB arbeiten. Informationen sind vertraulich zu behandeln, wenn öffentliche Statements abgegeben werden, ist klarzumachen, ob dies in persönlicher oder öffentlicher Funktion geschieht. Jedenfalls sind die Interessen der ADB zu berücksichtigen. Geschenkannahme ist nur in kleinem Ausmaß erlaubt, jeder Eindruck von Beeinflussung ist zu vermeiden.

Management und Staff sind mit Respekt zu behandeln, selbstverwaltete Budgets sparsam zu verwenden und Aufsicht über zu verwaltende Angelegenheiten zu führen. Eigentum der Bank ist nur für Bankzwecke zu verwenden.

Ein Ethikkomitee überwacht und implementiert diesen Kodex. Es besteht aus fünf Direktoren/Stellvertretern, welche für zwei Jahre bestellt sind. Genaue Bestimmungen für Klarstellungswünsche und die Behandlung von behaupteten Missbrauchsfällen bestehen.

2.2.5 Verhaltenskodex für Direktoren der EBRD (Fassung 2006)

Der Kodex gilt für Direktoren, Alternates und Berater, sowie indirekt in Einzelbereichen auch für Familienmitglieder. Die Verpflichtungen beziehen sich auf Integrität, Unparteilichkeit und Diskretion. Bei allen Aktivitäten ist auf den Ruf der Bank Rücksicht zu nehmen und hohe Standards des Verhaltens sind einzuhalten. Interessenkonflikte zwischen persönlichen und offiziellen Angelegenheiten und deren Anschein sind zu vermeiden. Im Falle von Konflikten hat sich der Betroffene zu entschlagen, in Zweifelsfällen ist der Chief Compliance Officer zu konsultieren.

Der Kodex enthält eine sehr detaillierte Liste von Verboten betreffend bezahlte Tätigkeiten außerhalb der Bank. Ausnahmen kann das Code of Conduct Committee gewähren, welches darauf zu achten hat, dass vom zeitlichen Aufwand und potenziellen Interessenkonflikten her das Ansehen der Bank gewahrt bleibt. Nur angemessene Reise- und Aufenthaltsspesen dürfen für solche Tätigkeiten bezahlt werden. Keine Zustimmung ist erforderlich für freiwillige Tätigkeiten bei NGOs, Tätigkeiten im Auftrag der entsendenden Behörde und für Lehr- und Publikationstätigkeiten, wenn diese nicht den Interessen der Bank widersprechen (sowohl vom Inhalt als auch vom Zeitaufwand). Teilnahme an der Ausübung der demokratischen Rechte im eigenen Land ist erlaubt; bei Annahme eines öffentlichen Amtes muss die Bankfunktion jedoch aufgegeben werden.

Als Bankfunktionär hat man sich für drei Jahre von Geschäftskontakten mit früheren Arbeitgebern zu entschlagen; im Falle eines Angebots einer künftigen Beschäftigung außerhalb der Bank ist ebenfalls Entschlagung erforderlich. Dies gilt nicht, wenn man zu seinem früheren öffentlichen Arbeitgeber zurückkehrt. Bei einem künftigen Arbeitgeber außerhalb der Bank besteht für ein Jahr das Verbot, in Geschäftsbeziehungen mit der EBRD zu treten; eine Abkühlungsphase von einem halben Jahr ist für eine künftige Arbeitsaufnahme in die EBRD vorgesehen.

Geschenkannahme ist grundsätzlich verboten, da es den Ruf der EBRD schädigen könnte. Ausnahmsweise können Geschenke etc. im Wert von bis zu einhundert britische Pfund angenommen werden. Größere Geschenke sind dem Chief Compliance Officer zu übergeben, bzw. ein Scheck im Wert des Geschenkes.

Private Finanzgeschäfte dürfen getätigt werden, allerdings muss das Interesse der EBRD immer im Auge behalten werden. Insiderinformation darf nicht verwertet werden. Kurzfristige Handelsgeschäfte mit Wertpapieren der EBRD sind verboten, ebenso der Erwerb von Wertpapieren von Klienten der Bank. Die finanziellen Interessen des Direktors etc. sowie der engsten Familienmitglieder sind bei Eintritt in die Bank und jeden 31. Dezember eines Jahres schriftlich beim Chief Compliance Officer zu deklarieren. Bankeigentum ist nur widmungsgemäß zu verwenden.

Direktoren unterstützen den Whistlebower-Mechanismus; der Chief Compliance Officer muss außer bei kleineren Vergehen sofort informiert werden, wenn ein Verpflichteter festgenommen, angeklagt oder verurteilt wird.

Das Code of Conduct Committee besteht aus allen Direktoren unter der Leitung des Präsidenten und interpretiert und implementiert den Verhaltenskodex, gewährt in angeführten Fällen Ausnahmen und untersucht Missbrauch in vermuteten Fällen durch die Board Mitglieder, Vizepräsidenten und den Chief Evaluator. Für Fälle, in denen eine Zustimmung des Komitees erforderlich ist, ist zuerst beim Präsidenten der Fall mit Argumenten schriftlich einzubringen, der dies mit dem Einbringer diskutiert und dann dem Chief Compliance Officer (CCO) weiterleitet, der seine Meinung äußert. Der Präsident hat auch den Chief Legal

Counsel (CLC) zu konsultieren. Die Meinungen von CCO and CLC werden dann dem Komitee zur Entscheidung weitergeleitet.
Bei vermutetem Missbrauch wird zuerst der CCO feststellen, ob eine Untersuchung eingeleitet werden soll oder nicht. Diese wird von einem extern bestellten Investigator durchgeführt, der einen schriftlichen Bericht erstellt. Der CCO entscheidet, ob weiter untersucht werden soll; wenn ja, wird der zu Untersuchende zur Stellungnahme aufgefordert, welche gemeinsam mit dem Bericht an den Präsidenten geht. Dieser berichtet im Missbrauchsfall an den entsendenden Gouverneur, der (bei Direktoren) über die weitere Vorgangsweise entscheidet, bei anderen Personen an den Direktor, welcher gemeinsam mit seinem Gouverneur entscheidet. Der Kodex ist innerhalb von fünf Jahren zu überprüfen.

2.2.6 Wertende Zusammenfassung der einzelnen MDB Kodizes

In weiten Bereichen entsprechen die Kodizes einander. Alle legen ähnlichen Wert auf sehr hohe Integritätsstandards und die Vermeidung von Konflikten mit Privatinteressen. Unterschiedliche Schwergewichte legen die Kodizes auf Verhaltensstandards innerhalb der jeweiligen Bank, auf die Möglichkeit, mit Wertpapieren der jeweiligen Bank zu handeln und auf die Warte- und Abkühlungsperioden für eventuelle Weiterbeschäftigung in der Bank nach Beendigung der Tätigkeit als Direktor bzw. Boardmitglied.
Bezüglich der Verfahren bei Fehlverhalten ist die EBRD am explizitesten. Einige Banken erwähnen Anwesenheitspflicht und die Notwendigkeit, die volle Arbeitskraft in den Dienst der Bank zu stellen, anderen scheint dies nicht so wichtig oder selbstverständlich.
Da alle Verhaltenskodizes erst in den letzten Jahren neu formuliert wurden, sind ihre geforderten Integritätsstandards sehr ähnlich. Es fällt auf, dass in keinem der Kodizes Schulungs- oder Nachschulungspflichten für die Boardmitglieder enthalten sind. Als Fazit ist zu ziehen, dass alle MDB sehr hohe Standards für Integrität aufweisen und damit Vorbildwirkungen für andere nationale und internationale öffentliche Institutionen einnehmen.

3 Antikorruptions-Aktivitäten am Beispiel der EBRD

Im Jahr 2009 hat der Verwaltungsrat der EBRD eine Integritäts-Risikopolitik beschlossen, welche für die Stakeholder der Bank die Prinzipien und Verfahren beschreibt, mittels derer ihre Integrität und Reputation geschützt wird und die Integritätsrisiken gegenüber Klienten und Personal gemanagt werden. Darüber hinaus wurde eine Richtlinie über *politisch exponierte Personen* (PEP) beschlossen, welche bezüglich der einschlägigen Reputationsrisiken eine vertiefte Due-Diligence-Prüfung bei relevanten Projekten vorsieht. Weiters wurde 2010 eine Politik bezüglich *Steueroasen* erlassen, welche für EBRD-finanzierte Projekte die von der OECD *Financial Action Task Force* (FATF) kompilierten Listen verwendet. Ebenso wurden 2009 eine neue Enforcement-Policy bzw. ein Enforcement-Verfahren beschlossen, welche das Verfahren bei Vorliegen von Anschuldigungen von Betrug, Korruption, illegalen Absprachen (bei Ausschreibungsverfahren) oder Druck regelt, sowie der neue Project Complaint Mechanismus für Projekt-Stakeholder eingeführt.

Das Büro des Chief Compliance Officers war in 1035 Transaktionen mit Integritäts-Konsultationen involviert (bei 385 Einzelprojekten), wobei etwa 20 vorgeschlagene Projekte aus Integritätsgründen nicht weiter verfolgt wurden. Alle Bankangestellten nahmen an einem halbtägigen Kurs über internationale Best Practices bezüglich Geldwäsche- und Terrorismus-Finanzierung und EBRD Integritäts-Due-Diligence-Richtlinien teil. Eine ganze Reihe von Workshops für Angestellte wurde durchgeführt, sowie Ausbildungen für Aufsichtspersonen, die in Kapitalbeteiligungen der EBRD tätig sind.

Auch außerhalb der Bank wurden in einigen Klientenländern diverse Workshops zu Integritäts- und Compliance-Fragen durchgeführt, vor allem mit beteiligten Banken. Ebenso waren EBRD-Angestellte bei internationalen Treffen zur Abstimmung und Harmonisierung von Integritäts-Standards und Aktivitäten anwesend.

Im Laufe des Jahres 2009 erhielt der Chief Compliance Officer zehn Berichte über vermeintliche unerlaubte Praktiken. Drei davon bezogen sich auf mögliche Interessenkonflikte zwischen privaten und beruflichen Interessen, drei weitere auf möglichen Betrug bezüglich der Nebenleistungen bzw. Zuschüssen der Bank zum Gehalt, und drei auf Harassment- und Bullying-Anschuldigungen durch jeweilige Vorgesetzte. Nach einer Erstuntersuchung wurden acht Anschuldigungen ad acta gelegt (sowie eine weitere nach einer zweiten Untersuchung) und eine wurde dem zuständigen Vizepräsidenten für etwaige disziplinarische Maßnahmen vorgelegt, jedoch nicht weiter verfolgt.

Bezüglich externen Vorwürfen wurden sieben Vorwürfe wegen Verstoßes gegen die Beschaffungsrichtlinien der Bank und sieben weitere wegen behaupteter Verstöße bei Privatsektoroperationen eingebracht. Nach Erstuntersuchung wurden nur zwei Anzeigen weiter verfolgt, wobei eine bezüglich Ausschreibungsverfahren nach erneuter Untersuchung mangels feststellbarer Absprachen eingestellt wurde und eine weitere derzeit noch untersucht wird.

Per Ende Oktober 2010 enthält die EBRD-Liste von möglichen Counterparties, mit denen die EBRD aus Integritätsgründen keine Geschäfte machen darf, keine Eintragung. Dies gilt auch für eventuell von anderen MDB ausgeschlossene Unternehmen.

Literatur

Bardhan, Pranab (1997). The Economics of Corruption in Less Developed Countries: A Review of Issues, in: JEL, Vol. 35, 1320–1346.
Bracking, Sarah (Ed.) (2007). Corruption and Development, London.
de Tray, Dennis (2006). Corruption and Development: An Impolitic View. Center for Global Development, Washington, D.C.
EBRD (2010). Anti-corruption Report 2009. London.
Huntington, Samuel P. (1968). Modernization and Corruption. Political Order in changing Societies, New Haven, 59–71.
OECD (2005). Paris Declaration for Aid Effectivness, Paris.
Transparency International (2010). Transparency International Progress Report 2010: Enforcement of the OECD Anti-Bribery Convention, Berlin.
Washington Post (2010). Study: Corruption Alive and Well in Legal Systems Across the Globe, Internet: http://blogs.wsj.com/law/2010/10/04/study-corruption-alive-and-well-in-legal-systems-across-the-globe (Zugriff: 10.11.2010).

II. Beiträge aus der Wissenschaft

Korruption und Demokratie –
Perspektiven der Politikwissenschaft

Dorothée de Nève[1]

Abstract

In Bezug auf die westeuropäischen Länder herrschte die Meinung vor, sie seien korruptionsfrei. Mittlerweile wurde allerdings die Notwendigkeit erkannt, die Verbreitung von Korruption auch in Bezug auf etablierte Demokratien sowie deren Wirkung auf die Qualität demokratischer Herrschaft und Prozesse zu untersuchen. In diesem Beitrag wird das Ziel verfolgt, die Gefährdungspotenziale von Korruption in demokratischen Systemen systematisch darzustellen. Dazu wird nach einem kurzen Abriss über die Problematik der Begriffsbestimmung von Korruption ein politikwissenschaftlicher Korruptionsbegriff vorgeschlagen und anhand der Darstellung der unterschiedlichen Verbreitung von Korruption in demokratischen Systemen Brüche und Parallelitäten aufgezeigt. Aufbauend auf Olteanu (2010) und Merkels (1999) Analyse politischer Systeme wird anschließend die Wirkung von Korruption auf die Demokratie als Herrschaftssystem bzw. auf demokratische Prozesse analysiert. So kann gezeigt werden, dass durch Korruption erhebliche Kosten für die Allgemeinheit entstehen und demokratische Normen und Regeln gefährdet werden.

1 Einleitung

Die aktuelle Berichterstattung über immer zahlreichere Korruptionsfälle in etablierten Demokratien hat die Wahrnehmung der Korruption in der Öffentlichkeit und Wissenschaft verändert. Lange Jahre galt Korruption als Problem instabiler Regime und skrupelloser Herrscher autokratischer Systeme. Berichte über verschwundene Millionen des Marcos-Regimes auf den Philippinen (Preuß 1987) oder des Diktators Jean-Claude Duvalier („Baby Doc") in Haiti (Spiegel Online, 3.3.2010) sowie die endemische Korruption in Ländern Afrikas und Zentralasiens, jedoch auch in Russland und China bestätigten dieses Bild. In Bezug auf die westeuropäischen Länder herrschte hingegen die Meinung vor, sie seien korruptionsfrei bzw. es handle sich um ein Phänomen unredlicher EinzeltäterInnen. Korrupte Deals europäischer Unternehmen, die Geschäfte im Ausland abwickelten, wurden als notwendiges Übel im Wettbewerb um Aufträge

---

[1] Ich danke Tina Olteanu für die zahlreichen Diskussionen über Korruption und Demokratie, die wir in den vergangenen Jahren geführt haben. Viele der Ideen, die in diesen Beitrag mit eingingen, sind in diesen gemeinsamen Gesprächen entstanden. Ich danke außerdem Tina Musil und Ute Kernler für ihre Unterstützung bei der Überarbeitung des Manuskriptes.

erachtet und konnten als sogenannte nützliche Aufwendungen steuerlich abgesetzt werden (Wassermann 2003). Mittlerweile wurde allerdings die Notwendigkeit erkannt, die Verbreitung von Korruption auch in Bezug auf etablierte Demokratien sowie deren Wirkung auf die Qualität demokratischer Herrschaft und Prozesse mit zu untersuchen. Eine Studie des Europarates weist u.a. darauf hin, dass Korruption auch in Europa Ergebnisse von Wahlen und den Verlauf von Transformationsprozessen beeinflusse sowie demokratische Grundprinzipien gefährde (Seger 2008: 32). Zu dieser veränderten Wahrnehmung haben nicht zuletzt die unermüdliche Arbeit von Transparency International (TI) seit 1993 sowie die aufmerksame Berichterstattung in den Medien beigetragen. Dieser neue Trend der Wahrnehmung von Korruption in Demokratien schlägt sich nunmehr auch in verschärften Rechtsnormen, neuen Antikorruptionsregimen und internationalen Abkommen sowie in der aktuellen Debatte um Demokratiemessung (Bühlmann/Merkel/Wessels 2007: 34), jedoch auch in neueren politikwissenschaftlichen Publikationen zu Korruption und Demokratie nieder (Anderson/Tverdora 2003; Olteanu 2010; Warren 2004).[*] In diesem Kontext verortet sich auch der nachfolgende Beitrag, der das Ziel verfolgt, die Gefährdungspotenziale von Korruption in demokratischen Systemen systematisch darzustellen. Dieser Darstellung vorangestellt werden nun zunächst Teilkapitel zur Problematik der Begriffsbestimmung beziehungsweise zur Virulenz der Korruption in demokratischen Systemen.

2 Korruption

Die bisherige Tradition der Beschäftigung mit Korruption in Wissenschaft und Politik hat auch das Begriffsverständnis geprägt. Häufig finden sich Verweise auf den lateinischen Begriff *corrumpere*, der mit verderben, vernichten, zugrunde richten, zerstören, beschädigen, (ver)fälschen, herunterbringen, verfallen und bestechen übersetzt wird (Alemann 2005: 16; Menge 1982: 139). Dieses Begriffsverständnis findet sich in drastischen Vergleichen mit Krankheiten und Naturphänomenen wieder, in denen Korruption als Krebsgeschwür bezeichnet wird, von einem inneren Fäulnisprozess von Gesellschaften und Systemen oder einem Korruptionssumpf die Rede ist (Bolesch 2004; Roth 1995). Diese Vergleiche dienen vor allem dazu, einen pathologischen Zustand und einen Werte- und Sittenverfall zu problematisieren. Miller geht gar so weit, Korruption nicht als eine „[...] bestimmte, besonders geartete Handlung, sondern vor allem [als] einen Geisteszustand [...]" zu beschreiben (Miller 1928: 12). In der rechtswis-

---

[*] Siehe dazu auch den Beitrag von Tina Olteanu in diesem Band.

senschaftlichen Forschungsliteratur findet der Begriff der Korruption bislang überraschenderweise keine Verwendung. Stattdessen werden im Strafrecht spezifische Formen wie Bestechung, Bestechlichkeit, Vorteilsnahme und Vorteilsgewährung definiert (§§ 331ff. dStGB sowie §§ 298ff. dStGB). Dieses Begriffsverständnis ist entsprechend eng und grenzt derartige Delikte präzise von anderen Formen des Unrechts ab.

Inzwischen hat die Definition von TI in die Forschungsliteratur Eingang gefunden. TI definiert Korruption als Missbrauch anvertrauter Macht zum privaten Nutzen oder Vorteil (Transparency International Deutschland e.V.). In den vergangenen Jahren wurde diese Begriffsdefinition jedoch oft kritisiert. Insbesondere zwei Kritikpunkte erscheinen besonders wichtig: Erstens unterscheidet diese Definition Korruption nicht trennscharf genug von anderen Formen des Unrechts. Denn nicht jede Form von Missbrauch anvertrauter Macht ist Korruption, manchmal handelt es sich z.B. schlicht um Diebstahl oder um Erpressung.[2] Zweitens dient Korruption nicht zwingend dem privaten Vorteil. Oft profitieren Dritte, z.B. Parteien oder Unternehmen von einem korrupten Deal.[3] Vor dem Hintergrund der häufig wiederholten Kritik an dieser Definition (Alemann 2005: 19; Moroff 2004) ist deren breite Rezeption umso erstaunlicher, handelt es sich doch um ein Begriffsverständnis, das sich zwar für eine politische Auseinandersetzung um das viel zu lange kaum beachtete Phänomen der Korruption eignet, jedoch kaum für eine politikwissenschaftliche Analyse.

Insofern gilt es einen anderen und zugleich engeren Korruptionsbegriff zu verwenden, der den für die Politikwissenschaft relevanten Bezug zur Demokratie herstellt. Korruption wird im Folgenden als eine (i) geheime und (ii) freiwillige Tauschbeziehung zwischen (iii) mindestens zwei Akteuren definiert, die zur (iv) Erlangung von Vorteilen angelegt ist und mit (v) der Verletzung bestehender

---

2 Diese Tatsache wird u.a. auch darin erkennbar, dass TI im eigenen Pressespiegel über eine große Bandbreite von Fällen berichtet, siehe Pressespiegel von Transparency International Deutschland e.V.

3 TI hat inzwischen auf die kritische Debatte der vergangenen Jahre reagiert und ergänzt deshalb auf den eigenen Websites die Definition mit zusätzlichen Hinweisen: „In den 90er Jahren standen verschiedene Formen und Ausprägungen der Korruption im öffentlichen Bereich im Vordergrund der Debatte, z.B. Bestechung und Bestechlichkeit in der öffentlichen Verwaltung, bei der Vorbereitung von Gesetzen und Regulierungen oder beim Einfluss auf politische Entscheidungen. Genauso befasst sich TI inzwischen mit der Korruption, bei welcher der private Sektor die Hauptrolle spielt, z.B. Korruption zwischen Firmen ('privat-zu-privat') und Geldwäsche. Im öffentlichen wie im privaten Sektor fokussiert TI genauso auf die gebende wie auf die nehmende Hand." (Transparency International Deutschland e.V.). Eine weitere Anmerkung zu dieser Debatte findet sich auch auf der Website des internationalen Büros von TI: "TI further differentiates between 'according to rule' corruption and 'against the rule' corruption. Facilitation payments, where a bribe is paid to receive preferential treatment for something that the bribe receiver is required to do by law, constitute the former. The latter, on the other hand, is a bribe paid to obtain services the bribe receiver is prohibited from providing" (TI).

Normen und Regeln einhergeht. Durch Korruption entstehen (vi) Kosten für (unbeteiligte) Dritte bzw. das Gemeinwohl (vgl. de Nève 2007: 22; de Nève/Olteanu 2010; Olteanu 2010: 35). Gerade die Merkmale der *Geheimhaltung* und der *Freiwilligkeit* sind in diesem Definitionsansatz wichtig, um Korruption von anderen Tauschbeziehungen zu unterscheiden. Bei Sponsoring handelt es sich beispielsweise im Gegensatz zu Korruption um eine Tauschbeziehung zwischen Akteuren, bei der es zentral darum geht, Öffentlichkeit herzustellen. Der Sponsor stellt Ressourcen zur Verfügung und erhält im Tausch direkte oder indirekte Werbemöglichkeiten, die dem eigenen Image zuträglich sind. Bei einem korrupten Deal werden hingegen Dritte und die Öffentlichkeit bewusst ausgeschlossen. Die Geheimhaltung kann sich dabei auf die gesamte Tauschbeziehung oder einzelne Teilaspekte des Tauschs beziehen (Olteanu 2010: 35f.). Auch das Moment der Freiwilligkeit ist wichtig, um Korruption von anderen Handlungen wie etwa Erpressung zu unterscheiden. Bei einem korrupten Deal verständigen sich die beteiligten Akteure freiwillig über ein Tauschgeschäft, den Preis und die Bedingungen des Handels. Zwar kann durch bestimmte Sachlagen oder gewachsene Korruptionsbeziehungen ein subjektiver Druck entstehen, dass sich Akteure auf einen Deal einlassen.[4] Dennoch haben Akteure stets eine Exit-Option, was beispielsweise bei Erpressung nicht der Fall ist.[5] Bei Korruption handelt es sich außerdem um eine Tauschbeziehung zwischen mehreren Akteuren, die unterschiedliche Güter tauschen. Diese Definition erlaubt es also auch, Korruption von anderen Delikten wie Raub, Diebstahl, Veruntreuung und Missbrauch zu differenzieren, bei denen Güter zweckentfremdet verwendet bzw. angeeignet werden.

Zimmerling (2005: 87) unterscheidet in ihrer Typologie unterschiedliche *Akteurskonstellationen* in denen diese korrupten Transaktionen stattfinden: Als korruptes Paar bezeichnet Zimmerling eine korrupte Tauschbeziehung zwischen zwei Akteuren (Korrumpeur und Korrumpierter). In einem korrupten Dreieck hingegen, in dem von den unmittelbaren Vorteilen des Deals Dritte profitieren, handelt entweder der Korrumpierte oder der Korrumpeur altruistisch. Ähnliche Motivationsstrukturen liegen einem korrupten Viereck zugrunde, in dem sich zwei Akteure auf eine korrupte Tauschbeziehung einlassen, in der zwei andere Akteure jeweils profitieren. In korrupten Netzwerken finden sich diese unterschiedlichen hier beschriebenen Akteurskonstellationen in vielfältigen Verknüpfungen und Überschneidungen, die zu wechselseitigen Tauschbeziehungen und Abhängigkeiten führen. Darüber hinaus agieren so genannte Korruptionsmakler,

---

4 Siehe *Transaktionskosten* S. 142.
5 Etwa bei Schutzgelderpressung in der Gastronomie oder bei Zahlungen von Geldern im Gesundheitswesen (vgl. Nitschmann 2009; Hamburger Abendblatt, 7.2.2007; Der Spiegel 36/1993, 6.9.1993; Focus Magazin 14/1999, 3.4.1999).

die zwischen Akteuren vermitteln, die Interesse an korrupten Transaktionen hegen. Die Vorteile und Gewinne, die durch korrupte Tauschgeschäfte erzielt werden, sind ebenfalls vielfältiger Natur. Neben materiellen und geldwerten Profiten handelt es sich auch um immaterielle Vorteile, z.B. Werte, Reputation etc.

Die hier formulierte Definition des Korruptionsbegriffs geht weiter davon aus, dass bestehende Normen und Regeln verletzt werden. Das heißt, es handelt sich entweder um Verletzungen von Normen und Regeln, die als gesellschaftlich anerkannt gelten, oder Akteure nehmen Handlungen vor, zu denen sie nach den Regeln des betreffenden normativen Systems nicht autorisiert sind (Zimmerling 2005: 79). Dieses Begriffsverständnis geht also über die engen Grenzen des Strafrechts hinaus, denn spezifische Handlungen können durchaus als illegitime Normverletzungen gelten, obwohl sie nicht strafbar sind.[6] Für die politikwissenschaftliche Forschung geht es hierbei allerdings nicht nur um eine moralische Frage, sondern auch um die Verletzungen relevanter demokratischer Grundprinzipien.[7]

Die letzte ebenfalls wichtige Facette dieser Korruptionsdefinition ist jene der Kosten, die über die unmittelbaren, gelegentlich durchaus auch hohen Aufwendungen der Akteure selbst weit hinausreichen. Für Dritte, die beispielsweise als Konkurrenten in einem Wettbewerb von den Folgen des korrupten Deals direkt betroffen sind, und unbeteiligte Akteure entstehen aufgrund der Transaktionskosten direkte und indirekte Belastungen. Letztlich verursachen korrupte Deals jedoch Kosten, die dem Gemeinwohl schaden.[8] Die Tatsache übrigens, dass es bei Korruption nicht nur um eine Handlung zwischen unmittelbar Beteiligten geht, sondern durch diese Transaktionen auch vielfältige Kosten für Dritte und das Gemeinwohl entstehen, wird inzwischen auch in zahlreichen anderen Korruptionsdefinitionen thematisiert. Schuller spricht in diesem Kontext davon, dass eine sachgerechte, rationale Ausübung bestimmter Aufgaben durch private Interessen verfälscht werde (Schuller 2005: 56). Auch Bannenberg und Schaupensteiner definieren Korruptionsdelikte als Verhaltensweisen, „[...] bei denen sich Personen mit öffentlichen und privaten Aufgaben auf Kosten der Allgemeinheit als unangemessen bewertete Vorteile verschaffen" (Bannenberg/Schaupensteiner 2004: 25).

---

6 In Deutschland ist beispielsweise nur Stimmenkauf von Abgeordneten im Kontext von Wahlen und Abstimmungen strafrechtlich relevant (§ 108e dStGB). In der Wahrnehmung der BürgerInnen wird freilich jedoch jede Zahlung an Abgeordnete, unabhängig davon, ob sie in einem klaren Zusammenhang mit Wahlen und Abstimmungen erfolgt, als Normverletzung erachtet.
7 Siehe Kapitel 4 „Korruption und Demokratie", S. 137ff.
8 Siehe *Demokratie* S. 138ff.

Auf Basis dieser Definition von Korruption lässt sich die Wirkung von Korruption auf die Demokratie als Herrschaftssystem bzw. auf demokratische Prozesse darstellen. Im Folgenden wird zunächst jedoch die Verbreitung von Korruption erörtert.

3 Virulenz der Korruption in demokratischen Systemen

Wenn in Studien das Ausmaß der Korruption in verschiedenen Ländern untersucht wird, geht es meist um den Vergleich zwischen demokratischen und nichtdemokratischen Systemen (Chowdhury 2004; Treisman 2000), Obwohl die Ergebnisse eindeutig zeigen, dass Korruption in autoritären und hybriden Regimen weit verbreitet ist und in Ländern wie Somalia, Myanmar, Afghanistan, Irak, Usbekistan, Turkmenistan und Sudan dramatische Ausmaße erreicht, ist in Bezug auf die Verbreitung von Korruption in demokratischen Systemen keine Entwarnung angesagt. Denn auch in demokratischen Systemen ist Korruption durchaus virulent. Außerdem ist die von TI gemessene Wahrnehmung der Korruption in Demokratien sehr unterschiedlich: Für Dänemark und Neuseeland wurden 2010 Indexwerte von 9,3 berechnet, für Länder wie Italien, Brasilien, Rumänien und Bulgarien lagen die Werte auf der Skala jedoch unter 4 (CPI 2010).[9][*]

Korrupte Deals sind also auch in demokratischen Systemen gängig und das Ausmaß der (wahrgenommenen) Korruption ist im Ländervergleich sehr unterschiedlich. Dabei zeigt sich allerdings ein klarer Zusammenhang zwischen der Qualität der Demokratie und dem Ausmaß der Korruption (Abbildung 1).

Den Berechnungen hier wurde einerseits der *Corruption Perception Index* (CPI) (CPI 2009) von TI, andererseits der *Demokratieindex* von The Economist zugrunde gelegt. Der Demokratieindex basiert auf fünf Kriterien zur Messung der Qualität der Demokratie: (i) der Qualität von Wahlen und Pluralismus, (ii) den bürgerlichen Freiheitsrechten, (iii) der Funktionsfähigkeit der Regierung, (iv) der politischen Partizipation und (v) der politischen Kultur (The Economist 2008). In dieser Grafik wurden alle europäischen Länder sowie Japan und die USA mit abgebildet, die nach diesem Demokratieindex als funktionierende De-

---

9 Der Corruption Perception Index (CPI) beruht auf Umfragen, in denen Geschäftsleute und ExpertInnen zu ihrer Wahrnehmung der Verbreitung von Korruption bei AmtsträgerInnen, PolitikerInnenn befragt werden. Der Punktwert eines Landes (0 bis 10) gibt das wahrgenommene Korruptionsniveau im öffentlichen Sektor an. Nähere Informationen zur Methodik des CPI finden sich bei TI unter:
http://www.transparency.org/policy_research/surveys_indices/cpi/2010/in_detail (4.4.2011).

* Kritische Anmerkungen sind im Beitrag von Matthias Pázmándy in diesem Band zu finden.

mokratien bezeichnet werden (Indexwerte ≥ 7). Die Grafik visualisiert einen sehr eindeutigen Trend: In Ländern mit einer hohen Qualität der Demokratie gibt es kaum Korruption (z.B. Schweden). Gleichzeitig ist in anderen Ländern die Qualität der Demokratie gering, das Ausmaß der wahrgenommenen Korruption jedoch hoch (z.B. Rumänien).

Abbildung 1: Wahrnehmung der Korruption und Qualität der Demokratie

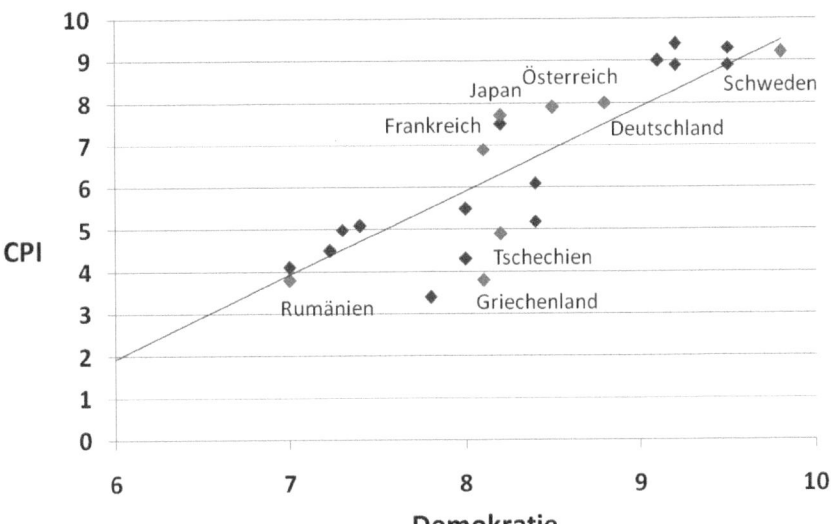

Quellen: Corruption Perception Index (CPI) 2009; The Economist (2008) Democracy Index; eigene Darstellung.

Diese plausible Interpretation der Ergebnisse greift jedoch letztlich zu kurz: Der Vergleich von Japan und Tschechien zeigt etwa, dass für beide Länder zwar dieselbe Qualität der Demokratie gemessen wird (Demokratieindex = 8,2), in Japan (CPI = 7,7) jedoch ein weitaus geringeres Ausmaß der Korruption wahrgenommen wird als in Tschechien (CPI = 4,9). Gleiches gilt für die Fallbeispiele Frankreich und Griechenland. Das heißt, die Zusammenhänge sind nicht so simpel, wie gelegentlich vermutet wird. Im Hinblick auf die Diskussion um Korruptionsbekämpfung und den vermeintlich kausalen Zusammenhang von Korruption und Demokratie kann folglich nicht davon ausgegangen werden, dass die Etablierung demokratischer Standards gewissermaßen automatisch die Korruption verringern oder aber die Bekämpfung von Korruption automatisch die (messbare Qualität der) Demokratie verbessern wird.

Diese Problematik wiegt vor dem Hintergrund offensichtlicher Probleme der Korruptionsmessung umso schwerer. Österreich gehört beispielsweise zu jenen Ländern (siehe Abbildung 1), in denen der Wert für die Qualität der Demokratie sehr hoch ist (Democracy Index = 8,5) und gleichzeitig ein vergleichsweise geringes Maß an Korruption wahrgenommen wird (CPI = 7,9). Diese Befunde bestätigen sich jedoch in Bevölkerungsumfragen nicht, denn viele BürgerInnen in Österreich bezeichnen die Korruption in ihrem Land durchaus als relevantes Problem (Abbildung 2): 12,3 % der Befragten stimmen der Aussage zu, dass Korruption in Österreich ein gravierendes Problem sei. Weitere 31,1 % der Befragten stimmen dieser Aussage tendenziell ebenfalls zu.

Abbildung 2: Korruption ist ein großes Problem in Österreich

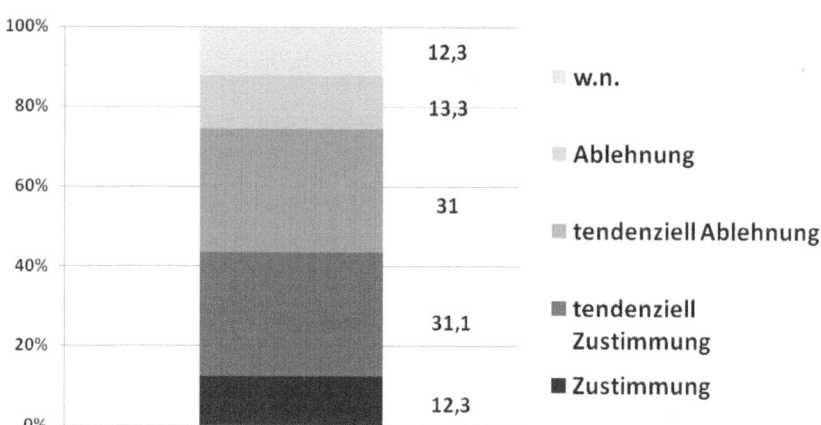

Quelle: Eurobarometer 64.3 (2006); N = 1002; eigene Berechnungen.

Das heißt, das Ausmaß der Korruption wird offensichtlich unterschiedlich wahrgenommen, je nachdem, wer gefragt wird. Der auf Expertenbefragungen beruhende CPI zeigt eine vergleichsweise geringe Wahrnehmung der Korruption in Österreich auf, während gleichzeitig ein relevanter Anteil der BürgerInnen der Meinung ist, dass Korruption (tendenziell) ein gravierendes Problem sei. Es ist ein Manko der Korruptionsforschung, dass das objektive Ausmaß der Korruption nicht gemessen werden kann und letztlich nur relativ unbefriedigende Wahrnehmungsmessungen vorgenommen werden können.* Daraus folgt allerdings auch, dass die Zusammenhänge zwischen Korruption und Demokratie weitaus komplexer sind.

4 Korruption und Demokratie

Während sich die politikwissenschaftliche Korruptionsforschung in der Vergangenheit wie andere Disziplinen auch stark auf die Ursachenforschung und die systematische Analyse bestimmter Korruptionstypen konzentrierte, gibt es immer noch relativ wenige Studien zur Wirkung von Korruption. Bisherige Studien fokussieren meist auf spezifische inhaltliche Schwerpunkte wie etwa Probleme der politischen Finanzierung (z.b. Parteienfinanzierung), Interessenkonflikte, Lobbying und politische Einflussnahme auf die Justiz (vgl. z.B. Seger 2008: 10ff.). In einer neuen Studie untersucht Olteanu (2010) Korruption in Österreich und Rumänien aus einer demokratietheoretischen Perspektive. Die empirischen Befunde werden vor dem Hintergrund eines demokratietheoretischen Ansatzes reflektiert, dessen Schwerpunkt auf einem deliberativen Demokratieverständnis und Input der BürgerInnen liegt. Olteanu (2010: 291) stellt insbesondere die Wirkung von Korruption auf politische Gleichheit, Volkssouveränität, Partizipation, Rechtsstaatlichkeit und Vertrauen systematisch dar.

Olteanu (2010: 305ff.) zeigt in ihrer Studie auf, dass Korruption in demokratischen Systemen dazu führt, dass die Steuerbarkeit und Kontrollierbarkeit politischer Prozesse abnimmt, während die Unsicherheit zunimmt, es zu Machtverschiebungen innerhalb der politischen Ordnung kommt und das Verhältnis der BürgerInnen zur Demokratie sowie die Beziehungen zur politischen und wirtschaftlichen Elite beschädigt werden. Durch Korruption werden bestehende Regeln und Normen verletzt.[10] Demokratische Systeme sind durch Korruption insofern besonders gefährdet, als sie in ihrer Funktionsweise sehr voraussetzungsvoll sind.

Lincoln hat in seiner Definition die Demokratie als ein Herrschaftssystem beschrieben, in dem das Volk regiert: "Democracy is the government of the people, by the people, for the people" (Lincoln 1863). Voraussetzung hierfür ist, dass BürgerInnen die Möglichkeit haben, ihre Präferenzen herauszubilden und zu formulieren und diese durch individuelles und kollektives Handeln zu artikulieren. Gleichzeitig müssen die politischen Präferenzen der BürgerInnen unabhängig von ihrem Inhalt und ihrer Herkunft in politischen Prozessen und Entschei-

---

* Einen Beitrag zur Korruptionsmessung liefert Matthias Pázmándy in diesem Band.
10 Siehe *Definition* S. 131.

dungen gleich gewichtet werden (Dahl 1971: 2). Aus Lincolns faszinierend schlanker Definition der Idee der Volkssouveränität leitet sich letztlich eine Reihe von Regeln ab, die die Funktionslogik demokratischer Systeme strukturell bestimmen (Tabelle 2).

Tabelle 1: Gefährdung der Demokratie durch Korruption nach Olteanu

Politische Gleichheit	Verstetigung politischer Ungleichheit Privilegierung einzelner Akteure Korrupte Akteure stehen in Konkurrenz zur Gemeinschaft
Volkssouveränität	Entkoppelung der RepräsentantInnen Privilegierung der RepräsentantInnen Machtmissbrauch Diskreditierung der VolksvertreterInnen klientelistische Strukturen geringe Effizienz von Antikorruptionsmaßnahmen bei gleichzeitig geringer freiwilliger Selbstverpflichtung
Partizipation	eingeschränkter Zugang zu Bildung und Information mangelnde Existenzsicherung Ungleichverteilung sozialer Macht
Rechtsstaatlichkeit	unzureichender legislativer Rahmen mangelnde Unterstützung im Kampf gegen Korruption Überbelastung der Judikativen Kontrollwahn und -lücken
Vertrauen	geringe Unterstützung der BürgerInnen für politisches System und Eliten geringes Vertrauen in Demokratie

Quelle: Olteanu 2010: 291ff. und 307.

Die Verletzung demokratischer Normen und Regeln lässt sich anhand der Kriterien zur Analyse politischer Systeme von Merkel systematisch darstellen (Merkel 1999: 25ff.):

In demokratischen Systemen funktioniert *Herrschaftslegitimation* durch die Volkssouveranität. Volkssouveränität bedeutet, dass das Volk über seine Regierungsform selbst entscheidet (*pouvoir constituant*) und von der gewählten Regierungsform auch zugleich alle Gewalt ausgeht (*pouvoir constitué*) (Thiele 2008: 103). Im Gegensatz zu autoritären Regimen, in denen politische Herrschaft durch Mentalitäten wie Modernisierung, Nationalismus oder Religion legitimiert wird, erfolgt die Legitimation der Herrschaft in demokratischen Systemen durch die Volkssouveränität (Merkel 1999: 34). Da das Volk jedoch diese Herrschaft nicht immer selbst ausüben kann, werden RepräsentantInnen gewählt, auf die diese Legitimation übertragen wird, insofern spricht man von einer indirekten Legitimation in repräsentativen Demokratien (Thiele 2008: 103). Die Idee der Repräsentation bedingt zugleich, dass die gewählten MandatsträgerInnen im Interesse des Volkes handeln. Die Herrschaftslegitimation wird durch Korruption de facto in mehrfacher Hinsicht gefährdet: Erstens führt das korrupte Verhalten von RepräsentantInnen zu einem Legitimations- und Vertrauensverlust (Olteanu 2010: 293 und 298; siehe Tabelle 1). Zweitens sind korrupte Deals postdemokratische Instrumente der Ökonomisierung von Herrschaft (Crouch 2008: 10). Dies bedeutet, dass Herrschaft nicht durch die Teilhabe der BürgerInnen legitimiert wird (Input), sondern durch ökonomischen Erfolg (Output). Dabei wird die ökonomische Macht durch illegitime und zuweilen auch illegale korrupte Machenschaften erworben.

Tabelle 2: Demokratische Normen und Regeln und Gefährdungspotenziale durch Korruption

	Normen und Regeln	Gefährdungspotenziale durch Korruption
Herrschaftslegitimation	Legitimation politischer Herrschaft durch das Prinzip der Volkssouveränität	Legitimations- und Vertrauensverlust postdemokratische Ökonomisierung
Herrschaftszugang	offener Zugang zur politischen Macht	Ungleichheit Exklusion und Diskriminierung Verletzung politischer Grundrechte
Herrschaftsmonopol	Herrschaftsmonopol ausschließl. bei demokratisch legitimierten Akteuren	Machtmissbrauch Vetospieler
Herrschaftsstruktur	pluralistische Herrschaftsstruktur u. Gewaltenteilung	mangelnde Gewaltenteilung u. Kontrolle Intransparenz Instrumentalisierung politischer Akteure
Herrschaftsanspruch	Herrschaftsanspruch gegenüber BürgerInnen eng begrenzt	Verletzung bürgerlicher Freiheitsrechte
Herrschaftsweise	Ausübung von Herrschaft aufgrund rechtsstaatlicher Prinzipien	mangelnde Kontrolle und Transparenz Rechtsungleichheit/Willkür

Quelle: vgl. Merkel 1999: 25ff.; Olteanu 2010: 307; eigene Ergänzungen.

Ein zentrales Charakteristikum demokratischer Systeme ist der offene *Herrschaftszugang*. Das universelle Wahlrecht garantiert den allgemeinen und gleichen Zugang der BürgerInnen zur Macht. Demokratische Wahlen werden geheim abgehalten und sind frei und fair (IDEA 2010: 5ff.; Nohlen 2007: 23ff.). Außerdem gibt es etablierte Regeln, wie beispielsweise das Mehrheitsprinzip (de Nève 2009: 52ff.), die letztlich dazu beitragen, dass nicht nur der Zugang zur Macht offen ist, sondern auch die Herrschaftsausübung effektiv erfolgen kann. Durch Korruption in Wahlverfahren – vom Kauf der WählerInnenstimmen bis hin zur Bestechung von WahlbüromitarbeiterInnen – wird der politische Wettbewerb beschädigt und der Zugang zur Macht eingeschränkt. Dieselben Effekte haben auch korrupte Handlungen in Parteien, die beispielsweise die Listen von KandidatInnen manipulieren. "The most familiar corruption of representation is the buying and selling of votes, in elections as well as legislative processes. Vote buying and selling corrupts by breaking the link between the expression of interests and opinions and the enforcement mechanism represented by the vote" (Warren 2004: 337). Solche Formen der Korruption führen dazu, dass die in einer Gesellschaft bestehende soziale Ungleichheit weiter verstärkt wird und es zur Exklusion und Diskriminierung bestimmter Bevölkerungsgruppen kommt (de Nève/Olteanu 2010; Olteanu 2010: 295; Seger 2008: 32). Letztlich werden dadurch fundamentale politische Rechte wie Gleichheit verletzt (Olteanu 2010: 291f.; siehe Tabelle 1), die mit dazu beitragen, dass der Grundsatz *one person, one vote* durch korrupte Handlungen unterlaufen wird. Diese Beeinflussung der Politik begünstigt u.a. die Vertretung von Partikularinteressen und die damit verbundene Privatisierung von Ressourcen zulasten der Solidargemeinschaft (Warren 2004: 336). Mit Korruption geht also sowohl ein Qualitätsverlust der Repräsentation, als auch eine Verschiebung der politischen Prioritäten einher, was u.a. dazu führen kann, dass politische Entscheidungen nicht aufgrund objektiver Kriterien gefällt werden und beispielsweise auch Antikorruptionsmaßnahmen nicht in Kraft gesetzt bzw. implementiert werden.

In einer Demokratie werden die politisch bindenden Entscheidungen von demokratisch legitimierten und in der Verfassung vorgesehenen Institutionen getroffen, die also das *Herrschaftsmonopol* innehaben (Merkel 1999: 26). Korruption führt beispielsweise dazu, dass Akteure der ökonomischen Arena illegitim Einfluss auf politische EntscheidungsträgerInnen und Prozesse nehmen, indem sie ihre wirtschaftliche Macht und Überlegenheit nutzen. Korruption fördert somit eine Politik des Stärkeren, verfassungsrechtliche Normen werden dabei durch korrupte Vetospieler unterlaufen. "[...] markets are, and will continue to be, a force tending toward corruption of democracy as well. The dynamics of exclusion are at work in every capitalist market [...]. These dynamics of exclusion are undemocratic – but not necessarily corrupt – in the sense that there is no direct appeal to the power holders. But market exclusion may become corrupt if market actors covertly seek to use economic power to influence democratic processes and agencies of collective action" (Warren 2004: 340). Letztlich geht es jedoch nicht nur darum, dass Korruption Prinzipien wie Wahrheit, Fairness und Gleichheit in politischen Entscheidungsprozessen beeinträchtigt. Vielmehr führt Korruption außerdem dazu, dass Entscheidungen nicht auf Basis rationaler Argumente, sondern manipulierter Interessen gefällt werden. In diesem Zusammenhang ist letztlich eine Erosion der Macht der demokratischen Verfassungsorgane zu beobachten.

Die pluralistische *Herrschaftsstruktur* ist ebenfalls Kernelement demokratischer Systeme, das durch Korruption beschädigt wird. Die pluralistische Herrschaftsstruktur beruht auf der Idee der Gewaltenteilung, das machtbegrenzende Moment ist hierbei von zentraler Bedeutung. Gerade Korruption bricht diese institutionellen Grenzen auf, indem beispielsweise durch Korruption Einfluss auf Gerichts- oder Parlamentsentscheidungen genommen wird oder die Besetzung von Regierungs- und anderen entscheidungsrelevanten Ämtern manipuliert wird. Korruption führt zur Instrumentalisierung politischer Institutionen und Prozesse (Seger 2008: 32). Öffentlichkeit und Transparenz werden durch Korruption verhindert, was letztlich mit dazu beiträgt, dass der Prozess der politischen Entscheidungsfindung für BürgerInnen nicht mehr nachvollziehbar ist und das Vertrauen in politische Institutionen und Akteure schwindet.

In einem demokratischen System ist der *Herrschaftsanspruch* des Staates gegenüber seinen Bürgern eng begrenzt (Merkel 1999: 26). BürgerInnen genießen fundamentale Rechte wie das Recht auf Freiheit und Eigentum, das Recht auf Privatsphäre und Persönlichkeitsrechte, Informationsfreiheit, Versammlungsfreiheit etc. Durch Korruption werden diese Freiheitsrechte beispielsweise eingeschränkt, indem bestimmte Akteure dazu motiviert werden, datenschutzrechtliche Bestimmungen zu missachten. Diese Einschränkungen der Freiheitsrechte durch korrupte Deals können freilich durch sehr unterschiedliche Akteure des Staates, der Wirtschaft oder des privaten Umfelds von Einzelpersonen oder Gruppen erfolgen.

Die *Herrschaftsweise* demokratischer Herrschaft folgt rechtsstaatlichen Prinzipien, d.h. das formal geltende Recht soll für alle gleichermaßen bindend sein. Insofern verfolgt die Idee des demokratischen Rechtsstaats das Ziel, Gerechtigkeit zu schaffen bzw. zu erhalten. Durch Korruption wird auch dieses wichtige demokratische Prinzip beeinträchtigt, da sie zur Ungleichheit der BürgerInnen vor dem Gesetz führt. Die Abwesenheit von Korruption ist somit eine wesentliche Grundvoraussetzung für Gleichheit als demokratisches Grundprinzip und für die Qualität des Rechtsstaates (Bühlmann/Merkel/Wessels 2007: 34f.).

Um die Gefährdungspotenziale, die von Korruption für demokratische Systeme ausgehen, umfassend zu beschreiben, gilt es freilich zwei weitere Aspekte zu beachten: die Problematik der Transaktionskosten sowie jene der Interdependenz der Arenen des politischen Systems.

Beim korrupten Tauschhandel entstehen erhebliche *Transaktionskosten*. Lambsdorff unterscheidet drei Phasen, in denen diese Transaktionskosten jeweils entstehen (Lambsdorff 1998: 61; vgl. Abbildung 3).

Abbildung 3: Transaktionskosten nach Lambsdorff

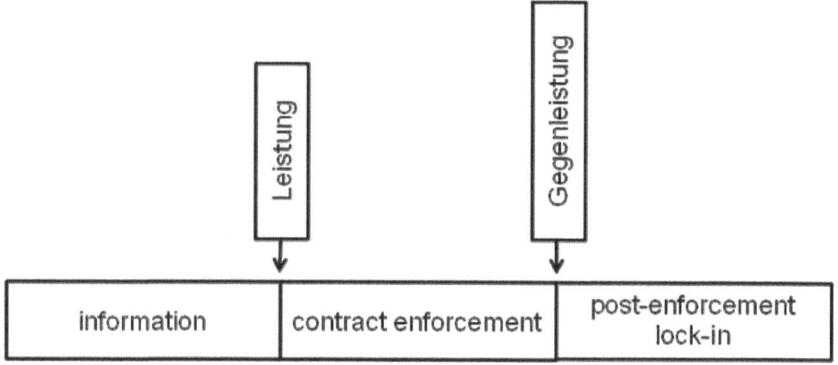

Quelle: Lambsdorff 1998: 61.

In der korrupten Tauschbeziehung erbringen die Beteiligten Leistungen bzw. Gegenleistungen. Damit dieser geheime Handel abgeschlossen werden kann, müssen in der ersten Phase Informationen gesammelt werden. Hierbei geht es beispielsweise darum zu prüfen, welcher Akteur überhaupt geeignet bzw. in der Lage ist, die gewünschte Gegenleistung zu erbringen und ggf. auch bereit sein könnte, sich auf die Tauschbeziehung einzulassen. Außerdem gilt es auszuloten, welche Leistung der Korrumpeur voraussichtlich zu erbringen haben wird, damit der Deal abgewickelt werden kann.

Bereits in dieser vorbereitenden Phase entstehen also erhebliche Transaktionskosten, denn die Informationsbeschaffung muss diskret erfolgen. Es treten Kosten für die Verschleierung der Informationsbeschaffung und für die sogenannte Landschaftspflege bzw. Anfütterung auf. Zusätzliche Kosten entstehen durch Fehlgriffe, die sich in diesem *trial-and-error*-Verfahren ergeben, denn ggf. muss ein Korrumpeur ja bereits in dieser ersten Phase der Anbahnung mit Fehlinvestitionen und strafrechtlichen Konsequenzen rechnen.

In der zweiten Phase des *contract enforcements* geht es darum, die Erfüllung des vereinbarten Tauschgeschäfts zu garantieren. Auch in dieser Phase entstehen Transaktionskosten, denn die beteiligten Akteure müssen eine Strategie entwickeln, wie der geheime Tausch abgewickelt werden kann. Die Bindung der korrupten Partner ist besonders heikel und kostenintensiv, wenn die Leistung und Gegenleistung zeitlich auseinanderfallen. Unter Umständen geht der Korrumpeur in Vorleistung. Es entstehen u.U. zusätzliche Transaktionskosten, wenn sich der korrupte Partner plötzlich weigert, die Gegenleistung zu erbringen, die Gegenleistung nicht im gewünschten Umfang erbringt oder sich die vereinbarten Bedingungen des Deals ändern. Der zu zahlende Preis ist u.U. auch deshalb unberechenbar hoch, weil die korrupten Partner die vereinbarten „Geschäftsbedingungen" nicht rechtlich durchsetzen können und ggf. mit Verlusten zu rechnen ist. Darüber hinaus ergeben sich aus der Notwendigkeit, Ressourcen für die Abwicklung des korrupten Deals bereitzustellen, weitere Belastungen. Dieser Prozess geht meist mit einer Reihe von Begleitdelikten wie Steuerhinterziehung, Einrichtung schwarzer Kassen, Bilanzfälschung, Urkundenfälschung, Unterschlagung etc. einher. Die mit diesen Begleitdelikten verbundenen Risiken verursachen zusätzliche Kosten.

In der letzten Phase des korrupten Tauschgeschäfts besteht dann das Problem, dass sich die beteiligten Akteure durch die Geheimhaltung und Illegalität ihres Handelns voneinander abhängig gemacht haben. Sie verfügen über Informationen, die den beteiligten Partner u.U. teuer zu stehen kommen könnten. Lambsdorff (1998: 71) verwendet den Begriff des *post-enforcement lock-in*, um diese Abhängigkeit und Bindung, die die Beziehung der Beteiligten charakterisiert, zu beschreiben. Insofern enden die notwendigen Aufwendungen eines korrupten Deals nicht einfach mit dem Tausch der Güter selbst.

Diese schematische Darstellung der Transaktionskosten macht deutlich, dass korrupte Akteure offensichtlich bereit sind, für diese Deals hohe Risiken und Kosten in Kauf zu nehmen. Dies lässt zunächst darauf schließen, dass die erwarteten (kurzfristigen) Gewinne entsprechend hoch sein müssen. Letztlich sind jedoch die (langfristigen) Schäden sowohl für die Unternehmen, als auch für unbeteiligte Dritte und das Gemeinwohl enorm: "Recent research […] has shown that firms that practice bribery end up paying more for their money – they actually become inefficient as well. In reality these firms spend significant amounts of effort negotiating with bureaucrats and they are burdened with higher cost of capital" (Bhargava/Bolongaita 2004: 3). Es liegt auf der Hand, dass diese Kosten, die beispielsweise für korrupte Unternehmen entstehen, letztlich verdeckt weitergereicht werden. Andererseits besteht der Schaden für das Gemeinwohl sowohl in den unmittelbaren Kosten des korrupten Tauschs, als auch in damit verbundenen Begleitdelikten. Ressourcen, die für korrupte Deals eingesetzt werden, werden beispielsweise mittels vielfältiger krimineller Machenschaften am Fiskus vorbeigeschleust, was u.a. zu Steuerausfällen führt. Schließlich entstehen für unbeteiligte Dritte (z.B. konkurrierende Akteure) und die öffentliche Hand durch korrupte Deals erhebliche Kosten durch Wettbewerbsverzerrungen, Leistungsmängel und Qualitätseinbußen. Dies gilt nicht zuletzt auch, weil die Motive korrupter Akteure, das Instrument der Korruption zu nutzen, entweder darin begründet liegen, dass sie als defekte Wettbewerber in einem offenen Markt nicht bestehen könnten bzw. sich zum Angebotsmonopolisten entwickeln wollen (Priddat 2011: 63). In beiden Fällen sind folglich Dritte bzw. die öffentliche Hand die Leidtragenden.

Durch die *Interdependenz* der Arenen im demokratischen System handelt es sich hierbei freilich nicht um ein partikulares Problem: Korruption in der Wirtschaft hat unmittelbare Auswirkungen auf die Funktionslogik des politischen Systems. Denn Aufgabe der ökonomischen Arena ist es, Gewinne zu erwirtschaften, welche letztlich die ökonomische Grundlage aller anderen Arenen des politischen Systems darstellen (vgl. Linz/Stepan 1996: 14). Von diesen Transferleistungen sind nicht nur der Staatsapparat und die politische Arena abhängig, sondern auch die Zivilgesellschaft. Der Schaden, der durch Korruption in einem Bereich des politischen Systems entsteht, wirkt sich also auf die Funktionslogik der Demokratie insgesamt aus. Außerdem führt die vermeintliche Akzeptanz korrupter Handlungen in einer Arena, z.B. der Politik oder der Wirtschaft, auch dazu, dass sich dieses Verhalten weiter ausbreitet. So erklärte beispielsweise Klaus Toppmöller Korruption im Fußball mit der verbreiteten Korruption in der Politik: „Was die Politiker so treiben – warum soll es nicht auch im Fußball Irrläufer geben?" (FAZ.net, 23.1.2005). Der Defekt, der durch eine korrupte Zivilgesellschaft entsteht, ist groß: "The harms to democracy of a corrupt civil society are extensive, including loss of capacity for nonstate collective action, loss of capacity for disciplining and guiding the state, and loss of the generative capacities of democracy in favor of a zero-sum game between competing and mutually suspicious groups" (Warren 2004: 340). Ähnliche Abhängigkeitsstrukturen bestehen auch zwischen anderen Arenen des politischen Systems: Die Justiz kann sich beispielsweise nur effektiv gegen korrupte Einmischung politischer Akteure wehren, wenn die politische Arena ihrerseits einen hierfür geeigneten rechtlichen Rahmen vorgibt und der Staatsapparat die notwendigen Ressourcen für ein funktionierendes Gerichtswesen zur Verfügung stellt (Olteanu 2010: 298).

Die Darstellung der Wirkung von Korruption entlang systematischer, demokratietheoretischer Kriterien zeigt, dass Korruption tatsächlich die Qualität der Strukturen, Prozesse und politischen Entscheidungen demokratischer Systeme gefährdet.

5 Fazit

Zwischen Korruption und Demokratie besteht zunächst ein scheinbar einfacher Zusammenhang: In demokratischen Systemen wird ein geringeres Ausmaß an Korruption wahrgenommen als in nicht-demokratischen Systemen. Die Tatsache, dass selbst in demokratischen Systemen unterschiedliche Formen von Korruption verbreitet sind, macht es allerdings erforderlich, auch die Wirkung der Korruption auf Demokratie systematisch zu untersuchen. Ein für die politikwissenschaftliche Diskussion geeigneter Korruptionsbegriff muss sich jedoch von einem für den politischen Antikorruptionskampf formulierten Begriff unterscheiden. Insbesondere gilt es, Korruption von anderen Vergehen, die ebenfalls auf breite gesellschaftliche Ablehnung stoßen, systematisch zu trennen.

Durch Korruption in unterschiedlichen Arenen des politischen Systems werden letztlich potenziell alle demokratischen Normen und Regeln gefährdet. Zu den relevanten Defekten, die durch Korruption entstehen, gehört, dass (i) die Repräsentation der BürgerInnen und deren politischen Präferenzen nicht gegeben ist, (ii) die Macht der Verfassungsorgane schwindet, (iii) das Handeln der Institutionen willkürlich ist und ihre Handlungsfähigkeit schwindet, (iv) die Problemlösungsfähigkeit des Systems minimiert wird, (v) die Rechtsstaatlichkeit untergraben wird, (vi) Kontrollmechanismen im politischen System nicht funktionieren und (vii) die Marktordnung bzw. der Wettbewerb verzerrt werden. Korruption beeinträchtigt folglich die Funktionslogik demokratischer Systeme, transponiert die Prioritätensetzung und Inhalte politischer Entscheidungen sowie die Nutzung von Ressourcen und verursacht Kosten. Insofern ist Korruption nicht nur ein moralisch-ethisches Problem, sondern bewirkt langfristig materielle Schäden. Korruption führt zu einer Ressourcenverschiebung zugunsten einiger und zum Schaden vieler. Korruption verändert die politischen, wirtschaftlichen und sozialen Beziehungen, sie verstößt gegen demokratische Grundprinzipien und hemmt politischen und materiellen Fortschritt.

Literatur

Alemann, Ulrich von (2005). Politische Korruption: Ein Wegweiser zum Stand der Forschung, in: Ulrich von Alemann (Hg.): Dimensionen politischer Korruption. Beiträge zum Stand der internationalen Forschung, PVS Sonderheft 35/2005, 13–49.
Anderson, Christopher J./Tverdora, Yuliya V. (2003). Corruption. Political Allegiances and Attitudes Toward Government in Contemporary Democracies, in: American Journal of Political Science, Vol. 47(1), 91–109.
Bannenberg, Britta/Schaupensteiner, Wolfgang (2004). Korruption in Deutschland. Portrait einer Wachstumsbranche, München.

Bhargava, Vinay/Bolongaita, Emil (2004). Challenging Corruption in Asia: Case Studies and a Framework for Action, Washington.
Bolesch, Cornelia (2004). Das „Krebsgeschwür der Korruption" energisch bekämpfen, in: Süddeutsche Zeitung, 10.3.2004.
Bühlmann, Marc/Merkel, Wolfgang/Wessels, Bernhard (2007). The Quality of Democracy: Democracy Barometer for Established Democracies, in: National Centre of Competence in Research (NCCR) Challenges to Democracy in the 21st Century, Working Paper No. 10. NCCR Democracy, Universität Zürich und Wissenschaftszentrum für Sozialforschung Berlin (WZB). Internet: http://www.nccr-democracy.uzh.ch/publications/workingpaper/pdf/WP10.pdf (Zugriff: 4.4. 2011).
Chowdhury, Shyamal K. (2004). The effect of democracy and press freedom on corruption: an empirical test, in: Ecomomics Letters 85 (1), 93–101.
CPI (Corruption Perception Index) 2009, Internet: http://www.transparency.org/policy_research/surveys_indices/cpi/2009/cpi_2009_table (Zugriff: 10.4.2011).
Crouch, Colin (2008). Postdemokratie, Frankfurt am Main.
Dahl, Robert A. (1971). Polyarchy: Participation and Opposition, New Haven.
de Nève, Dorothée (2009). NichtwählerInnen – eine Gefahr für die Demokratie?, Opladen.
de Nève, Dorothée (2007). Political Corruption, in: IACSS Review 2007, BIA, Wien, 21–23.
de Nève, Dorothée/Olteanu, Tina (2010). Corruption and Gender Equality: A Human Rights Concern?, in: Martine Boersma/Hans Nelen (Hg.): Corruption & Human Rights: Interdisciplinary Perspectives, Antwerp 153–176.
Eurobarometer 64.3 (2006): Opinions on organised cross-border crime and corruption; Internet: http://ec.europa.eu/public_opinion/archives/eb_special_260_240_en.htm (Zugriff: 4.4.2011).
IDEA (2010): Electoral Justice. An overview of the international IDEA Handbook, Internet: http://www.idea.int/publications/electoral_justice/overview.cfm (Zugriff: 4.4.2011).
Lambsdorff, Johann Graf (1998). Korruption als mühseliges Geschäft – eine Transaktionskostenanalyse, in: Mark Pieth/Peter Eigen (Hg.): Korruption im internationalen Geschäftsverkehr, Basel, 56–88.
Lincoln, Abraham (1863). Gettysburg Address, Internet: http://en.wikisource.org/wiki/Gettysburg_Address (Zugriff: 10.4.2011).
Linz, Juan J./Stepan, Alfred (1996). Problems of democratic transition and consolidation. Southern Europe, South America, and post-socialist Europe, Baltimore.
Menge, Hermann (1982). Langenscheidts Taschenwörterbuch Lateinisch und Deutsche Sprache, Band 1, Berlin.
Merkel, Wolfgang (1999). Systemtransformation, Opladen.
Miller, Alfred (1928). Demokratie und Korruption, Leipzig.
Moroff, Holger (2004). A polychromatic turn in corruption research?, in: Crime, Law and Social Change, 42, 83–97.
Nitschmann, Johannes (2009). Der Preis des Lebens, in: Süddeutsche Zeitung, 21.9.2009.
Nohlen, Dieter (2007). Wahlrecht und Parteiensystem, Opladen.
Olteanu, Tina (2010). Korruption und Demokratie, Österreich und Rumänien im Vergleich, Wien. Dissertation Universität Wien. Die Arbeit ist aktuell über die Bibliothek der Universität Wien zugänglich. Eine Veröffentlichung im Jahr 2011 ist in Vorbereitung.
Preuß, Joachim (1987), Das Geheimnis der Marcos-Milliarden. Wie die Philippinen geplündert und Schweizer Banken reicher wurden, in: Der Spiegel 23/1987 vom 1.6.1987. Internet: http://www.spiegel.de/spiegel/print/d-13522823.html (Zugriff: 4.4.2011).
Priddat, Birger P. (2011). Korruption als second-life-economy, in: Birger P. Priddat/Michael Schmid: Korruption als Ordnung zweiter Art, Wiesbaden.
Roth, Jürgen (1995). Der Sumpf. Korruption in Deutschland, München.

Schuller, Wolfgang (2005). Korruption in der Antike, in: Ulrich von Alemann (Hg.): Dimensionen politischer Korruption. Beiträge zum Stand der internationalen Forschung, PVS Sonderheft 35/2005, 50–58.
Seger, Alexander (2008). Corruption and democracy – what are the issues?, in: Council of Europe (2008). Corruption and Democracy. Political finances – conflicts of interest – lobbying – justice, Strasbourg, 9–58.
The Economist (2008), Democracy Index 2008, Internet: http://graphics.eiu.com/PDF/Democracy %20Index%202008.pdf (Zugriff: 4.4.2011).
Thiele, Carmen (2008). Regeln und Verfahren der Entscheidungsfindung innerhalb von Staaten und Staatenverbindungen. Staats- und kommunalrechtliche sowie europa- und völkerrechtliche Untersuchungen, Heidelberg.
TI (Transparency International), Internet: http://www.transparency.org (Zugriff: 4.4.2011).
Transparency International Deutschland e.V., Internet:
http://www.transparency.de/Home.178.0.html?&no_cache=1 (Zugriff: 4.4.2011).
Treisman, Daniel (2000). The causes of corruption: a cross-national study, in: Journal of Public Economics, 76(3), 399–457.
Warren, Mark E. (2004). What Does Corruption Mean in a Democracy?, in: American Journal of Political Science, Vol. 48(2), 328–343.
Wassermann, Andreas (2003). Bakschisch für Taschkent, in: Der Spiegel 44/2003 vom 27.10.2003. Internet: http://www.spiegel.de/spiegel/print/d-28990686.html (Zugriff: 4.4.2011).
Zimmerling, Ruth (2005). Politische Korruption: begrifflich-theoretische Einordnung, in: Ulrich von Alemann (Hg.): Dimensionen politischer Korruption. Beiträge zum Stand der internationalen Forschung, PVS Sonderheft 35/2005, 77–90.

Antikorruption – Wandel in Diskurs und Praxis

Alexander Böckmann

Abstract

Dieser Beitrag beschäftigt sich mit dem Auftauchen und der Verbreitung des Wortes *Korruption* in internationalen Dokumenten seit den 1970er Jahren. Zunächst wird eine Einführung in den theoretischen Unterbau – der Dispositivanalyse und der Diskursanalyse – gegeben. Anschließend wird anhand des Entwicklungsdiskurses – vorrangig mithilfe der *World Development Reports* – das Auftauchen von Korruptionswahrnehmung und Antikorruptionsmaßnahmen skizziert. Dieses Beispiel soll den Wandel von einer anfänglichen Tabuisierung hin zu einer ab den 1990er Jahren feststellbaren Enttabuisierung sowie einer sich ab 1996 zusehends abzeichnenden Kriminalisierung von Korruption veranschaulichen. Dass sich parallel dazu auch die Praxis in der Entwicklungszusammenarbeit änderte, wird am Beispiel des *Kecamatan Development Project* dargelegt. Der Beitrag zeigt, dass sich die Weltbank in Bezug auf Korruptionswahrnehmung sowie Antikorruptionsmaßnahmen – stellvertretend für die internationale Gemeinschaft – von einer zu Beginn sowohl nach innen als auch nach außen gerichteten Tabuisierung weg und stattdessen zu einer offenen, zunächst nur die Wahrnehmung und erst später auch die Praxis betreffenden, Enttabuisierung hin gewandelt hat. Heute kann der Weltbank sogar eine Vorreiterrolle in Sachen Antikorruptionsarbeit zugeschrieben werden. Dennoch sind diese Anstrengungen zwar als ein wichtiger, aber dennoch lediglich erster Schritt in die richtige Richtung zu verstehen, da korrupte Handlungen vielerorts immer noch tabuisiert und praktiziert werden.

1 Einleitung

Der Missbrauch anvertrauter Macht zu privatem Nutzen ist ein uraltes Problem, das sich in hierarchisch gegliederten Gesellschaften wiederfindet. Ein Zeichen für seine weite Verbreitung ist die Vielzahl an Namen und Unterarten für das Korrupte in unseren Gesellschaften.

Der vorliegende Beitrag beschäftigt sich mit den Folgen dieses Problems, nicht für die Gesellschaft, welche gravierend sind, sondern mit den Auswirkungen auf den Antikorruptionsdiskurs in der internationalen Politik. Michel Foucaults wissensgeschichtlicher Analyse folgend, ist das Hauptziel des vorliegenden Beitrags somit die Beschreibung des Auftauchens und der Verbreitung des Wortes *Korruption* in öffentlichen internationalen Schriftstücken seit den 1970er Jahren.

Besonderes Augenmerk liegt dabei auf der beginnenden Enttabuisierung von Korruption in der internationalen Politik der 1990er Jahre. Die Wahrnehmung von Korruption hatte sich nach dem Ende des Kalten Krieges grundlegend gewandelt und damit eine Ära der Antikorruption eingeleitet. Korruption wurde nicht mehr als etwas die Wirtschaft Förderndes betrachtet, sondern nun vielmehr als entscheidendes Entwicklungshindernis hervorgehoben.

In der Folge dieses Wahrnehmungswandels führten internationale Übereinkommen zur weitgehenden Kriminalisierung korrupter Handlungen, darauf folgend änderten sich sowohl Praxis als auch Institutionen im Feld der internationalen Politik. Diesen Wandel von Diskurs, Praxis und Institution in Teilen nachzuzeichnen, steht im Mittelpunkt des nachfolgenden Beitrags. Doch vor der geschichtlichen Schilderung der Vorkommnisse, folgt zunächst eine kurze Erläuterung des theoretischen Hintergrunds dieses Beitrags.

2 Einführung

Jede Praxis braucht eine Theorie, eine Idee, die der Handlung vorweg geht. Das gilt auch für die Produktion von Theorien. In den Geisteswissenschaften wurde eine bedeutende Kritik an der Art und Weise der Wissensproduktion durch die *Wissenschaften* laut. Der Anspruch, objektives Wissen erlangen zu können, war im Hinblick auf die Geschichte erschüttert worden.

Die Wissenschaften über den Menschen mussten erkennen, dass sie ihre Beobachtungen und Experimente beeinflussen und verfälschen, dass ihre Ergebnisse subjektiv sind, auch wenn sie objektiv erscheinen mögen. Die Geschichte der falschen wissenschaftlichen Annahmen ist lang und damit sind die positiven, von ihrer „Wahrheit" überzeugten, Wissenschaften diskreditiert. Diese Betrachtung inkludiert Wissenschaften wie Medizin, Psychologie, Geschichte, Politologie, Ökonomie, Soziologie, Anthropologie, Biologie, etc. Wissen, Argumente und vermeintliche Erkenntnisse haben sich vielfach als falsch herausgestellt. Was mit dazu führte, dass zeitnah zur Relativierung von Zeit und Raum im 20. Jahrhundert auch das angesammelte Wissen relativiert wurde.

Doch da die Wissenschaft kreativ ist, hat sich auch für dieses Problem eine Lösung gefunden. Intersubjektive Nachvollziehbarkeit ist das neue Qualitätskriterium für die Wissensproduktion, nicht mehr getreue Abbildung objektiver Wahrheit. Diesem Paradigma folgend werden in diesem Beitrag verschiedene Annahmen gemacht, deren Qualität sich an der Nachvollziehbarkeit misst, und die weit abseits jedweden Absolutheitsanspruchs stehen. Die wesentlichen nicht alltagssprachlichen Konzepte um das gesellschaftliche Sein und seine Regulationsprozesse zu beschreiben sind dabei Dispositiv und Diskurs.

Nach Siegfried Jäger (2006), dessen Arbeit auf Foucault aufbaut, gründet sich eine Dispositivanalyse auf die Betrachtung drei verschiedener interdependenter *Mächte*, die zusammen Dispositive bilden und somit unser Leben und unsere Gesellschaften prägen:

1. Wissen/Diskurse (diskursive Praxen)
2. Handelnde Individuen (nicht diskursive Praxen)
3. Gesellschaftliche Institutionen (Sichtbarkeiten/Vergegenständlichungen)

In dieser Sicht auf Gesellschaft haben Diskurse, betrachtet als Flüsse von Wissensvorräten durch die Zeit (Jäger 2006: 84), einflussreiche Machtwirkungen auf die Dispositive. Denn Diskurse beeinflussen die Handlungen der Individuen, die dann wiederum die gesellschaftlichen Institutionen konstituieren. Für Jäger ist daraus folgend die Rekonstruktion des „Wissens" der zentrale Ansatzpunkt (Jäger 2006: 109f.) der Analyse. Bei Foucault (1973: 48) hingegen ist Diskursanalyse vor allem die Beschreibung des Auftauchens und der Streuung von Wissensvorräten, mit einem Fokus auf das Auffinden von Umbrüchen, von Diskontinuitäten im Fluss des tradierten Wissens. Beide Analysen lassen sich verbinden und können in die Beschreibung von Diskursbeiträgen fließend mit eingebracht werden.

Die Macht der Diskurse unsere Handlungen und Gesellschaften zu prägen, wirft weiter die Frage auf, welche Macht hinter den Diskursen steht. Was beeinflusst die Diskurse, was verändert sie? Eine überzeugende Antwort findet sich in kulturökologischen Theorien. Hier wird versucht die Frage nach der Entstehung von Kultur zu beantworten. Julien Steward (1968: 50) behauptet, dass soziale Strukturen am deutlichsten auf „environmental requirements" reagieren. Der entscheidende Grund für die Entstehung und Veränderung von gesellschaftlichen Institutionen findet sich demzufolge in der Menge der natürlichen Bedürfnisse der Individuen und heute immer mehr in der Menge der kulturbedingten Bedürfnisse, Probleme, Nöte:

> „Owing to technological achievements, the impact or conditioning effects of nature upon society are far less direct and compelling in a complex society than in a simple one. Culture increasingly creates its own environment." (Steward 1968: 52)

Damit ist ein Regelkreis geschlossen. Kultur entstand folglich zunächst aus den durch die Natur vorgegebenen Bedürfnissen und in zweiter Instanz entsteht komplexe Kultur aus kulturellen Bedürfnissen und somit aus sich selbst heraus. Die gesellschaftliche Umwelt beeinflusst über die Diskurse, Handlungen und Institutionen letztendlich sich selbst, und zwar am deutlichsten sichtbar dort, wo Probleme auftauchen. Deshalb ist Antikorruption ein gutes Beispiel, um diesen Kausalkreis der kulturellen Selbstregulation zu skizzieren.

Kausalität ist, nicht erst seit David Hume, ein schwieriges Feld der Forschung und daher muss darauf hingewiesen werden, dass alle in diesem Beitrag beschriebenen Kausalitäten mit größter Vorsicht zu genießen sind. Dabei muss berücksichtig werden, dass jede Ursache wieder eine Ursache hat, was schlussendlich jede Kausalkette in einen infiniten Regress münden lässt. Dennoch kann Kausalität nicht verleugnet werden. Die Gegenwart ist das Produkt der Vergangenheit. Die heutigen Gedanken, Handlungen und Institutionen sind eine Folge von vergangenen Ereignissen, sind determiniert durch die Geschichte und ihre Überlieferung.

Im Folgenden wird nun die Geschichte über das Auftauchen des Antikorruptionsdiskurses geschildert. Diese hat keinen Anspruch auf absolute Vollständigkeit. Vielmehr wird, vor allem Foucaults Analyseweg folgend, versucht, Diskurs und Dispositiv hinsichtlich ihrer (Dis-)Kontinuitäten hinreichend zu beschreiben.

3   Korruptionswahrnehmung und Antikorruptionsmaßnahmen: Tabuisierung und Enttabuisierung

Nach den theoretischen Betrachtungen folgt nun die konkrete Analyse der spezifischen Wahrnehmung, des Auftauchens, der Streuung von Korruptionswahrnehmung und Antikorruption im internationalen politischen Diskurs allgemein und speziell im Entwicklungsdiskurs seit dem Ende der 1970er Jahre bis zum Beginn des neuen Jahrtausends.

3.1   Die 80er Jahre: Toleranz, Beginnende Wahrnehmung in der Entwicklungszusammenarbeit und erste Maßnahmenvorschläge

Das nachhallende Ereignis der 1970er Jahre in Bezug auf Antikorruption war der Watergate-Skandal in den USA. In der Folge verabschiedete die Reagan Administration den *Foreign Corrupt Practices Act* von 1977, der es US-Bürgern und Unternehmen verbot, ausländische Amtsträger zu bestechen. Dies war ein erster wichtiger Schritt hin zu den Antikorruptionsmaßnahmen, die sich bis heute entwickelt haben, doch es war auch ein Schritt auf den nahezu zwei Jahrzehnte keine weiteren folgten.

In der Entwicklungszusammenarbeit (EZA) wurde Korruption bis in die 1990er Jahre hinein nach außen hin fast vollständig tabuisiert. Wenn darüber gesprochen wurde, dann oft ausschließlich als Problem der „Entwicklungsländer". Ein roter Faden, der sich durch die Korruptionswahrnehmung zieht, ist die

Tatsache, dass Korruption vor allem beim anderen gesehen wird und erst dann bei sich selbst, wenn es zu spät ist und wenn es bereits zu Skandalen gekommen ist. Der *Foreign Corrupt Practices Act* ist dafür ein erstes gutes Beispiel, weitere werden folgen.*

Darüber hinaus erschütterten Anfang der 1980er Jahre auch einige junge Staaten in Afrika (Ghana, Nigeria) Korruptionsaffären. Dort waren Korruptionsvorwürfe für Militärs die Rechtfertigung diverser gewaltsamer Putsche. Diese politischen und militärischen Konflikte wurden auch von den Gesellschaften in den Geberländern wahrgenommen. Doch im aufkommenden Neoliberalismus, der den Staat vor allem als etwas die Entwicklung Behinderndes sah, bekam Korruption auch ein anderes Gesicht. Begleitet von geopolitischen Interessen verbreitete sich unter Ökonomen die Wahrnehmung von Korruption als die Wirtschaft förderndes Element, mit dessen Hilfe eine hinderliche und langsame Bürokratie umgangen werden kann (vgl. Huntington 1968). Chile unter Pinochet oder Indonesien unter Suharto waren klassische, Kasachstan, Ägypten oder Saudi-Arabien sind aktuelle Beispiele für die Duldung von Diktaturen durch die USA.

Korruption wurde, neben dem alten Nutzen im kalten Kampf gegen den Kommunismus, in den 80er Jahren von Ökonomen auch als Öl im Motor einer sich entwickelnden Wirtschaft betrachtet. Eine ähnliche Einschätzung hat sich auch in den 2008 im Auftrag von Transparency Austria geführten Interviews gezeigt, „Ohne Bestechung keine Aufträge" war ein bekanntes Narrativ, und bildet eine Kontinuität in Pro-Korruptionsdiskursen (Böckmann/Bachmayer 2009). Auch deshalb erscheint fragwürdig, in wie weit der *Foreign Corrupt Practices Act* als eine wirksame Maßnahme gegen die Bestechung ausländischer Amtsträger betrachtet werden kann. Zumindest führte er dazu, dass Korruption nicht direkt vom US-amerikanischen Staat gefördert werden konnte, wie beispielsweise in europäischen Staaten. Ein Wettbewerbsnachteil der lange Zeit von US-Exportunternehmen beklagt wurde.

Denn bis 1999 konnten beispielsweise deutsche Unternehmen im Gegensatz zu ihren amerikanischen Konkurrenten Bestechungsgelder als Aufwand geltend machen und somit von der Steuer absetzen. Verbucht wurden diese Bestechungsgelder völlig legal als „nützliche Leistung" (Cremer 2008: 90). Diese Formulierung verdeutlicht den Nutzen von Korruption für Exportwirtschaften buchstäblich und zeigt damit auf einen Quell, aus dem sich auch im neuen Jahrtausend noch Rechtfertigung für korruptes Handeln speist. Doch in den 1980er Jahren war, im Gegensatz zu gegenwärtigen ökonomischen Diskursen, dieses

---

* Für eine detaillierte Aufarbeitung von Anti-Korruptionsinitiativen im Bereich der Entwicklungszusammenarbeit siehe den Beitrag von Georg Huber-Grabenwarter in diesem Band.

Narrativ verbreitete Lehrmeinung, was sich dann auch in den Strukturanpassungsprogrammen der Weltbank oder der Außenpolitik der USA widerspiegelte. Der Umbruch im Denken der Ökonomen wird im nächsten Kapitel ausführlicher behandelt. Zunächst soll der Fokus aber auf die Entwicklungszusammenarbeit und die Tabuisierung in der Weltbank gelegt werden.

In den *World Development Reports* (WDRs), den von der *International Bank for Reconstruction and Development* (IBRD), der wichtigen Institution innerhalb der Weltbankgruppe, herausgegebenen Berichten über die Entwicklung der Welt, wurde zu dieser Zeit Korruption in der Regel nicht offen thematisiert bzw. verschwiegen. Diese Tabuisierung lässt sich daran erkennen, dass in den ersten zehn Ausgaben der seit 1978 jährlich erscheinenden WDRs das Wort Korruption sehr selten bis nicht vorkommt. In den ersten fünf Reports findet sich nur eine Passage, in der Korruption direkt angesprochen wird, und zwar mit Blick auf ländliche landwirtschaftliche Kapitalgesellschaften. Diese sind der Gefahr ausgesetzt, so heißt es dort, von lokalen Eliten dominiert zu werden, was verbunden ist mit einem Risiko von Korruption (IBRD 1980: 77). Was Korruption hier bedeutet, wird nicht näher erläutert.

Eine erste genauere Auseinandersetzung mit Korruption findet erst im Report von 1983 statt. Hier zeigen sich über zehn Erwähnungen von Korruption in verschiedenen Zusammenhängen. Diese drehen sich vor allem um „eigennützig handelnde politische Führer", „überbesetzte Bürokratien" und allgemein „Abgaben", die eine Ursache für Korruption in den Empfängerländern sein können. Diese Aussagen bzw. Ursachen finden sich in der Folge immer wieder im Korruptionsdiskurs der WDRs.

Besonders deutliche Verbindungen zu späteren Antikorruptionsdiskursen werden im ersten Zitat des WDR zu Antikorruption sichtbar, einer in vielen Punkten für die Zeit außergewöhnlichen Aussage. Diese im Folgenden betrachtete Passage gründet sich wahrscheinlich auf Erfahrungen von Vor-Ort-Personal und nicht auf wissenschaftliche Forschung, da keine Quelle angegeben wird.

Eine Besonderheit an ihr ist, dass sie indirekt Selbstkritik äußert. Denn in diesem Zitat erscheint ein Ort der Korruption, der in den 80er und auch zu Beginn der 90er von der Weltbank normalerweise nicht öffentlich gemacht wurde: Feld-Personal („field staff"). Diesem, so lässt sich aus dem Zitat schließen, mangelte es an „accountability". Eine Eigenschaft, die betrachtet wird, wie ein positiver Gegenpol zu Korruption. Verantwortungsvolles Handeln und korruptes Handeln schließen sich in dieser Sichtweise gegenseitig aus. Daher findet sich hier auch eine erste Antikorruptionsstrategie, die darauf ausgerichtet ist Verantwortlichkeit, Verantwortungsgefühl und Verantwortungsbewusstsein der eigenen Mitarbeiter zu erhöhen und so Korruption in Entwicklungsprojekten einzudämmen:

> „Corruption can [...] be checked by community participation in the design, operation, and financing of programs, since this increases the accountability of field staff to local people [...] Information can also be a powerful weapon for increasing accountability." (IBRD 1983: 94)

Die damals vorgeschlagene Antikorruptionsstrategie lässt sich zusammenfassen als: Einbeziehen der lokalen Empfängergemeinschaften in Design und Durchführung und Finanzierung von Projekten, um so die Verantwortung des Feldpersonals zu erhöhen. Über 20 Jahre später finden sich diese Punkte wieder auf den Agenden des *Development Assistance Committees* (DAC), aber dann, um Effektivität zu steigern und nicht ausdrücklich um Korruption einzudämmen – siehe *Pariser Erklärung* 2005, *Accra Agenda for Action* 2008 (OECD 2005/2008). Begriffe des Entwicklungsdiskurses wie Empowerment, Participation, Partnership, Ownership, Mutual Accountabilitiy stehen mit diesem Antikorruptionsdiskurs aus den 80er Jahren in Verbindung und wieder werden Kontinuitäten sichtbar.

Beispielsweise auch Zugang zu Informationen, also Offenheit und Transparenz den Empfängern gegenüber, als potentiell sehr effiziente Maßnahme gegen Korruption, wird zum ersten Mal indirekt in den WDRs erwähnt. Damit bildet dieses Zitat eine weitere Besonderheit in den WDRs der 80er Jahre und ein erstes Fundament für den auch durch Transparency International vorangebrachten Antikorruptionsdiskurs der folgenden Jahrzehnte.

In den folgenden WDRs blieb Korruption zunächst ein weiterhin selten direkt angesprochenes Phänomen. Im Report von 1985 findet sich beispielsweise wieder nur eine einzige direkte Erwähnung von Korruption. Dieses Mal mit Blick auf Exportkredite, die, wie folgendes Zitat belegt, bereits 1985 ein umstrittenes Instrument der Entwicklungspolitik waren. Exportkreditfinanzierung und -versicherung ist beispielsweise in Österreich bereits seit 1946 durch die Gründung der Österreichischen Kontrollbank ein fester Bestandteil der österreichischen Exportpolitik und bedeutet die Absicherung von Risiken im Exportgeschäft durch den Staat. Im Report aus dem Jahr 1985 werden diese Exportkredite als ein Instrument korrupter Machenschaften angesehen und ihr positiver entwicklungspolitischer Einfluss hinterfragt:

> „[...] there have been many cases of export credits' supporting inappropriate and poorly designed projects, promoting an excessive amount of borrowing, leading to overpricing of goods, or being an instrument of corruption. [...] Such problems arise because the basic purpose of export credits is the promotion of exports, not development [...]" (IBRD 1985: 97)

Hier zeigen sich schon klar die noch immer vorherrschenden Inkohärenzen zwischen vor allem eigennütziger Exportpolitik der Einzelstaaten und als gemeinnützig angesehener Entwicklungspolitik der internationalen Institutionen. Exportkredite haben laut Zitat vier Nebenwirkungen: 1. schlechte Projekte, 2. Begünstigung von Verschuldung, 3. erhöhte Güterpreise und 4. Korruption. Für die Geberländer bedeuten Exportkredite jedoch kurzfristig Gewinne ihrer Exportunternehmen und somit Steuereinnahmen und Wachstum. Daher sollte es noch über zehn Jahre dauern bis Europa und die Organisation für wirtschaftliche Zusammenarbeit und Entwicklung (OECD) die Bestechung ausländischer Amtsträger 20 Jahre nach den USA kriminalisierten.

Die kritische Perspektive beruht auf den Erfahrungen, die mit diversen Großprojekten, den sogenannten und viel kritisierten *Weißen Elephanten* gemacht worden waren. Besonders deutlich wird dieser Aspekt in einer im Internet veröffentlichten Rede von Peter Eigen, dem damaligen Weltbankdirektor in Nairobi und späteren Gründervater von Transparency International (Eigen 2009). In dieser Rede spricht er die systematische Korruption, die „unheilige" Allianz zwischen korrupten Amtsträgern im Süden und den Exporteuren aus dem Norden direkt an. Ein Ausmaß an Korruption, das in seinen Augen alles untergrub, was die Weltbank damals versuchte zu erreichen. Er beschreibt wie er, nach dieser Einsicht, versuchte, etwas gegen die vorherrschende Praxis der Korruption zu unternehmen und daraufhin eine Mitteilung der Rechtsabteilung der Weltbank erhielt: Sein Handeln sei eine nicht rechtmäßige Einmischung in die inneren Angelegenheiten der Partnerländer und folglich ein Verstoß gegen die Charta der Weltbank. Damit wurde er von der Weltbank aufgefordert seine Aktivitäten gegen Korruption einzustellen. Dies zeigt, wie weltbankintern die Tabuisierung des Phänomens Korruption forciert wurde, während Korruption gleichzeitig in vielen Partnerländern der Bank blühte. Doch ein erster Keim der Selbstkritik wurde gesät und führte in der Folge mit dazu, dass die 90er Jahre zu einer Zeit der Enttabuisierung von Korruption nicht nur innerhalb der Weltbank wurden.

3.2 1990–1995: Beginn der Enttabuisierung

Nach dem Fall der Berliner Mauer und dem Zusammenbruch der Planwirtschaften in den Sowjetrepubliken wandelte sich nicht nur die Entwicklungszusammenarbeit, sondern auch der Antikorruptionsdiskurs. Es kam zu einer Enttabuisierung von Korruption in den WDRs.

Den Anfang machte der WDR aus dem Jahre 1991 mit dem Titel „The Challenge of Development". Hier findet sich eine lange Passage, die den Wandel beschreibt, auf den im vorigen Kapitel schon hingedeutet wurde. Mit dem Ende des Wettstreits zwischen freier Marktwirtschaft und kommunistischer Planwirtschaft endete eine Periode, in der die US-Auslandsdienste notwendigerweise mit „benevolenten autoritären Regimen" zusammenarbeiteten. Diese Praxis gründete sich auf dem Oberziel, eine befürchtete weitere Ausbreitung des Kommunismus zu verhindern. Mit dem Wegfall der Angst vor einer kommunistischen Weltrevolution, war nun der Weg offen für die Bevorzugung von demokratischen Systemen (IBRD 1991: 132ff.).

Gleichzeitig verlor sich auch die vollständige Geheimhaltung von korrupten außenpolitischen Praktiken und das Wort Korruption erfreute sich zunehmender Beliebtheit in den WDRs. Somit wurde langsam das Schweigen um die Korruption gebrochen und Ökonomen begannen zu verstehen und auch auszusprechen, dass Korruption in einigen Staaten „alarmierende" und „destruktive" Formen angenommen hatte (IBRD 1991: 131). Geprägt war dieser neue Diskurs zunächst noch von neoliberalen Ideen, denn als Verursacher von Korruption wurde vor allem der übermäßige Eingriff des Staates in die Wirtschaft gesehen (IBRD 1991: 131). Der Blick ist zu Beginn der 90er Jahre wieder fast ausschließlich auf die Empfängerstaaten gerichtet.

Diese Wahrnehmung der Korruption beim Fremden wurde Anfang der 90er Jahre unterstützt durch diverse, über weite Teile der Welt verteilte, Korruptionsskandale. Besonders die Mitarbeiter und Organisationen der EZA waren dadurch sehr direkt mit dem Problem konfrontiert und wurden so besonders sensibel für die Nöte, die Korruption für arme Bevölkerungsschichten mit sich bringt. Dennoch musste Peter Eigen im Streit die Weltbank verlassen, denn die beginnende Enttabuisierung betraf nur die Empfängerländer und nicht die Geberorganisationen, zumindest im Diskurs der Weltbank.

Er gründete daraufhin 1993 nach seinem Ausstieg bei der Weltbank *Transparency International*, die erste große zivilgesellschaftliche Organisation, die sich ausschließlich der Antikorruption verschrieben hat. Wie der Name schon sagt, wird dabei Transparenz in den Vordergrund gestellt und der Dialog mit den Opfern von Korruption gesucht, um ihnen dabei zu helfen, Korruption in Zukunft zu vermeiden.

Der wirkliche Umbruch im Korruptionsdiskurs der Weltentwicklungsberichte ereignete sich jedoch erst 1995. In diesem Jahr wurde zum einen der Australier James David Wolfensohn neuer Präsident der Weltbank und gleichzeitig überzeugte Paolo Mauro, ein Mitarbeiter des Internationalen Währungsfonds, die Ökonomen davon, dass Korruption sich negativ auf das Wirtschaftswachstum auswirkt (Mauro 1995). Dies bedeutet, das scheinbare Öl im Getriebe der Wirtschaft, wurde plötzlich erkannt als Sand und Wirtschaftswissenschaftler begannen sich mehr und mehr für das Thema zu interessieren und Arbeiten zu publizieren. Diese erste Arbeit von Mauro wird in den Berichten ab 1996 regelmäßig erwähnt und die wissenschaftliche Literatur zu Korruption begann kontinuierlich zu wachsen, ebenso wie die Anzahl der Erwähnungen in den WDRs. Der Diskurs wird an dieser Stelle so umfangreich, dass große Teile an dieser Stelle ausgeblendet werden müssen. Eine genaue Analyse würde den Umfang dieses Beitrags sprengen.

3.3 Ab 1996: Internationale Konventionen und Kriminalisierung

Nachdem nun die Wissenschaften den negativen Einfluss von Korruption auf das Wirtschaftswachstum und die gesamte Gesellschaft immer deutlicher erkannten, begannen die ersten internationalen Organisationen Korruption zu kriminalisieren. 1996 verabschiedete die *Organisation of American States* (OAS) die *Inter-American Convention Against Corruption*, deren Präambel mit folgender Aussage beginnt:

> „THE MEMBER STATES OF THE ORGANISATION OF AMERICAN STATES,
> CONVINCED that corruption undermines the legitimacy of public institutions and strikes at society, moral order and justice, as well as at the comprehensive development of peoples;
> CONSIDERING that representative democracy, an essential condition for stability, peace and development of the region, requires, by nature the combating of every form of corruption in the performance of public functions [...];
> HAVE AGREED to adopt the following [...]" (OAS 1996: Art. 1)

Die destruktive Wirkung von Korruption wird deutlich beschrieben und damit das Tabu sehr klar gebrochen. Korruption wird hier nicht nur als Bestechung betrachtet sondern auch unrechtmäßige Bereicherung wird mit eingeschlossen. Damit begann, 20 Jahre nach dem US-amerikanischen *Foreign Corrupt Practices Act*, eine Zeit der multinationalen Übereinkommen zum Thema Antikorruption.

Nur ein Jahr später folgten die Europäer dem amerikanischen Beispiel mit ihrem *Übereinkommen über die Bekämpfung der Bestechung, an der Beamte der Europäischen Gemeinschaften oder der Mitgliedsstaaten der Europäischen Union beteiligt sind*. Diese Konvention ist, im Gegensatz zur amerikanischen, in der Einleitung juristischer und bezieht sich, wie der Titel schon sagt, nur auf die Straftatbestände der Bestechung und Bestechlichkeit innerhalb der Europäischen Union (EU). Ziel war es die „finanziellen Interessen der Europäischen Gemeinschaften" vor Schaden zu bewahren (EU 1997).

Ebenfalls 1997, jedoch etwas später als die EU, verabschiedeten die Mitglieder der OECD die *Convention on Combating Bribery of Foreign Public*

Officials in International Business Transactions, durch die ebenfalls nur Bestechung und Bestechlichkeit bekämpft werden sollen. In der Präambel zum Gesetzestext wird darauf hingewiesen, dass Bestechung ein weit verbreitetes Phänomen im internationalen Handelsverkehr darstellt, das einerseits „Gute Regierungsführung" und „wirtschaftliche Entwicklung" untergräbt und andererseits den internationalen Wettbewerb verzerrt. Daraus wird gefolgert, dass alle Staaten eine gemeinsame Verantwortung tragen, Bestechung im internationalen Handel zu bekämpfen. Hauptanliegen war, wie ebenfalls in der Präambel beschrieben wird, eine rasche Kriminalisierung von Bestechung ausländischer Amtsträger:

„[...] effective measures to deter, prevent and combat the bribery of foreign public officials in connection with international business transactions, in particular the prompt criminalisation of such bribery in an effective and coordinated manner [...]" (OECD 1997)

Die Fokussierung der Konvention auf Bestechung und die Ausblendung anderer korrupter Praktiken zeigt weiterhin eine Tabuisierung von Missbrauch anvertrauter Macht zum privaten Vorteil, nur Bestechung von Amtsträgern wurde enttabuisiert. Dieser Unterschied zwischen amerikanischem und europäischem Diskurs änderte sich erst nach dem Rücktritt der Europäischen Kommission im März 1999. Ein Skandal, der große Wellen geschlagen hat und in der Europäischen Gemeinschaft zu einem neuen Umgang mit Korruption führte.

Zunächst folgte der Beschluss des Europäischen Rates vom Mai 1999 *über die Bedingungen und Modalitäten der internen Untersuchungen zur Bekämpfung von Betrug, Korruption und sonstigen rechtswidrigen Handlungen zum Nachteil der Interessen der Gemeinschaften.* Hier wird zwar noch Korruption (meint Bestechung) von Betrug abgegrenzt, aber beide in einen engen Zusammenhang gebracht. (vgl. Europäischer Rat 1999) Darüber hinaus war dieser Beschluss die Geburtsstunde des *Europäischen Amtes für Betrugsbekämpfung* (Office Européen de Lutte Anti-Fraude – OLAF), in dessen Aufgabenfeld auch die Korruptionsbekämpfung fällt.

Nach Amerika und Europa folgt 2003 die Afrikanische Union (AU) dem Vorbild der Industrieländer und verabschiedet die *Convention on Combating Corruption.* Auffällig ist eine Hervorhebung des Schadens der durch Straflosigkeit („impunity") in Verbindung mit Korruptionsdelikten entsteht, ein Aspekt der in den vorherigen Papieren nicht so ausdrücklich angesprochen wurde. Wie in der Amerikanischen Convention von 1996 wird Korruption wieder als Bestechung und oder unrechtmäßige Bereicherung betrachtet (vgl. AU 2003).

Als größte multinationale Organisation folgten dann, ebenfalls 2003 und mit einer Ausarbeitungszeit von drei Jahren, auch die Vereinten Nationen. Durch die *United Nations Convention against Corruption* (UNCAC) begann dort die Zeit der Antikorruption. Der damalige Generalsekretär Kofi Annan findet in seinem Vorwort sehr klare Worte, und es wird sehr deutlich, dass der Blick auf alle Staaten gerichtet ist und es nicht mehr nur um interne oder externe Antikorruption geht, sondern Korruption vielmehr als nationenübergreifendes Menschheitsproblem verstanden wird:

> „Corruption is an insidious plague that has a wide range of corrosive effects on societies. It undermines democracy and the rule of law, leads to violations of human rights, distorts markets, erodes the quality of life and allows organized crime, terrorism and other threats to human security to flourish.
>
> This evil phenomenon is found in all countries—big and small, rich and poor—but it is in the developing world that its effects are most destructive. Corruption hurts the poor disproportionately by diverting funds intended for development, undermining a Government's ability to provide basic services, feeding inequality and injustice and discouraging foreign aid and investment. Corruption is a key element in economic underperformance and a major obstacle to poverty alleviation and development. [...]
>
> Be assured that the United Nations Secretariat, and in particular the United Nations Office on Drugs and Crime, will do whatever it can to support the efforts of States to eliminate the scourge of corruption from the face of the Earth." (UN 2003)

So viele negative Zuschreibungen finden sich in den vorhergehenden Konventionen nicht, genauso wenig wie das Ziel, die Plage der Korruption auf der ganzen Erde zu eliminieren. Damit war eine neue Qualität der Formulierung erreicht. Auch wird offen angesprochen, welchen Schaden Korruption vor allem in den Ländern des Südens anrichten kann. Auch hier wird wieder nicht wirklich zwischen Korruption und Betrug getrennt, sondern wieder der Terminus mit eingeschlossen, der sich bereits in der Konvention der amerikanischen Staaten von 1996 findet: *unrechtmäßige Bereicherung*. Darüber hinaus wird ein ebenfalls wichtiger Punkt berücksichtigt, der vorher nicht besonders beachtet wurde, und zwar die Rückführung von durch korrupte Eliten gestohlenen Geldern.

Der Diskurs hatte sich weiterentwickelt und viele Formen angenommen. Doch auch die konkreten Handlungen der internationalen Institutionen veränderten sich und vielfältige Maßnahmen gegen Korruption wurden parallel zu Kriminalisierung und Enttabuisierung ins Leben gerufen.

3.4 Wandel der Praxis

Um den Punkt der Beschreibung des Diskurses und seines Auftauchens in der internationalen Gemeinschaft abzuschließen, folgt nun die Beschreibung eines Projekts, in dem sich sehr deutlich zeigt, dass sich nicht nur der Diskurs gewandelt hatte sondern auch die Projekte der EZA sich veränderten. Das *Kecamatan Development Project* (KDP): „Choice, participation, and transparency in Indonesian villiges" (IBRD 2004: 92) ist in vielen Punkten ein Vorreiter und ein gutes Beispiel für den Wandel der Praxis. In den ersten beiden Phasen des Projekts (1998–2003) wurde es in zehntausenden indonesischen Dörfern umgesetzt. Es war verantwortlich für die Hälfte der Schulden, die Indonesien bei der Weltbank zwischen 2001 und 2003 anhäufte.

Zum ersten Mal wurde ein großes Weltbankprojekt (rund 1 Milliarde US-Dollar) nicht mehr von einem Ökonomen geleitet, sondern von einem Anthropologen. Die Idee hinter diesem Projekt war, dass lokale Gemeinschaften die Fähigkeit erlernen sollten, ihre eigenen Projekte zu planen, Konflikte beizulegen und den Staatsapparat von unten zu reformieren (Murry Li 2007: 230). Tania Murry Li, die dieses Projekt untersuchte, beschreibt dessen Besonderheit in Bezug auf Antikorruption folgendermaßen:

> „The anticorruption strategy of KDP was not an add-on. It was integral to the objective of the project. Every step in the project process was designed to prevent corruption within the project, and to establish new habits that would carry over into other areas. The anticorruption strategy occupied a seven page annex in the KDP phase two project appraisal document. Corruption was also a subject of special ethnographic studies, case reports, and experiments." (Murry Li 2007: 250)

Dies zeigt sehr deutlich, wie wichtig der Weltbank das Thema Korruption in den Partnerländern wie auch in den eigenen Projekten geworden war. Ein Jahr bevor das Projekt 1998 begann, kam es Weltbank-intern zu einer Untersuchung durch lokale Mitarbeiter in Indonesien, denen es ähnlich erging wie Peter Eigen in den 80er Jahren. Sie erkannten, dass Korruption ein großes Problem bei der Projektumsetzung darstellte und kamen zu ausführlichen quantitativen Schätzungen über die Höhe der durch Korruption verlorenen Projektmittel.

> „In aggregate we estimate that at least 20–30 per cent of GOI [Government of Indonesia] development budget funds are diverted through informal payments to GOI staff and politicians, and there is no basis to claim a smaller 'leakage' for Bank projects as our controls have little practical effect on the methods generally used." (World Bank Resident Staff Indonesia 1997)

Das heißt schätzungsweise ein Fünftel bis ein Drittel der Projektmittel wurden entwendet. Dieser Bericht war alarmierend und der Fokus des KDP auf Antikorruption eine Reaktion auf diese bittere Berichterstattung. Es konnte nicht mehr angenommen werden, Weltbankprojekte seien immun gegen Korruption und das Bild der Weltbank als „eine der wenigen nicht korrumpierbaren Institutionen"

(World Bank Resident Staff Indonesia 1997, Übersetzung d. V.) zerbrach. Daher wurde dieser Bericht auch zunächst als vertraulich eingestuft und ist so wichtig um den Wandel der Bank in Bezug auf Antikorruption zu verstehen.

Allgemein kann festgestellt werden, dass die Weltbank sich im Laufe der Zeit von vollständiger Tabuisierung nach Innen und später dann auch nach Außen verabschiedet hat, und nun zu den Institutionen gehört, die in der Antikorruptionsarbeit eine Vorreiterrolle eingenommen haben. Dafür sprechen auch präventive und repressive Ansätze wie beispielsweise der hohe Grad an Transparenz ihrer Projekte oder der Umgang mit auffällig gewordenen Projektpartnern und Korruptionsvorwürfen (online verfügbare Datenbanken, genaue Richtlinien für den Umgang mit Hinweisen, bis hin zu vielschichtigen Sanktionen).

Seit 1996, so lässt sich auf der Internetseite der Bank nachlesen, wurden insgesamt über 600 Antikorruptionsprojekte in Zusammenarbeit mit verschiedenen anderen Gebern wie auch Nehmern durchgeführt. Weiters findet sich unter dem Punkt Antikorruption folgende prägnante Aussage, die sich in ähnlicher Form auch schon im Vorwort zur UNCAC gefunden hat: „Corruption is the greatest obstacle to reducing poverty."[1]

4 Fazit

Die Beschreibung der Geschichte der Antikorruption zeigt sehr deutlich wie sich die internationale Gesellschaft verändert hat. Zunächst begann sich die Wahrnehmung von Korruption als gravierendes Entwicklungshindernis zu etablieren. Daraufhin fingen internationale Organisationen an, Korruption zu kriminalisieren. In weiterer Folge wandelten sich dann auch Arbeitsweisen der Weltbank und es entstanden vielfältige Organisationen zur Eindämmung von Korruption. All dies zeigt, wie Gesellschaft auf das Problem der Korruption reagiert hat. Das Denken hat sich zuerst gewandelt und dann das Handeln und die Institutionen verändert.

Dennoch bleibt die traurige Tatsache, dass korruptes Handeln bisher nicht verschwunden ist, sondern nach wie vor vielfach tabuisiert und praktiziert wird. Noch immer führt Korruption zu großen Schäden für viele Gesellschaften und diese Schäden werden so lange zu Bestrebungen führen, gegen sie etwas zu tun, bis die Gesellschaft das Problem schließlich weitgehend überwunden haben wird. Dieser Prozess der gesellschaftlichen Selbstregulation hat immer mit konservativen Kräften zu kämpfen, und es ist nicht erkennbar, dass ein schnelles Ende in Sicht ist.

---

1 Siehe hierzu die Internetpräsenz der Weltbank:
   Internet: http://go.worldbank.org/QYRWVXVH40 (Zugriff: 4.4.2011)

Dieser Beitrag hat jedoch klargemacht, dass einige erste anfängliche Schritte gegangen wurden. Enttabuisierung und Kriminalisierung durch die internationale Politik waren entscheidende Punkte, die in diesem Beitrag hervorgehoben wurden. Zu hoffen ist, dass mit dem Entzug von scheinheiliger Rechtfertigung für korruptes Handeln, dieses langsam immer weiter ins Abseits gedrängt und schlussendlich zu einer Seltenheit im gesellschaftlichen Zusammenleben wird.

Literatur

AU (African Union) (2003). Convention on Preventing and Combating Corruption. Internet: http://www.africa-union.org/official_documents/Treaties_%20Conventions_%20Protocols/ Convention%20on%20Combating%20Corruption.pdf (Zugriff: 4.4.2011).
Böckmann, Alexander/Bachmayer, Ruth (2009). Österreichische Entwicklungszusammenarbeit und Maßnahmen gegen Korruption, Transparency International Austrian Chapter, Wien. Internet: http://www.ti-austria.at/uploads/media/Entwicklungszusammenarbeit_u_Massnahmen_gg_ Korruption.pdf (Zugriff: 4.4.2011)
Cremer, Georg (2008). Korruption begrenzen. Praxisfeld Entwicklungspolitik, Freiburg.
Eigen, Peter (2009). How to expose the corrupt. Internet: http://www.ted.com/ talks/lang/eng/peter_eigen_how_to_expose_the_corrupt.html (Zugriff: 4.4.2011).
EU (Europäische Union) (1997). Übereinkommen aufgrund von Artikel K.3 Absatz 2, Buchstabe c) des Vertrags über die Europäische Union über die Bekämpfung der Bestechung, an der Beamte der Europäischen Gemeinschaften oder der Mitgliedstaaten der Europäischen Union beteiligt sind. Internet: http://eur-lex.europa.eu/LexUriServ/LexUriServ.do?uri= CELEX: 41997A0625%2801%29:DE:HTML (Zugriff: 4.4.2011).
Europäischer Rat (1999). Beschluss des Rates vom 25.5.1999 über die Bedingungen und Modalitäten der internen Untersuchungen zur Bekämpfung von Betrug, Korruption und sonstigen rechtswidrigen Handlungen zum Nachteil der Interessen der Gemeinschaften. Internet: http:// eur-lex.europa.eu/LexUriServ/LexUriServ.do?uri=CELEX:31999D0394:DE:HTML (Zugriff: 4.4.2011).
Foucault, Michel (1973). Archäologie des Wissens, Frankfurt a. M.
Huntington, Samuel P. (1968). Modernization and Corruption, Political Order in changing Societies, New Haven, 59–71.
IBRD (International Bank for Reconstruction and Development) (Hg.) (1980). World Development Report, New York.
IBRD (Hg.) (1983). World Development Report. World Economic Recession and Prospects for Recovery, New York.
IBRD (Hg.) (1985). World Development Report. International Capital and Economic Development, New York.
IBRD (Hg.) (1991). World Development Report. The Challenge of Development, New York.
IBRD (Hg.) (2004). World Development Report. Making Service work for poor people, New York.
Jäger, Siegfried (2006). Diskurs und Wissen. Theoretische und methodische Aspekte einer kritischen Diskurs- und Dispositivanalyse, in: Reiner Keller/Andreas Hirseland/Werner Schneider/Willy Viehöver (Hg.): Handbuch Sozialwissenschaftliche Diskursanalyse 1: Theorien und Methoden, Wiesbaden, 83–114.
Mauro, Paolo (1995). Corruption and Growth, in: Quarterly Journal of Economics, Nr. 110 (3), 681–712.

Murry Li, Tania (2007). The Will to Improve. Governmentality, Development, and the Practice of Politics, Durham.
OAS (Organization of American States) (1996). Inter-American Convention against Corruption. Internet: http://www.oas.org/juridico/english/treaties/b-58.html (Zugriff: 4.4.2011).
OECD (Organisation for Economic Co-operation and Development) (1997). Convention on Combating Bribery of Foreign Public Officials in International Business Transactions. Internet: http://www.oecd.org/dataoecd/4/18/38028044.pdf (Zugriff: 4.4.2011).
OECD (2005/2008). The Paris Declaration on Aid Effectiveness and The Accra Agenda for Action. Internet: http://www.oecd.org/dataoecd/30/63/43911948.pdf (Zugriff: 4.4.2011).
Steward, Julian H. (1968). The Concept and Method of Cultural Ecology, in: Jane C. Steward/Robert F. Murphy (Hg.): Evolution and Ecology – Essays on Social Transformation. Urbana.
UN (United Nations) (2003). United Nations Convention against Corruption. Internet: http://www.unodc.org/documents/treaties/UNCAC/Publications/Convention/08-50026_E.pdf (Zugriff: 4.4.2011).
World Bank Resident Staff Indonesia (1997). Summary of RSI Staff Views Regarding the Problem of „Leakage" from World Bank Project Budget. Internal Document. Published on the Hompage of the House of Commons, Great Britain. Internet: http://www.parliament.the-stationery-office.co.uk/pa/cm200001/cmselect/cmintdev/39/39ap07.htm (Zugriff: 4.4.2011).

Whistleblowing – Whistleblower Policies, Whistleblower Protection Policies and their Manifestation in the United Nations Secretariat

Aleksandra Djokic

Abstract

Since Wikileaks, the term whistleblowing is ubiquitous and has been omnipresent in the media towards the end of 2010. Whistleblowing and whistleblower policies, however, have existed for a much longer time. This article will provide an overview over the concept of whistleblowing, approaches to whistleblowing research, whistleblower policies and whistleblower protection policies in international conventions against corruption. A second focus of the article is the manifestation of whistleblower policies and whistleblower protection in the United Nations Secretariat, which has undergone significant changes as a result of the actions that have been taken by the new Director General of the United Nations, Ban Ki-moon, who succeeded Kofi Annan in 2007.

1 Background

Information on ongoing corruption, misconduct and fraud is rarely found on the front pages of annual reports, mission statements or similar documents. The first people to recognise indications of fraud and corruption are often the employees and members of organisations. Fear of reprisals or misapprehended loyalty are, however, just two reasons why many hesitate to come forward. Whistleblowing is a key instrument in the fight against corruption, therefore most whistleblower policies are aimed at minimising the fear and danger of reprisals and the sentiments of misapprehended loyalty in order to increase the number of whistleblowers.

The phenomenon of whistleblowing is not in fact a development of modern times, but the reporting of misconduct has been a practice for centuries. The term whistleblowing entered everyday language in the 1960s. In the beginning, the majority of people interested in the phenomenon were journalists, however, after a short time both researchers as well as the public gained awareness of the phenomenon. The concept of whistleblowers and the research on the practice of whistleblowing is currently being explored by scientists from a great number of fields, such as the social sciences, law, economy, philosophy and even cultural studies.

2 Definition

Whistleblowing is defined as "[t]he sounding of an alarm by an employee, director, or external person, in an attempt to reveal neglect or abuses within the activities of an organisation, government body or company [...] that threaten public interest, its integrity and reputation." (TI 2009a: 45)

The term whistleblowing first appeared in the United States, referring to a person providing information on unlawful or unethical activities of which he had personal knowledge to authorities, without an interest in personal gain. In the German speaking world, this term, however, has a very negative connotation, almost equivalent with squealer (cf. Geiblinger 2008: 66). Whistleblowing is considered to be an essential and unique tool for corruption prevention (cf. Donner/Mörtl 2008: 264). Its uniqueness essentially derives from its multiple effects on corruption practices. The act of whistleblowing itself serves as a deterrent, in the sense that if whistleblower policies are in place, or whistleblowing has been successful in an organisational scheme, other corrupt practices might be prevented. Furthermore, whistleblowers can provide essential internal information which might not be accessible otherwise. Most importantly, whistleblowing can be seen as an empowering process of the individual, as one person can, without knowledge or help from others, act against corrupt practices.

Franz-Hermann Brüner argues that corruption often does not have an individual victim which could press charges, but corruption affects a wider circle. This is where the whistleblower comes in, namely as the person who can provide sufficient information for those wider circles which can press charges. Therefore, surrounding conditions have to be established that make it possible for whistleblowers to inform the authorities about illicit activities. Brüner suggests providing whistleblower protection which can ensure that the informant is safe from, for instance, mobbing at the workplace, or to ensure continuous employment (cf. Brüner 2008: 10). From my point of view, a contradiction could be found here, as one can assume that, by offering a reward, more people will come forward with less accurate or even false information, if the provider of false information would not face severe consequences.

Generally speaking, one can distinguish between internal and external whistleblowers, on the one hand, and whether the reporting is being done internally or externally on the other hand. An internal whistleblower is in most cases an employee, or a person who is directly involved with the organisation, company or association, while an external whistleblower is a person who is not directly involved. Internal channels for reporting misconduct are not always available and can appear in various forms, for instance as a separate office for reporting misconduct, or as part of the responsibility of a position within the organisation, company or association. Opportunities to report misconduct externally are often provided by the state, however, in the context of international organisations this can prove to be difficult because of issues of jurisdiction.

Another distinction has to be made between whistleblower policies and whistleblower protection policies. Whistleblower policies attempt to regulate and standardise the whistleblowing process. Whistleblower protection policies, on the other hand, are policies that exist in order to guard potential whistle blowers from retaliation as a result of their whistleblowing activities. In some cases, whistleblower protection policies can be found embedded in whistleblower policies, yet in other cases they do not exist at all.

3 Approaches to, effectiveness of and criticism on whistleblower policies

There are a great number of approaches to explain whistleblowing. In this article, I will present only on three, namely whistle-blowing based on *power relations*, based on *justice theory* and whistleblowing as so-called *political jiu-jitsu*.

If one regards whistleblowing based on power relations, the whistleblower is a new force in the power process which tries to exercise control over the organisation or part of the organisation with the goal to convince the individuals in power to bring the misconduct to an end. After receiving such a report, they have three options. Firstly, to take action against the wrongdoing and therefore follow the whistleblower's intention, secondly, to ignore the whistleblower, or, thirdly, to take actions of retaliation against the whistleblower. One can assert that the two parties, both the whistleblower and the organisation, are situated in a situation of conflict, where both try to increase their power but are at the same time attempting to minimize their dependence on the other (cf. Near/Dworkin/Miceli 1993: 394).

Approaching whistleblowing from a perspective of justice theory focuses on the reactions of the two involved parties towards one another, the whistleblower on the one side, and the organisation, parts of the organisation, or the individual who committed misconduct on the other side. The outcome of the whistleblower's actions are measured by the levels of satisfaction of the whistleblower and of the organisation. According to justice theory, the satisfaction of the whistleblower is high with the outcome and the system if there are fair procedures for reporting and the misconduct discontinues, as well as that no retaliatory acts take place. The satisfaction with the outcome for the organisation is determined by the question of whether the outcome harms the organisation (cf. Near/Dworkin/Miceli 1993: 397).

One rather new approach to the analysis of whistleblowing has been pursued by Brian Martin. He applies the concept of political jiu-jitsu and the theory of nonviolent action to an organisational system. Jiu-Jitsu is a martial art where one of the fundamental principles is to use the attacker's force to imbalance them. The theory of political jiu-jitsu also uses these concepts of attackers and balance, hence the terminology. Organisational jiu-jitsu is seen as a subset of political jiu-jitsu and is perceived as political jiu-jitsu taking place within one organisational entity. The underlying concept of political jiu-jitsu regarding whistleblowing is that a whistleblower, who executes a nonviolent action against an organisation, tempts or even forces the organisation to react and, in most cases, attack. This, in turn, causes the organisation to fall out of equilibrium. The term whistleblowing is considered to be an act of dissent driven by public interest. To give a very simple example, imagine a football player whose contract is terminated after he publicly complains against prolonged training hours, and after his protest, the majority of the club's fans side with the player and begin to boycott the club's games. Here, triggered by a nonviolent act, the attack performed by the club brought the club out of balance.

In this approach, whistleblowing is perceived as a threat to an organisation. The theory of organisational jiu-jitsu then looks at the action the organisational entity takes after the whistleblower has come forward and distinguishes a range of methods of dealing with the situation, starting from ignoring the concerns, to directly attacking the whistleblower (cf. Martin/Rifkin 2004).

There are several approaches to measure the effectiveness of whistleblowers. The juridical way of analysing effectiveness of whistleblowers and retrospectively also the policies that exist or do not exist, is to quantify the wins and losses in lawsuits commenced by whistleblowers.

However, whistleblower policies and whistleblower protection policies are often in place in order to encourage and regulate whistleblowing, and consequently the quantification of lawsuits, in this case, is not an appropriate instrument of measurement. Another option would be to measure the realisation of the whistleblower's intention. "Therefore we can define whistle-blowing as the extent to which the questionable or wrongful practice (or omission) is terminated at least partly because of whistle-blowing and within a reasonable time frame" (Near/Miceli 1993: 681).

The variable for effectiveness of the whistleblowing included factors such as the launch of an investigation into the allegations, whether the investigation was an initiative of the organisation or a legal obligation, and whether policy changes were implemented or the wrongdoing eradicated. The research shows that internal whistleblowers are often ineffective, while investigations where frequently triggered when external whistleblowers were involved (cf. Dwarkin/Baucus 1998: 1295).

In general, it can be said that criticism on whistleblower policies is mainly concerned with the aspect of whistleblower protection.*

There are two key problems with whistleblower protection policies. The first one is that if a system of absolute whistleblower protection, which guarantees the complete anonymity of the whistleblower, is put in place, neither the person who handles the anonymous tip in the first place, and much less any investigating agency following up on the tip will be able to contact the whistleblower. This can be a problem when the information in the tip is unclear, contains typos, or raises any other kind of question, and in succession, this could interfere with the investigation. The second problem is that such a complete protection does not provide any measures against a possible misuse of the whistleblowing channels. One solution could be to provide whistleblowing channels through unions or other special interest groups. In this case, the contact person for the investigator can be a union member, who then knows how to contact the informant (cf. Donner/Mörtl 2008: 265–267).

However, when looking at international organisations and especially the UN, this can prove to be highly difficult. The UN has a Staff Union, which however only represents "staff members [who are] assigned to United Nations Secretariat in New York" and further states that "[l]ocal staff of secretariat field missions shall be associate members", (UN 2007b). Consultants, interns or contractors, for instance, are not represented at all.

Another problem that arises within the system of the United Nations is that the legal framework is highly complex and it is therefore difficult to know which bodies a whistleblower can or should contact.

The importance of whistleblower policies is apparent when looking at the Transparency International TRAC methodology, which states that in order to be rated as a five star company it has to "have a robust confidential reporting system in place, and a commitment not to victimise bona fide whistle blowers, and [has] a system in place to provide less formal guidance and advice on these issues" (TI 2009b: 9).

Therefore, for whistleblower policies in an international setting it would be important that they offer sufficient information on the person, organisation or

---

* For practical considerations on whistleblowing in companies see the article of Gerhard R. Donner in this volume.

department which should be contacted, as well as provide the possibility to stay anonymous.

4 Whistleblower Protection Policies in International Conventions

Whistleblower protection policies can be found in almost all international conventions dealing with corruption and fraud. This can be seen as an indicator of the importance of such policies. However, in most cases the term whistleblower is avoided and paraphrased.

The first convention to ever address corruption is the *Inter-American Convention against Corruption* adopted by the *Organization of American States* (OAS) in 1996. Article III, Paragraph 8 establishes a framework for whistleblower protection, defining whistleblowers as "public servants and private citizens" who "report acts of corruption". It introduced the phrase "in good faith", which has found its way into the register of a great number of conventions on whistleblowing and whistleblower policies on an international level (OAS 1996).

The *African Union Convention on Preventing and Combating Corruption* states under Article 5 that countries should "adopt measures that ensure citizens report instances of corruption without fear of consequent reprisals" (AU 2003). The key word in this context however is "should", as the convention has no mandatory components.

The *Council of Europe Civil Law Convention on Corruption* states in Article 9 that "unjustified sanctions for employees who have reasonable grounds to suspect corruption and who report in good faith their suspicion to responsible persons or authorities". This article, however, does not cover whistleblowers who are no longer, or have never been employees of the organisation, nor does it specify what is considered to be unjustified (CoE 1999).

Whistleblower protection policies can be found in almost all international conventions dealing with corruption and fraud. However, in most cases the term whistleblower is avoided and paraphrased. Article 33 of the UNCAC (*United Nations Convention against Corruption*) rephrases whistleblowers as "reporting persons". The Convention differentiates clearly between witnesses and reporting persons, but leaves it to national authorities to decide whether the individual in question is to be considered to be the former or the latter. Therefore, while it is possible that a whistleblower is regarded as a witness, the act of whistleblowing without doubt makes them into reporting persons. The article states that "[e]ach State Party shall consider incorporating into its domestic legal system appropriate measures to provide protection against any unjustified treatment for any person who reports in good faith and on reasonable grounds to the competent authorities any facts concerning offences established in accordance with this Convention" (UNODC 2003, Art. 33). It is important to note that Article 33 is a non-mandatory provision. It is intended to complement Article 32 which deals with the protection of witnesses and which is to a large part mandatory.

All of these conventions have in common that whistleblower protection is not mandatory and that the definition of who is to be considered a whistleblower, and therefore fall under those protective measures, is still a matter of national jurisdiction. Furthermore, three out of the four aforementioned conventions use the term *good faith,* which is a very imprecise phrase as it is not defined who decides whether the submitted report was done in good faith. The subjective impression of doing something in *good faith* can put a whistleblower in a precarious situation, when their well-meant intentions are not seen as such.

The whistleblower protection policies that can be seen here are all very vaguely phrased, as all seem to try and avoid the criticism on whistleblower protection policies that have been mentioned above.

5 Whistleblower Policies in the United Nations Secretariat

The Secretary-General's bulletin on the "[p]rotection against retaliation for reporting misconduct and for cooperation with duly authorized audits or investigations" (ST/SGB/2005/21) was promulgated "for the purpose of ensuring that the Organization functions in an open, transparent and fair manner, with the objective of enhancing protection for individuals who report misconduct or cooperate with duly authorized audits or investigations" (UN 2005a: 1). This bulletin extends whistleblower protection to other investigations than those conducted by the *Office of Internal Oversight Services* (OIOS). ST/SGB/2005/21 further also states in Paragraph 2.3 that "[t]he transmission or dissemination of unsubstantiated rumours is not a protected activity. Making a report or providing information that is intentionally false or misleading constitutes misconduct and may result in disciplinary or other appropriate action" (UN 2005a: 2). Regarding investigations conducted by the OIOS, Paragraph 18(b) of the Secretary-General's Bulletin ST/SGB/237 of 1991 provides that "the designated officials shall be responsible for safeguarding such suggestions and reports from accidental, negligent or wilful disclosure, as well as for ensuring that the identity of the staff members and other who have submitted such reports to the Office is not disclosed, except otherwise provided in the present bulletin" (UN 1991).

Also relevant for the topic of whistle blower policy is the Secretariat's Information Circular ST/IC/2005/19 which in Paragraph 2 states that "[a]s part of the organizational integrity initiative [...] [the UN] staff emphasized the importance that they attach to integrity. In his letter of 4 June 2004 to all staff, the Secretary-General indicated that staff members would be reminded of the means available to them for reporting suspected misconduct" (UN 2005b: 1). Furthermore it is stated that "[r]eports of suspected misconduct are handled with the utmost discretion. No retaliatory action is permitted against a staff member for submitting in good faith a report of suspected misconduct or for cooperating with investigations subsequent to such a report. [...] Staff members are reminded that the submission of information or reports with knowledge of their falsity or with wilful disregard for their veracity would be inconsistent with the concept of integrity" (UN 2005b: 2).

Those regulations from 2005 were, however, partly changed by the new UN Secretary General Ban Ki-moon in 2007. In the ST/SGB/2007/11, Section 2 "The head of the Ethics Office of a separately administered organ or programme," it says that "[e]ach Ethics Office of a separately administered organ or programme shall be headed by an Ethics Officer, who shall function independently and report directly to the Executive Head of the respective separately administered organ or programme" (UN 2007a: 2). This means that a single Ethics Office would be replaced with many ethics offices within funds and programs. The advantage of having a single Ethics Office which is structurally independent of programs and funds is thereby eliminated. Instead, smaller ethics offices, which directly report to the heads of the funds and programs, are installed. As funds and programs are no longer covered by the UN Ethics Office, whistleblowers within those agencies now only have the possibility to report to internal ethics offices, which in turn have to report to the head of the organization.

Furthermore, the bulletin states that

> "[t]he United Nations Ethics Committee shall establish a unified set of standards and policies of the United Nations Secretariat and of the separately administered organs and programmes, and consult on certain important and particularly complex cases and issues having United Nations-wide implications raised by any Ethics Office or the Chairperson of the Ethics Committee." (UN 2007a: 2)

The establishment of unified standards opens up the possibility for the United Nations Ethics Committee to, in contrast to regulations by a single Ethics Office, simply employ the least common denominators of all ethics offices, and therefore lower the standards in the UN.

6 Conclusion

Whistleblowers could potentially be a powerful tool for corruption prevention. However, the problems of whistleblowing, including the guarantee of anonymity and protection from whistleblower retaliation, remain largely unsolved. International treaties avoid the term and even in the United Nations Secretariat standards for whistleblower protection are declining.

References

AU (African Union) (2003). African Union Convention on Preventing and Combating Corruption. Maputo.
Brüner, Franz-Herrmann (2006). Initiativen der Europäischen Union im Kampf gegen Korruption. Paper presented at Vorbeugung gegen und Bekämpfung von Korruption in der öffentlichen Verwaltung Europas Conference, Köln, 20–21 February 2006.
CoE (Council of Europe) (2009). Council of Europe Civil Law Convention on Corruption. Strasbourg.
Donner, Gerhard/Mörtl, Bernhard (2008). Whistleblowing, in: Ilan Fellman/Friedrich Klug (eds.): Vademecum der Korruptionsbekämpfung. Linz, 264–267.
Dworkin, Terry M./Baucus, Melissa S. (1998). Internal vs. External Whistleblowers: A Comparison of Whistleblowering Processes, in: Journal of Business Ethics, Vol. 17, 1281–1298.
Geiblinger, Eva (2008). Die Koalition gegen Korruption, in: Ilan Fellman/Friedrich Klug (eds.): Vademecum der Korruptionsbekämpfung. Linz, 63–66.
Martin, Brian/Rifkin, Will (2004). The Dynamics of Employee Dissent: Whistleblowers and Organizational Jiu-Jitsu, in: Public Organization Review: A Global Journal, Vol. 4, 221–238.
Near, Janet P./Dworkin, Terry M./Miceli, Marcia P. (1993). Explaining the Whistle-Blowing Process: Suggestion from Power Theory and Justice Theory, in: Organization Science, Vol. 4(3), Focused Issue: The Legalistic Organization, 393–411.
Near, Janet P./Miceli, Marcia P. (1995). Effective Whistle-Blowing, in: Academy of Management Review, Vol. 20(3), 679–708.
OAS (Organization of American States) (1996). Inter-American Convention Against Corruption, Washington, D.C.
TI (Transparency International) (2009a). The Anti-Corruption Plain Language Guide, Berlin.
TI (2009b). Transparency in Reporting on Anti-Corruption: A Report on Corporate Practices, Berlin.
UN (1991). Fifth report of the Steering Committee for the Improvement of the Status of Women in the Secretariat. Secretary-General's Bulletin, ST/SGB/237, 18 March 1991.
UN (2005a). Protection against retaliation for reporting misconduct and for cooperating with duly authorized audits or investigations. Secretary-General's Bulletin, ST/SGB/2005/21, 19 December 2005.
UN (2005b). Reporting of suspected misconduct. Secretariat. ST/IC/2005/19, 24 March 2005.
UN (2007a). United Nations system-wide application of ethics: separately administered organs and programmes. Secretariat. ST/SGB/2007/11, 30 November 2007.
UN (2007b). Statute and Regulations of the United Nations Staff Union, New York.
UNODC (United Nations Office on Drugs and Crime) (2003). United Nations Convention against Corruption, Vienna.

Zum unterschiedlichen Verständnis von korrupten und strafwürdigen Handlungen – Eine empirische Untersuchung

Lucas Grafl

Abstract

Um das Korruptionsverständnis und die Korruptionsnorm empirisch fassen zu können, wurden in der hier vorgestellten Versuchsanlage drei unterschiedlichen sozialen Gruppen mehrere genau spezifizierte, als korrupt erachtenswerte Handlungssituationen zur Bewertung vorgelegt. Es konnte gezeigt werden, dass es zwar einen Minimalkonsens bei der begrifflichen Bestimmung der Korruption gibt, dass einige der vorgelegten Handlungen aber sehr unterschiedlich bewertet werden – ein und dieselbe Handlung gilt in einer sozialen Gruppe als korrupt, während sie in der anderen nicht als korrupt gilt. Zudem gelten als korrupt definierte Sachverhalte nicht zwangsläufig auch als sanktionswürdig. Ein nicht unwesentlicher Teil der Befragten übt eindeutig Nachsicht oder kann sich nicht auf eine eindeutige Aussage festlegen, wenn es um die Sanktionierung von als korrupt erachteten Handlungen geht.

1 Einleitung

Korruption kann sich auf der Handlungsebene in vielen unterschiedlichen Arten konkretisieren, wie etwa der Schmiergeldzahlung an öffentliche Bedienstete, der illegalen Parteispende oder der Bestechung von Mitarbeitern privatrechtlicher Unternehmen. Welche dieser Handlungen letztlich als korrupt gewertet werden, hängt von gesellschaftlichen Konventionen und Moralvorstellungen ab. In diesem Beitrag wird beleuchtet, welche Handlungen in der Gesellschaft überhaupt als korrupt aufgefasst werden und welche Sanktionsnormen in Bezug auf diese Handlungen bestehen. Die Definition von bestimmten Handlungen als korrupt reicht nicht aus, um das tatsächliche Korruptionsniveau einer Gesellschaft fassen zu können. Nur wenn als korrupt erachtete Handlungen in der Gesellschaft auch sanktioniert werden, kann eine Verbreitung dieser Handlungen und damit die Durchdringung der Gesellschaft durch das Phänomen der Korruption eingedämmt werden. Deshalb zielt diese Arbeit auch darauf ab, die Bereitschaft zur Sanktionierung von korrupten Handlungen zu beleuchten.

Um das Korruptionsverständnis und die Korruptionsnorm empirisch fassen zu können, wurden den Befragten in der hier vorgestellten Versuchsanlage mehrere genau spezifizierte, als korrupt erachtenswerte Handlungssituationen zur

Bewertung vorgelegt. Zudem wurden unterschiedliche soziale Gruppen in ihrer Bewertung der Handlungssituationen als korrupt oder nicht korrupt, strafwürdig oder nicht strafwürdig miteinander verglichen, um mehr über das unterschiedliche Verständnis von Korruption und deren Akzeptanz erfahren zu können.

Dieser Beitrag zielt darauf ab, mittels geeigneter Techniken die gegebenen Konventionen und Moralvorstellungen in Bezug auf die Korruption fassen zu können. Eine Einordnung des in der Gesellschaft vorhandenen Verständnisses von Korruption ist eine wesentliche Aufgabe der Sozialforschung und Vorleistung für den öffentlichen Prozess zur Bildung und Sensibilisierung von Sanktionsnormen zu korrupten Handlungen.

Um das Problem der unzureichenden begrifflichen Bestimmung von Korruption zu verdeutlichen, wird hier zuallererst in die Unterschiede des juristischen, alltagssprachlichen und soziologisch-wissenschaftlichen Korruptionsbegriffes eingeführt. Im Anschluss daran werden die verwendete Methode und die Ergebnisse der Untersuchung zum Verständnis von Korruption und deren Sanktionswürdigkeit vorgestellt.

2 Unterschiede und Gemeinsamkeiten zwischen dem juristischen, alltagssprachlichen und soziologisch-wissenschaftlichen Korruptionsbegriff

Von der juristischen Perspektive betrachtet ist die korrupte Handlung ein Sachverhalt, der eindeutig in einer Rechtsnorm festgesetzt ist. Der juristische Begriff ist somit an Rechtskonventionen gebunden. Eine solche Konvention kann von Land zu Land variieren und ist zudem im Zeitablauf variabel. Zu unterscheiden ist hiervon die soziale Norm, die zwar in einem Wechselverhältnis mit der Rechtsnorm steht, aber nicht zwangsläufig mit ihr übereinstimmen muss. So kann es nach Heinrich Popitz (2006: 70) auch „ohne bzw. jenseits einer Rechtsnorm eine empirisch aufweisbare soziale Normgebundenheit" geben. Umgekehrt kann eine Rechtsnorm auch unabhängig von einer sozialen Norm bestehen.

In einer Realkontaktbefragung zum Thema Korruption meinte ein Befragter, er würde korrupte Handlungen eher rechtfertigen, als illegale Handlungen. Wie kann diese Aussage zustande kommen? Geht man von dem juristischen Begriff aus, dann sind alle korrupten Handlungen illegitim. Folglich ist eine illegitime Handlung der generelle Tatbestand, eine korrupte Handlung eine spezifische Ausformung dieses Tatbestandes. Von diesem Standpunkt her kann eine korrupte Handlung einer illegalen nicht vorgezogen werden, weil eine korrupte Handlung immer illegal ist. Die Aussage des Befragten wäre nicht logisch konsistent, wenn nicht die Möglichkeit berücksichtig wird, dass strafrechtlich normierte Handlungen sozial legitimiert sein können. Die empirische Sozialforschung kann sich also nicht darauf verlassen, dass soziale Normen und Rechtsnormen jederzeit und in allen Fällen zusammenfallen. Gerade weil die juristischen Normen in der alltäglichen Praxis nicht immer Geltung haben, ist eine Erhebung des gesellschaftlichen Verständnisses von Korruption und der Bereitschaft, korrupte Handlungen zu sanktionieren, von großer Bedeutung.

Vom soziologischen Standpunkt her sind sowohl der alltagssprachliche, als auch der juristische Korruptionsbegriff relevant. Um das Ausmaß von Korruption in einer Gesellschaft erheben zu können, muss es ein Verständnis dafür geben, in welchen verschiedenen Formen sich Korruption realisieren kann. Zusätzlich braucht es aber eine theoretische Grundlage, mittels derer es möglich ist, auf analytischer und abstrakter Ebene korrupte von nicht korrupten Handlungen, sowie verschiedene Ausformungen der Korruption, voneinander abgrenzen zu können. Hierfür bietet sich u.a. Talcott Parsons' Theorie der Tauschmedien an. Parsons (1980) unterscheidet vier verschiedene Tauschmedien – Geld, Macht, Einfluss, Loyalität – die jeweils eine spezifische Funktion in einer ausdifferenzierten Gesellschaft erfüllen. Nach Henrik Kreutz (2006: 13) kann Korruption als ein Tausch dieser Medien, bei dem „nur die Interessen der unmittelbar Beteiligten berücksichtigt werden", definiert werden. Der Tausch von Geld gegen Macht ist wahrscheinlich die bekannteste Form von Korruption und auch jene, mit der der Begriff Korruption üblicherweise in Verbindung gebracht wird.[1] Der soziologische Begriff der Korruption kennt aber auch andere, analytisch differenzierte Formen der Korruption. Eine zweite Form der Korruption wäre z.B. der illegitime Tausch von Macht gegen Einfluss. Diese Form könnte als Lobbyismus bezeichnet werden; dies wäre ein Tatbestand, der von der juristischen Seite betrachtet eher im Graubereich zwischen legaler und illegaler Handlung steht. Eine weitere Form des problematischen Tausches stellt der Nepotismus dar, bei dem zumeist Macht gegen Loyalität getauscht wird.

Ob der soziologische Begriff in Form einer spezifizierten Handlung mit dem alltagssprachlichen Verständnis zusammenfällt, ist für die Setzung des Begriffs selber nicht relevant. Ob diese spezifizierte Handlung als korrupt gewertet wird oder nicht, ist aber eine wesentliche empirische Frage. Die übliche Herangehensweise in der empirischen Korruptionsforschung ist aber die Frage nach der Meinung über das Vorkommen einer eher unspezifizierten Korruption oder

---

1 Eine Pressemitteilung einer österreichischen Tageszeitung (Die Presse, 7. Dezember 2007, S. 6) mit dem Titel „Alle an Korruption gewöhnt" verdeutlicht die übliche, enge Fassung des Korruptionsbegriffes: „Summa summarum ist Österreich im internationalen Vergleich freilich ein Musterschüler. Nur ein Prozent der befragten gab an, schon einmal jemanden bestochen zu haben, um eine bestimmte Leistung zu erhalten." Das Kriterium für den internationalen Vergleich des Korruptionsniveaus erschöpft sich in dieser Meldung in dem Tatbestand der Bestechung.

der Bestechung, ohne dass diese beiden Begriffe zuvor für die Befragten näher bestimmt werden. Was von Seiten des Forschers unter Korruption verstanden wird, muss näher spezifiziert werden, damit es nicht jedem Befragten selbst überlassen bleibt, wo er die Grenze zwischen korrupten und nicht korrupten Sachverhalten zieht. In Grafl (2007) wird aufgezeigt, dass die Akzeptanz von Korruption einen umgekehrten Effekt auf die Wahrnehmung haben kann – die normative Kraft des Faktischen lässt das Individuum eine korrupte, aber üblich gewordene Handlung nicht mehr als korrupt wahrnehmen.

Um das Verständnis des mehrdeutigen Korruptionsbegriffes empirisch fassen zu können, werden im folgenden Abschnitt die Ergebnisse der Untersuchung zum Verständnis des Korruptionsbegriffes und zur Sanktionsbereitschaft gegenüber korrupten Handlungen dargestellt. Vorangestellt ist eine Einführung in die dazu angewandte Methode der Vignettentechnik.

3 Empirische Analyse mittels Vignettentechnik

Die hier vorgestellte Methode bedient sich der so genannten Vignettentechnik und wurde in der kanadischen Studie von Gibbons (1989) zum ersten Mal für die empirische Korruptionsforschung verwendet. Diese Methode wurde in leicht adaptierter Weise in der Studie von Andersson (2002) und Kreutz (2006) repliziert. Letztere Untersuchung stand für eine Sekundäranalyse zur Verfügung.[2]

Bei einer Untersuchungsanlage, die sich der Vignettentechnik bedient, werden den Respondenten mehrere sich voneinander unterscheidende Handlungssituationen (Vignetten) zur Beurteilung gemäß einer einheitlichen Skala vorgelegt. Die Vignetten sollten dabei jeweils aus der Darstellung einer eindeutigen Handlung in einer eindeutigen Situation bestehen. Der Gewinn für die empirische Korruptionsforschung besteht darin, dass verschiedenste Ausformungen der Korruption, wie etwa die Bestechung, die Patronage oder der Nepotismus in ihrer Beurteilung als korrupt oder nicht korrupt verglichen und unterschieden werden können. Im Folgenden sind jene zwölf Sachverhalte aufgelistet, die den Befragten in Form von Handlungssituationen zur Beurteilung vorgelegt wurden:

---

[2] Die Erhebungen für diese Studie fanden im Zeitraum von Winter 2005 bis Sommer 2006 im Rahmen einer Methodenlehrveranstaltung am Lehrstuhl für Soziologie und Sozialanthropologie an der Universität Erlangen statt. Die Informationen zur Untersuchungsanlage sind großteils dem Forschungsbericht des Lehrstuhls für Soziologie und Sozialanthropologie (Kreutz 2006) entnommen. Eine Zusammenfassung der als Basis für diese Studie fungierenden Theorien findet sich im Forschungsbericht des Lehrstuhls für Soziologie und Sozialanthropologie (Kreutz 2005).

- Nepotistische Stellenbesetzung
- Patronage einer Partei
- Erkaufen der Wählergunst
- Bestechung
- Annahme einer Parteispende
- Geben einer Parteispende
- Legislativer Interessenkonflikt
- Betrug
- Legislative Einflussnahme
- Parteidisziplin
- Bürokratischer Interessenkonflikt
- Nepotistisches Amtsvergehen

Die genaue Ausformulierung der einzelnen Vignetten ist in Tabelle 1 ersichtlich.

Die Handlungssituationen „Entgegennahme einer Parteispende", „Geben einer Parteispende" und „Patronage einer Partei" sind in der Versuchsanlage jeweils einer bürgerlich-konservativen und einer sozialdemokratischen Wirkungssphäre zugeordnet und bilden damit insgesamt sechs Vignetten ab. Diese Unterscheidung wird hier allerdings nicht berücksichtigt.

In der vorliegenden Erhebung wird jede Vignette von den Befragten in fünf verschiedenen Hinsichten beurteilt. Jede einzelne dieser Beurteilungsdimensionen hat zwei konkrete Ausprägungen. Folgende drei semantische Differentiale werden hier berücksichtigt:

- Dimension 1: korrupt – nicht korrupt
- Dimension 2: üblich – unüblich
- Dimension 3: strafwürdig – nicht strafwürdig

Für jede dieser drei Dimensionen gibt es zusätzlich die Reaktionsmöglichkeit „lässt sich so nicht sagen". Dieser Antwortmöglichkeit gilt eine besondere Aufmerksamkeit, da sie nicht eindeutig zu interpretieren ist. Es sind mehrere Faktoren für diese Art von Reaktion möglich: (1) die Beurteilungsdimension passt nicht zu der betreffenden Handlungssituation, (2) die Beurteilung liegt zwischen den beiden extremen Positionen, (3) die Beurteilung kann aufgrund von ungenügendem Wissen nicht beantwortet werden, oder (4) man entzieht sich bewusst der Beantwortung dieser Frage.

Tabelle 1: Konkretisierung zur Bewertung vorgelegter Handlungssituationen

Vignette	Konkretisierung der Vignette
Nepotistische Stellenbesetzung	Ein Angestellter im öffentlichen Dienst hat in seiner Position das entscheidende Wort bei der Anstellung neuer Mitarbeiter in seiner Abteilung. Er schlägt für eine freie Stelle einen Verwandten vor, obwohl dieser weniger qualifiziert ist als ein anderer Mitbewerber.
Patronage einer Partei	Nachdem die bürgerlich-konservative /sozialdemokratische Partei bei der Wahl in Nordrheinwestfalen/Sachsen-Anhalt eine Regierungsbeteiligung errungen hat, versetzt sie in ihrem "Machtbereich" eine Reihe von höheren Angestellten in den einstweiligen Ruhestand und andere an unbedeutende Posten. Auf die so frei gewordenen Stellen setzt sie loyale eigene Anhänger.
Erkaufen der Wählergunst	Während des Wahlkampfs kündigt einer der Kandidaten an, seine Partei beabsichtige ein großes Bauprojekt in dem Wahlkreis zu realisieren. Er betont dabei, dass das Projekt nur dann realisiert wird, wenn er selbst diesen Wahlbezirk für seine Partei gewinnen kann.
Bestechung	Herr Ypsilon, ein durchschnittlicher Staatsbürger, möchte einen für ihn vorteilhaften Verwaltungsakt von einem Angestellten im öffentlichen Dienst erwirken. Er bietet dem Amtsträger an, ihm ein neues Fernsehgerät mit Plasmabildschirm zu einem symbolischen Minimalpreis zu verschaffen.
Geben einer Parteispende	Ein mittelständischer Unternehmer spendet 50.000 Euro in den Wahlkampffond eines bürgerlich-konservativen / sozialdemokratischen Parlamentskandidaten. Die Partei stellt dem Unternehmer eine Spendenquittung aus.
Annahme einer Parteispende	Ein mittelständischer Unternehmer spendet 50.000 Euro in den Wahlkampffond eines bürgerlich-konservativen / sozialdemokratischen Parlamentskandidaten. Die Partei stellt dem Unternehmer eine Spendenquittung aus.
Legislativer Interessenkonflikt	Ein politischer Abgeordneter besitzt ein Aktienpaket eines Bergbauunternehmens im Wert von 50.000 Euro. Er stimmt für ein Gesetz, das auch diesem Unternehmen erhebliche Steuererleichterungen gewährt.
Betrug	Die leitenden Angestellten in der Einkaufsabteilung eines großen privaten Unternehmens setzen erhebliche Vergünstigungen für sich selbst bei den Lieferanten ihrer Firma durch.

Vignette	Konkretisierung der Vignette
Legislative Einflussnahme	Die Parlamentarierin Frau Iks bezieht während der Anhörungsphase zu einer Gesetzesvorlage Stellung im Sinne eines bestimmten Unternehmens in ihrem Wahlkreis. Diese Unternehmen haben im Jahr zuvor beträchtliche finanzielle Mittel zu ihrer Wahlkampagne beigetragen.
Parteidisziplin	Herr Ypsilon äußert offen seine Absicht, bei der unmittelbar bevorstehenden Abstimmung zu einer neuen Gesetzesvorlage gegen seine eigene Partei zu stimmen. Ihm wird vom Vorstand seiner Partei nahe gelegt, die Parteidisziplin einzuhalten. Für den Fall, dass er nicht Folge leistet wird ihm angedroht, dass er nicht mehr nominiert wird und er keinerlei Unterstützung mehr erhält.
Bürokratischer Interessenkonflikt	Eine Gruppe von öffentlichen Angestellten bei einer Regierungsbehörde nutzt ihr Wissen und ihre Kontakte um eine Consultingfirma zu etablieren. Die Firma berät private Klienten. Die betreffenden Angestellten bleiben im öffentlichen Dienst als Ganztagsbeschäftigte und arbeiten gleichzeitig in ihrer Freizeit für die Consultingfirma.
Nepotistisches Amtsvergehen	Politiker legen die Arbeitsaufgaben und Pflichten eines Beamten in einem neuen Tätigkeitsbereich fest. Das Wissen dieser Politiker über den tatsächlichen Arbeitsablauf ist aber gering und es kommt daher zu einer erheblichen Mehrbelastung für den öffentlich Bediensteten. Dieser beschließt die entstandenen Überstunden eigenmächtig auszugleichen. Unter anderem nimmt er seine Gattin auf Dienstreisen mit und verrechnet auch die Kosten für seine Gattin gegenüber seiner Behörde ohne dies zu deklarieren.

Bei der Auswahl der Befragten wurde bewusst keine gesamtgesellschaftliche Repräsentativität angestrebt. Ziel war die Auswahl von verschiedenen, in sich relativ homogenen Bevölkerungsteilen, die sich hinsichtlich einiger theoretisch relevanter Faktoren voneinander unterscheiden. Für die vorliegende Studie wurden Mitglieder eines Rotary Clubs, Studierende und Experten befragt. Diese drei sozialen Gruppen wurden entlang der beiden Dimensionen „Insiderwissen" und „Besondere institutionelle Wertbindung an das Treuhandprinzip" ausgewählt. Die Vereinigung der Rotarier ist gemäß ihrer Entstehungsgeschichte ein Kollektiv, das gegen jegliche Form von Korruption und Wirtschaftskriminalität gerichtet ist. Überdies dürfte diese Gruppe aufgrund der beruflichen Stellung ihrer Mitglieder über ein relativ großes Insiderwissen verfügen. Die Population der Studierenden setzt sich zusammen aus den Teilnehmern einer Methodenausbildung des Soziologiestudiums an der Universität Erlangen. Als Kollektiv weisen sie keine besondere institutionelle Wertorientierung gegen Korruption und Wirtschaftskriminalität auf. Zugleich dürften sie in ihrem Ausbildungsstadium nicht über ein überdurchschnittliches Insiderwissen verfügen, obgleich es durchaus möglich ist, dass sie aufgrund ihrer Studienwahl ein überdurchschnittliches Interesse an der Thematik dieser Umfrage haben. Die Personen, die als „Experten" geführt werden, sind von den Studierenden aus ihrem Bekannten- und Verwandtenkreis ausgesucht und um Mitwirken gebeten worden. Das Auswahlkriterium war dabei die Einschätzung der Person als „Meinungsführer" im Hinblick auf Korruptionsvorgänge in der Gesellschaft. Der zentrale Unterschied dieser Population zu den Rotariern besteht jedenfalls darin, dass die Experten nicht durch eine besondere institutionelle Wertbindung an das Treuhandprinzip gekennzeichnet sind.

4 Untersuchungsergebnisse zur Bewertung von Handlungen als korrupt

Zunächst wird dargestellt, welche der vorgelegten Handlungssituationen überhaupt als korrupt bewertet werden. In Tabelle 2 sind die relativen Häufigkeiten der Votierung als „korrupt" eingetragen, und zwar für jede der vorliegenden Handlungssituationen und getrennt nach den drei Subgruppen.

Werden alle Befragten als Grundgesamtheit herangezogen, so werden folgende sechs der zwölf vorgelegten Vignetten mehrheitlich als korrupt definiert: die Bestechung, das nepotistische Amtsvergehen, der Betrug, die nepotistische Stellenbesetzung, die legislative Einflussnahme und der bürokratische Interessenkonflikt.[3] Die Auswertung für die einzelnen Subpopulationen zeigt jedoch, dass nur drei dieser sechs Vignetten auch in jeder einzelnen Subpopulation mehrheitlich als „korrupt" bezeichnet werden. Das sind jene Sachverhalte, die den Befragten zu den Themen

- Bestechung,
- bürokratischer Interessenkonflikt und
- nepotistisches Amtsvergehen

vorgelegt wurden. Welche Gemeinsamkeiten weisen die drei „korruptesten" Sachverhalte auf? Die drei Situationen eint der Umstand, dass jeweils ein Beamter bzw. öffentlich Bediensteter in die beschriebene Handlung involviert ist. Das Prädikat „korrupt" scheint somit am besten auf jene Situationen zu passen, in

---

[3] In dieser Analyse gilt ein Sachverhalt aus der Perspektive der Befragten dann als korrupt, wenn er von mehr als der Hälfte der Befragten auch dezidiert als „korrupt" bezeichnet wird. Als eine weitere Trennlinie könnte der durchschnittliche Anteil, der eine Vignette als „korrupt" bezeichnet, herangezogen werden.

denen eine vom Staat bezahlte Person in die beschriebene Malversation verwickelt ist.[4]

Tabelle 2: Relative Häufigkeit der Votierung der Handlungen als „korrupt"

Handlungssituation	Gesamt	Rotarier	Experten	Studierende
	(n=116)	(n=35)	(n=44)	(n=37)
Bestechung	92 %	94 %	98 %	84 %
Nepotistisches Amtsvergehen	68 %	77 %	66 %	62 %
Betrug	67 %	77 %	82 %	41 %
Nepotistische Stellenbesetzung	59 %	74 %	48 %	59 %
Legislative Einflussnahme	56 %	46 %	64 %	57 %
Bürokrat. Interessenkonflikt	56 %	63 %	55 %	51 %
Legislat. Interessenkonflikt	47 %	31 %	45 %	62 %
Patronage einer Partei	41 %	19 %	35 %	69 %
Erkaufen der Wählergunst	38 %	31 %	32 %	51 %
Parteidisziplin	34 %	26 %	25 %	54 %
Annahme einer Parteispende	25 %	10 %	27 %	36 %
Geben einer Parteispende	19 %	10 %	18 %	30 %

Diese Konvention über die drei Subgruppen ist jedenfalls ein wichtiger Befund zur besseren Fassung des alltagssprachlichen Korruptionsbegriffes. Ein weiterer Gewinn dieser Auswertung ist die Feststellung, dass es keinesfalls ein eindeutiges Verständnis darüber gibt, welche Handlungen korrupt oder nicht korrupt sind. Während es zumindest drei Handlungssituationen gibt, die von allen drei befragten Gruppen mehrheitlich als korrupt bezeichnet werden, gibt es keinen einzigen Sachverhalt, der in allen drei Subpopulationen mehrheitlich als „nicht korrupt" bezeichnet wurde. Die Rotarier und Experten halten sowohl die aktive, als auch die passive Parteispende als „nicht korrupt". Unter den Experten gelten zusätzlich die Parteidisziplin und die Patronage in der sozialdemokratischen Sphäre mehrheitlich als „nicht korrupt". Unter dem Kollektiv der Studierenden gilt kein einziger Sachverhalt als dezidiert „nicht korrupt". Wichtig zu erwähnen ist auch noch der Umstand, dass einzelne Vignetten in den Ranglisten der korruptesten Sachverhalte zwischen den Gruppen sehr unterschiedlich gereiht sind. Am augenscheinlichsten ist der Unterschied bei der Beurteilung der Patronage: Die Auswechslung eines parteipolitisch unliebsamen Spitzenbeamten wird von

---

[4] Die einzige Vignette, bei der ein „Angestellter im öffentlichen Dienst" als Akteur auftritt und die nicht in allen drei Subpopulationen mehrheitlich als korrupt bezeichnet wird, ist die nepotistische Stellenbesetzung – die Experten bezeichnen jene als einzige nicht mehrheitlich, aber immerhin mit 48 % als „korrupt".

über zwei Drittel der Studierenden als korrupt empfunden. Somit steht dieser Sachverhalt in der Rangliste der korruptesten Sachverhalte gleich hinter der Bestechung. Unter den Rotariern liegt dieser Anteil gerade einmal bei ungefähr 20 %, und damit auf einem der hinteren Plätze. Umgekehrt gilt der Betrug für die Rotarier, als auch für die Experten, mit um die 80 % Voten als einer der korruptesten Sachverhalte. Unter den Studierenden liegt dieser Anteil bei 41 %, und damit eher am Ende der Rangliste.

Um ein noch tieferes Verständnis für diese drei „korruptesten" Handlungssituationen zu erhalten, werden nun die Ergebnisse zu diesen drei Sachverhalten eingehender beleuchtet. Hierzu sind in Tabelle 3 die Ergebnisse für die drei Vignetten Bestechung, bürokratischer Interessenkonflikt und nepotistische Stellenbesetzung zusammengefasst und das Antwortverhalten auch auf die übrigen beiden Antwortdimensionen ausgewiesen.

Es zeigt sich zuallererst, dass das Kollektiv der Studierenden am wenigsten dazu geneigt ist, diese drei Vignetten als „korrupt" einzustufen. Dies ist vor allem darauf zurückzuführen, dass sich ein wesentlicher Anteil der Studierenden, nämlich fast ein Viertel, nicht auf eine der zwei gegensätzlichen Eigenschaften festlegen kann. Weshalb sich ein solch relativ hoher Anteil unter den Studierenden nicht für eine konkrete Antwort entscheidet, kann hieraus nicht erklärt werden. Ob sich diese relativ häufige Enthaltung auf diese drei Vignetten beschränkt, wird noch zu klären sein.

Tabelle 3: Durchschnitt der relativen Häufigkeiten der Vignetten Bestechung, bürokratischer Interessenkonflikt und nepotistisches Amtsvergehen

Gruppe	**Rotarier**	**Experten**	**Studierende**
	(n=35)	(n=44)	(n=37)
korrupt	78 %	73 %	66 %
nicht korrupt	8 %	12 %	12 %
keine Festlegung	14 %	15 %	23 %
strafwürdig	73 %	73 %	52 %
nicht strafwürdig	10 %	14 %	13 %
keine Festlegung	17 %	13 %	35 %
üblich	11 %	17 %	23 %
unüblich	50 %	59 %	34 %
keine Festlegung	39 %	23 %	42 %

Betrachtet man die Beurteilungen hinsichtlich der Strafwürdigkeit, so fällt erneut auf, dass es unter den Studierenden einen, relativ zu den anderen beiden Teilpopulationen, hohen Anteil von Enthaltungen gibt – 35 % der Studierenden können sich nicht auf eine der beiden konkreten Antworten festlegen. So kommt es auch, dass diese drei vorgelegten Sachverhalte von ungefähr drei Viertel der Rotarier und Experten, jedoch nur von ungefähr der Hälfte der Studierenden als „strafwürdig" bewertet werden.

Wird nach der Wahrnehmung dieser drei korrupten Handlungen gefragt, so fällt zuallererst auf, dass mehr als die Hälfte der Rotarier und Experten die beschriebenen Sachverhalte als „unüblich" empfinden. Interessanterweise gibt es gerade unter den Studierenden, denen das geringste Insiderwissen unterstellt wurde, den höchsten Anteil von Befragten, der die vorgelegten Vignetten für „üblich" hält. Zudem ist es bemerkenswert, dass sich neben den Studierenden auch die Rotarier großteils nicht auf eine konkrete Antwort festlegen können. Unter den Experten ist der Anteil jener Befragten, die sich dem Votum enthalten, mit 23 % nur ungefähr halb so groß.

Um mehr Licht in das unterschiedliche Antwortverhalten der drei Subgruppen bringen zu können ist es sinnvoll, noch einmal auf die Bewertung bezogen auf alle Vignetten zurückzukommen.

5 Untersuchungsergebnisse zum unterschiedlichen Korruptionsverständnis zwischen den befragten sozialen Gruppen

In der folgenden Tabelle sind die durchschnittlichen Anteile jener Befragten, die für eine bestimmte Ausprägung der Beurteilungsdimension „korrupt – nicht korrupt" votiert haben, getrennt für die drei Subpopulationen ausgewiesen. Zusätzlich ist die Standardabweichung im Querschnitt über alle Vignetten angeführt.

Tabelle 4: Durchschnitt der relativen Häufigkeiten über alle Vignetten zur Beurteilungsdimension „korrupt – nicht korrupt"

Gruppe	Rotarier	Experten	Studierende
	(n=35)	(n=44)	(n=37)
korrupt	40 %	45 %	53 %
nicht korrupt	31 %	40 %	20 %
keine Festlegung	29 %	15 %	27 %
Standardabweichung	0,30	0,24	0,16

Im Querschnitt wird jede Vignette unter den Studierenden zu 53 %, unter den Experten zu 45 % und unter den Rotariern zu 40 % als „korrupt" bezeichnet. Im Gegensatz zur separaten Analyse der drei korruptesten Handlungen scheinen die Studierenden also viel eher dazu geneigt zu sein, die vorgelegten Handlungen als korrupt zu bewerten. Kann man nun davon ausgehen, dass die Studierenden einen breiteren Begriff der Korruption besitzen? Betrachtet man die Standardabweichung über alle Vignetten, dann zeigt sich, dass das Kollektiv der Rotarier eine fast doppel so hohe Standardabweichung bei der Definition der Situation aufweist, als das Kollektiv der Studierenden. Bei einem Durchschnittswert von ungefähr 50 % bedeutet dies nun, dass die Rotarier als Kollektiv für jede der fünfzehn Vignetten eine weitaus spezifischere Definition abgeben. Die Rotarier haben als Kollektiv eine viel einheitlichere Meinung darüber, welche Handlung als korrupt oder nicht korrupt gilt. Diese stärkere kollektive Ausdifferenzierung der Definierung der Sachverhalte lässt sich wahrscheinlich darauf zurückführen, dass die Rotarier ein – in Relation zu den anderen beiden Teilpopulationen – homogeneres Kollektiv in Hinblick auf die Gruppenmeinung sind. Dies könnte darin begründet sein, dass es zwischen den Mitgliedern dieses Rotary Clubs einen regelmäßigen und dadurch verdichteten Diskurs über spezifische Werte und Diskussionen zu bestimmten Sachthemen, wie eben der Korruption, gibt.[5]

Die spezifischere Definierung der Sachverhalte unter den Rotariern bringt es nun mit sich, dass bei den Studierenden zwar die Vignetten durchschnittlich, die Rotarier aber einzelne Vignetten – wie eben die drei „korruptesten" Sachverhalte – mit einem höheren Anteil unter den Befragten als korrupt bezeichnen. Somit kann festgehalten werden, dass im Kollektiv der befragten Studierenden zwar ein etwas breiterer, aber gleichzeitig eher diffuser Begriff der Korruption vorherrscht.

Zum Antwortverhalten über alle Vignetten hinweg bleibt noch zu sagen, dass die Experten die vorgelegten Sachverhalte viel klarer in „korrupt" und „nicht korrupt" abstecken: Unter den Experten legen sich durchschnittlich nur etwa 15 % nicht auf eine der beiden Ausprägungen fest, während dieser Anteil unter den Rotariern und Studierenden bei 30 % liegt. Das bedeutet zugleich, dass, in Relation zu den anderen Subpopulationen, ein hoher Anteil der Experten, nämlich 40 %, die Vignetten durchschnittlich als „nicht korrupt" bezeichnet.

---

5 Die spezifischeren Urteile der Rotarier lassen sich auch bei den übrigen Beurteilung erkennen: Auf die Frage nach der Sanktionswürdigkeit ist – im Vergleich zu den Studierenden – eine doppelt so hohe Varianz im Antwortverhalten zwischen den Vignetten zu bemerken. Ähnliches ergibt sich bei der Frage nach der Wahrnehmung der Situationen, wobei der Gleichklang unter den Rotariern hier neben der verdichteten Kommunikation auch auf deren individuell ähnliche Stellung in der Gesellschaft und folglich analogen Erfahrung zurückzuführen sein könnte.

6 Ergebnisse zur Bereitschaft, korrupte Handlungen zu sanktionieren

Eine soziale Norm hat nach Popitz (2006: 69) nur dann Geltung, wenn auf das als abweichend empfundene Verhalten auch eine Sanktion folgt. Demnach ist die Bereitschaft, eine korrupte Handlung zu sanktionieren ein nützlicher Indikator für das Vorhandensein einer Korruptionsnorm in einer Gesellschaft. Im Folgenden wird daher analysiert, inwieweit eine Handlungssituation als strafwürdig eingeschätzt wird, wenn sie zuvor auch als korrupt bewertet wurde. Hierzu sind in der nachstehenden Tabelle folgende bedingte Häufigkeiten ausgewiesen: Die Grundgesamtheit bilden jeweils nur jene Personen, die die einzelne Handlungssituation als korrupt bezeichnen. In Prozentsätzen ausgewiesen ist jener Anteil, der diese Vignette dann als (a) strafwürdig bezeichnet, (b) sich nicht festlegt oder (c) als nicht strafwürdig erachtet.

Tabelle 5: Relative Häufigkeit der Bewertung von als korrupt erachteten Tatsachen als strafwürdig

	a) strafwürdig			b) keine Festlegung			c) nicht strafwürdig		
	Rot.	Exp.	Stud.	Rot.	Exp.	Stud.	Rot.	Exp.	Stud.
Bestechung	88 %	93 %	74 %	9 %	7 %	26 %	3 %	0 %	0 %
nepotistisches Amtsvergehen	93 %	93 %	65 %	4 %	3 %	26 %	4 %	3 %	9 %
Betrug	78 %	69 %	60 %	11 %	17 %	27 %	11 %	14 %	13 %
bürokratischer Interessenkonfl.	64 %	71 %	68 %	27 %	17 %	26 %	9 %	13 %	5 %
Geben einer Parteispende	54 %	75 %	45 %	17 %	14 %	42 %	29 %	11 %	13 %
legislativer Interessenkonfl.	36 %	75 %	61 %	18 %	15 %	17 %	45 %	10 %	22 %
Annahme einer Parteispende	54 %	66 %	42 %	17 %	14 %	38 %	29 %	20 %	21 %
Patronage einer Partei	39 %	42 %	59 %	8 %	20 %	25 %	52 %	38 %	16 %
legislative Einflussnahme	38 %	54 %	48 %	25 %	18 %	29 %	38 %	29 %	24 %
Erkaufen der Wählergunst	36 %	29 %	47 %	18 %	21 %	42 %	45 %	50 %	11 %
Parteidisziplin	22 %	40 %	50 %	11 %	30 %	40 %	67 %	30 %	10 %
nepotistische Stellenbesetzung	38 %	33 %	36 %	38 %	24 %	27 %	23 %	43 %	36 %
Mittelwert	0,53	0,62	0,55	0,17	0,17	0,30	0,30	0,22	0,15
Standardabw.	0,23	0,22	0,12	0,10	0,07	0,08	0,21	0,16	0,10

Anm.: Die Grundgesamtheit bilden jene Befragten, die die jeweilige Vignette als „korrupt" bezeichnet haben.

Die Sanktionsbereitschaft über alle vorgelegten Handlungssituationen hinweg, unabhängig davon, ob sie auch als korrupt eingeschätzt wird, liegt im Mittel bei 31 %. Wird der vorgelegte Sachverhalt jedoch als korrupt bewertet, so wird er im Mittel mehrheitlich als strafwürdig bewertet – der Mittelwert liegt bei den Rotariern bei 53 %, bei den Studierenden bei 55 % und bei den Experten bei 62 %. Damit wird deutlich, dass die Bewertung einer Situation als korrupt einen Einfluss auf die Empfindung dieser Situation als strafwürdig hat. Das Ergebnis zeigt aber auch, dass ein als korrupt definierter Sachverhalt nicht zwangsläufig als sanktionswürdig angesehen wird. Die Standardabweichung zwischen 12 % bei den Studierenden und 24 % bei den Rotariern macht es überdies ersichtlich, dass es deutliche Abstufungen in der Bewertung zwischen den einzelnen Vignetten gibt. Erstens gibt es nur vier als korrupt erachtete Handlungssituationen, die unter allen Subpopulationen auch als strafwürdig bewertet werden; darunter befinden sich die drei als korruptest eruierten Sachverhalte und zusätzlich der Betrug. Ferner gibt es Situationen, die in allen drei Gruppen eher Nachsicht genießen, wie etwa die nepotistische Stellenbesetzung – nur bei etwa einem Drittel folgt der moralischen Verurteilung auch eine Sanktionsdrohung. Drittens werden manche Situationen zwischen den Gruppen sehr unterschiedlich bewertet: Gilt die Parteidisziplin als korrupt, so wird sie unter den Studierenden von über der Hälfte, unter den Rotariern aber nicht einmal von einem Viertel als strafwürdig bezeichnet. Unter den Rotariern gibt es sogar eine deutliche Mehrheit, die diesen Sachverhalt dann als „nicht strafwürdig" bewertet.[6] Eine ähnliche Divergenz besteht auch bei der Bewertung der Patronage und im umgekehrten Fall beim legislativen Interessenkonflikt.

Fast ein Drittel der die Vignetten als „korrupt" einstufenden Rotarier übt eindeutig Nachsicht wenn es um die Sanktionierung dieser Handlungen geht. Unter den Experten ist dieser Anteil mit 23 % etwas niedriger, und bei den Studierenden mit 16 % gar nur halb so groß. Sind die Studierenden nun strikter wenn es um die Frage nach der Sanktionierung von als korrupt eingestuften Handlungen geht? Dies lässt sich deshalb nicht so eindeutig sagen, weil mit 31 % ein gegenüber den anderen Subpopulationen doppelt so hoher Anteil unter den Studierenden sich der Festlegung bezüglich der Strafwürdigkeit entzieht. Es gibt in diesem Kollektiv zwar relativ wenige Befragte, die eindeutig Milde walten lassen; der relativ hohe Anteil von Nichtantwortenden lässt aber einen großen Raum von fehlenden, virtuellen Informationen übrig.

---

6 Es muss allerdings beachtet werden, dass überhaupt nur 20 % aller befragten Rotarier diese Situation als korrupt einstufen.

7 Zusammengefasste Ergebnisse der Untersuchung

Ziel dieses Beitrags war eine empirische Analyse zum Verständnis von korrupten Handlungen und der Bereitschaft, als korrupt erachtete Handlungen auch zu sanktionieren. Die Analyse hat ergeben, dass die begriffliche Bestimmung der Korruption zwischen verschiedenen homogenen Teilbevölkerungen, aber auch innerhalb dieser, relativ stark variieren kann. Werden alle Befragten als Grundgesamtheit herangezogen, so werden sechs der zwölf vorgelegten Handlungssituationen mehrheitlich als korrupt definiert: die Bestechung, das nepotistische Amtsvergehen, der Betrug, die nepotistische Stellenbesetzung, die legislative Einflussnahme und der bürokratische Interessenkonflikt. Aber nur die Bestechung, das nepotistische Amtsvergehen und der bürokratische Interessenkonflikt werden auch in jeder der drei befragten Teilpopulationen mehrheitlich als korrupt definiert. Diese drei Sachverhalte teilen jedenfalls das Merkmal, dass jeweils ein öffentlich Bediensteter bzw. Beamter in der beschriebenen Malversation involviert ist. Während es zumindest drei Handlungssituationen gibt, die von allen drei befragten Gruppen mehrheitlich als korrupt bezeichnet werden, gibt es keinen einzigen Sachverhalt, der in allen drei Subpopulationen mehrheitlich als „nicht korrupt" bezeichnet wurde. Es konnte demnach gezeigt werden, dass es zwar einen Minimalkonsens bei der begrifflichen Bestimmung der Korruption gibt, dass einige der vorgelegten Handlungen aber sehr unterschiedlich bewertet werden – ein und dieselbe Handlung gilt in einer sozialen Gruppe als korrupt, während sie in der anderen nicht als korrupt gilt.

Auch innerhalb von bestimmten Teilpopulationen war teilweise keine eindeutige, sondern eher diffuse Auslegung des Korruptionsbegriffes gegeben, was sich durch uneinheitliches Beantworten und durch eine mangelnde Festlegung auf eine eindeutige Bewertung manifestierte. Um ein einheitliches und klar differenziertes Verständnis von Korruption schaffen zu können, scheint jedenfalls eine verdichtete Kommunikation zu diesem Thema förderlich zu sein.

Wird um das Vorhandensein einer Korruptionsnorm gefragt, so zeigt sich, dass die Bewertung einer Situation als korrupt einen Einfluss auf die Empfindung einer Situation als strafwürdig hat – wird die vorgelegte Handlungssituation als korrupt definiert, so wird sie im Mittel auch mehrheitlich als strafwürdig bewertet. Es zeigt sich aber auch, dass ein als korrupt definierter Sachverhalt nicht zwangsläufig auch als sanktionswürdig angesehen wird. Ein nicht unwesentlicher Teil der Befragten übt eindeutig Nachsicht oder kann sich nicht auf eine eindeutige Aussage festlegen, wenn es um die Sanktionierung dieser Handlungen geht. Zudem zeigt sich, dass die Strafwürdigkeit von einigen als korrupt erachteten Sachverhalten zwischen verschiedenen Bevölkerungsgruppen stark variiert und innerhalb dieser nicht eindeutig ausgelegt werden kann. Diese fehlende und zwischen homogenen Teilbevölkerungen unterschiedliche Überschneidung von als korrupt bewerteten Handlungen und deren Einstufung als sanktionswürdig ist ein Befund für sich und bedarf jedenfalls einer weiteren und tiefer gehenden Analyse.

Literatur

Andersson, Staffan (2002). Corruption in Sweden. Exploring Danger Zones and Change, Umea University, Department of Political Science.

Gibbons, Kenneth (1989). Variations in Attitudes towards Corruption in Canada, in: Arnold Heidenheimer/Michael Johnston/Victor LeVine (Hg.): Political Corruption: A Handbook. New Brunswick, 763–780.

Grafl, Lucas (2007). Die Durchdringung der Gesellschaft durch das Phänomen Korruption – Problem der bisherigen empirischen Korruptionsforschung, Auswertung einer Korruptionserhebung und Entwicklung eines Instruments zur Erhebung der Korruptionsnorm einer Gesellschaft, Abschlussarbeit an der Universität Wien, unveröffentlichtes Manuskript, Wien.

Kreutz, Henrik (2005). Die empirische Erfassung von Korruption: Probleme der Validität, Reliabilität und Repräsentativität. Eine methodenorientierte Studie, in: L.SOSO Forschungsbericht 2005, Nürnberg, 10–21.

Kreutz, Henrik (2006). 'Ils vont tuer le capitalisme!' – diese bedenkenlosen Manager werden den Kapitalismus noch umbringen! Die Gefährdung von Demokratie und freier Wirtschaft durch treulose Treuhändern. Eine empirische Untersuchung, in: L.SOSO, Forschungsbericht 2006, Nürnberg, 8–29.

Parsons, Talcott (1980). Zur Theorie der sozialen Interaktionsmedien, in: Stefan Jensen (Hg.): Studienbücher zur Sozialwissenschaft (Bd. 39), Opladen.

Popitz, Heinrich (2006). Soziale Normen, Frankfurt am Main.

Erlebte Korruption als Korruptionsindikator – Neue Chancen für die Messung von Korruption am Beispiel europäischer Erhebungen

Matthias Pázmándy

Abstract

In der empirischen Korruptionsforschung wird das Korruptionsniveau eines Landes üblicherweise über den Indikator Korruptionswahrnehmung gemessen. Eine Reihe jüngerer Studien zeigt, dass die Korruptionswahrnehmung einer Person von sozio-ökonomischen Faktoren wie etwa sozialem Status oder Bildung beeinflusst wird. In diesem Artikel wird der Indikator erlebte Korruption vorgestellt, der Korruption über tatsächlich erlebte Ereignisse, in diesem Fall Bestechung, misst. In zwei großen Bevölkerungsumfragen, dem *Global Corruption Barometer* von Transparency International und dem *Eurobarometer* der Europäischen Kommission wird erlebte Korruption abgefragt. Dieser Artikel geht auf den Indikator näher ein und stellt Zahlen erlebter Korruption aus Europa im Zeitraum 2004 bis 2010 vor.

1 Einleitung – Das Messen von Korruption

Wie viel Korruption gibt es wirklich? Das Interesse in Politik, Wirtschaft, Wissenschaft und Öffentlichkeit das wahre Ausmaß von Korruption zu kennen wird, nicht zuletzt aufgrund der medialen Berichterstattung über zahlreiche Korruptionsaffären, immer größer. Das Messen von Korruption ist daher zu einer immer wichtigeren Herausforderung geworden. Dabei gibt es verschiedene Ansätze dies zu tun (Langseth 2006; Sampford et al. 2006). Alle Methoden stehen jedoch vor dem grundlegenden Problem, dass Korruption nur sehr schwierig zu messen ist. Die Problematik liegt darin begründet, dass Korruption leichter als andere Delikte im Dunkeln bleibt, da beide Seiten einer Korruptionsbeziehung an der Geheimhaltung ihres Handelns interessiert sind. Korruption ist zwar kein opferloses Delikt (Höffling 2002: 49), als das es häufig fälschlicherweise bezeichnet wird, es ist aber ein Delikt, bei welchem das Opfer – der Staat bzw. die Steuerzahler oder ein Unternehmen – meist erst lange nach der Tat, wenn über haupt, erfährt, dass es geschädigt wurde. Im Gegensatz zu einem Gewaltdelikt oder den meisten Eigentumsdelikten kann sich das Opfer nicht sofort an die Behörden wenden.

Daher wird Korruption meist über den Indikator *Korruptionswahrnehmung* gemessen. Dabei werden Personen befragt, wie korrupt sie eine bestimmte Region oder eine bestimmte Berufsgruppe einschätzen. Mithilfe dieser Wahrnehmungswerte werden in Folge verschiedene Indizes erstellt, in denen Länder aufgrund des wahrgenommenen Korruptionsniveaus gereiht werden. Der bekannteste dieser Indizes ist der *Corruption Perceptions Index* (CPI) der NGO Transparency International. In den letzten fünf Jahren zweifelten jedoch eine Reihe an Arbeiten (Olken 2006, Donchev/Ujhelyi 2008, Rose/Mishler 2008, Smith 2008) an dessen Validität, dem wichtigsten sozialwissenschaftlichen Gütekriterium einer Messung (Schnell/Hill/Esser 2008). Die Frage ist, ob tatsächlich jenes soziale Phänomen gemessen wird, welches vor der Messung als Messziel definiert wurde und nicht etwa nur ein ähnliches oder gar ein ganz anderes Konstrukt. Diese Frage stellt sich hier insbesondere für die Messung von Korruption in Bevölkerungsumfragen.

In diesem Artikel wird der Fokus auf einen anderen Indikator für Korruption gelegt, auf die Erhebung tatsächlich erlebter Korruption oder, kriminologisch ausgedrückt, *Korruptionsviktimisierung*. Im Gegensatz zu bisherigen Verfahren wird dabei nicht Wahrnehmung als allgemeiner Indikator für Korruption herangezogen, sondern es wird tatsächlich erlebtes Verhalten erfasst. Dieser Ansatz ist besonders in der kriminologischen Forschung verbreitet, wo lange mit dem Problem der schwankenden Zuverlässigkeit von Kriminalstatistiken gekämpft wurde und man in Folge vermehrt zu Viktimisierungsstudien griff (Seligson 2006: 387). Diese werden gemeinhin als zuverlässiger angesehen, besonders wenn es sich um Dunkelfeldkriminalität handelt, wie auch Korruption eine ist.

Im *Global Corruption Barometer* (GCB), einer anderen Studie von Transparency International, bei der die Bevölkerung zu Korruption befragt wird, ist eine Frage nach der tatsächlich erlebten Korruption enthalten; ebenso im *Eurobarometer* (EB), eine Umfragereihe der Europäischen Kommission. In diesem Beitrag werden empirische Befunde aus GCB und EB zu tatsächlich erlebter Korruption in Europa präsentiert.

2   Das Messen von Korruption

Kaum jemand würde eine Messung des subjektiven Sicherheitsgefühls in der Bevölkerung mit dem tatsächlichen Niveau an Sicherheit in einer Gesellschaft gleichsetzen. Beim Messen von Korruption wird üblicherweise die reine Wahrnehmung als Indikator verwendet. Das mag bei Expertenbefragungen berechtigt sein, da dort von der Annahme ausgegangen wird, dass der jeweilige Experte eine besondere Kenntnis der Branche, oder des Geschäftsfeldes hat, über das er eine Aussage trifft. Trotzdem ist auch die validere Herangehensweise die Anwendung von Projektionsfragen, d.h. Fragen bei denen der/die RespondentIn nicht direkt über sich selbst eine Aussage trifft, sondern sein eigenes Verhalten oder seine eigene Meinung auf ähnliche Fälle projiziert. Eine derartige Frage verwendet beispielsweise die *EBRD World Bank Business Environment and Enterprise Performance Survey* (BEEPS)*. Durch solche Fragen muss der Befragte weder sich, noch sein Unternehmen kompromittieren und kann trotzdem für einen vordefinierten Zeitraum die konkrete Häufigkeit von Bestechungen angeben. In Bevölkerungsumfragen, die nach einem allgemeinen Korruptionsausmaß fragen, zeigt sich, dass das angegebene Niveau wahrgenommener Korruption nur schwach mit eigenen Korruptionserfahrungen zusammenhängt. Vielmehr sind es sozio-ökonomische Einflussfaktoren, die die Wahrnehmung von Korruption stark beeinflussen. Die Analysen von Individualdaten aus Bevölkerungsfragen kamen zu dem Ergebnis, dass allgemeine Korruptionswahrnehmung von gesellschaftlichen Einflüssen abhängt, dass aber das tatsächliche persönliche Erleben von Korruption nur schwach bis gar nicht mit Korruptionswahrnehmung korreliert (u.a. Olken 2006, Treisman 2007, Donchev/Ujhelyi 2008, Rose/Mishler 2008, Smith 2008). Der Autor dieses Beitrags konnte in einer jüngeren Studie mit Daten des Eurobarometers zeigen, dass sozioökonomische Faktoren, wie etwa der soziale Status einer Person oder deren Bildung, größeren Einfluss auf die Korruptionswahrnehmung ausüben, als dies die persönlich erlebte Korruption tut (Pázmándy 2010). Es scheint, dass das Ausmaß von Korruptionswahrnehmung weitaus mehr ein Maß an Unzufriedenheit mit der Politik widerspiegelt, als dass es ein Indikator für tatsächliche Korruption wäre (vgl. Smith 2008, Smith/Matějů 2009). Einstellungen zum Korruptionsausmaß können sich durch die Berichterstattung der Medien (Rose/Mishler 2008), durch Gerüchte sowie Informationen aus zweiter Hand bilden. Dass die Korruptionswahrnehmung durchwegs weit höher liegt als persönlich erlebte Korruption bzw. Korruptionsviktimisierung, liegt vermutlich an all diesen Gründen.

Trotzdem hat auch der Indikator der tatsächlich erlebten Korruption, bzw. Korruptionsviktimisierung seine Einschränkungen (Seligson 2006: 389). Erstens sind nicht alle Korruptionsopfer tatsächlich Opfer. Es kommt natürlich auch vor, dass ein Bestechungsgeld aus freien Stücken angeboten wird. Es wäre naiv zu glauben, dass die Initiative immer von Beamten ausgehe (Galtung 2006: 104). Es liegt auf der Hand, dass in diesem Fall die Respondenten einer Umfrage eventuell keine Auskunft über ihr eigenes korruptives Handeln geben, da sie dadurch eine strafbare Handlung bekanntgeben würden. Außerdem müssen sie nicht zwangsläufig Opfer von Korruption sein, sondern können vielmehr Partner einer Agent-Klient-Beziehung sein.[1]

---

* Siehe für Details den Beitrag von Tina Olteanu in diesem Band.
1 In der klassischen Sichtweise ist das Opfer von Korruption der Prinzipal, meist der Staat, der vom Agenten um ihm zustehende Werte, üblicherweise Zahlungen des Klienten, gebracht wird. In die-

Die Kritik, dass der Indikator erlebter Korruption nur Kleinkorruption erfassen könne, trifft nur teilweise zu. Prinzipiell gehören in Bevölkerungsumfragen alle Bevölkerungsschichten zur Grundgesamtheit, d.h. auch Entscheidungsträger aus Politik und Wirtschaft. Da diese in der Praxis aus Gründen der Erreichbarkeit von Bevölkerungsumfragen nur teilweise erfasst werden, führt dies dazu, dass mögliche Großkorruption untererfasst wird. Von mancher Seite wird argumentiert, dass das Ausmaß von Kleinkorruption und Großkorruption eng miteinander korrelieren müsse, da es unvorstellbar wäre, dass es viel Kleinkorruption aber nur wenig Großkorruption gibt (Seligson 2006: 389). Die umgekehrte Situation ist viel eher vorstellbar, nämlich, dass es wenig Kleinkorruption, aber viel Großkorruption gibt. Große politische Korruptionsaffären der jüngeren Zeit in Ländern wie Finnland, Großbritannien und Österreich – Länder, denen insgesamt ein geringes bis mittleren Niveau allgemeiner Korruption attestiert wird – deuten darauf hin (EK 2009b). Das würde bedeuten, dass geringe Werte erlebter Korruption noch nicht auf geringe Großkorruption schließen lassen.

3 Korruptionserleben in Europa anhand von Eurobarometer und Global Corruption Barometer

3.1 Daten

Die Daten des *Global Corruption Barometer* (GCB) und des *Eurobarometer* existieren für einen Zeitraum von sechs Jahren, von 2004 bis 2010. Die Daten liefern einen Überblick über die Entwicklungen der Zahlen erlebter Korruption in Europa.

Der GCB, im Auftrag von Transparency International von Gallup International durchgeführt, existiert seit 2004, die letzte Umfragewelle wurde 2010 durchgeführt.[2] Über die Jahre wurden inhaltlich verschiedene Schwerpunkte mit unterschiedlichen Fragen gewählt. Die Kernfragen sind jedoch seit der Studie 2004 vorhanden, etwa die Frage nach tatsächlich erlebter Korruption. Diese Frage lautete im englischsprachigen Quellfragebogen: „In the past 12 months, have you or anyone living in your household paid a bribe in any form?" (TI 2004).

Seit 2006 wurde gezielt nach erlebter Korruption im Kontakt mit verschiedenen gesellschaftlichen Institutionen gefragt. Diese waren das Bildungssystem,

---

sem Fall wird aber der Klient als das Opfer angesehen, also der Bittsteller auf einem Amt, der ohne eine Extrazahlung an den Agenten nicht zu seinem legitimen Anspruch kommt.
2 2003 wurde im Rahmen der *Voice of the People*-Reihe von Gallup-International eine Pilotstudie durchgeführt, die aber in wichtigen Punkte anders ist.

das Rechtssystem/Gerichtsbehörden, medizinische und ärztliche Dienste, die Polizei, Melde-, Zulassungsbehörden, allgemeine Versorgungsunternehmen, sowie das Finanzamt. In weiterer Folge kam 2009 die Frage nach Liegenschaftsbehörden hinzu und 2010 die Frage nach dem Zoll, wobei die Studie generell erheblich in ihrem Umfang wuchs.

Die Befragungen für den GCB werden in verschiedenen Ländern unterschiedlich durchgeführt: über das Internet, telefonisch oder durch persönliche Befragung. Die Stichproben reichen von unter 500 bis über 1000 Befragte.[3]

Der Eurobarometer zur Korruption wurde 2005, 2007 und 2009 erhoben – ebenfalls mit leicht unterschiedlichen Schwerpunkten.[4] Die Frage nach erlebter Korruption, die über die Jahre identisch blieb, lautet: „Over the last 12 months, has anyone in (country) asked you, or expected you, to pay a bribe for his or her services?" (EK 2005; 2007; 2009a). Gefragt wird nach folgenden Gruppen: Personen, die im Polizeidienst arbeiten, Personen, die im Zolldienst arbeiten, Personen, die im Justizdienst arbeiten, Politiker auf nationaler Ebene, Politiker auf regionaler Ebene, Politiker auf lokaler Ebene, Beamte, die öffentliche Aufträge vergeben, Beamte, die Baugenehmigungen erteilen, Beamte, die Gewerbegenehmigungen erteilen, Personen, die im öffentlichen Gesundheitswesen arbeiten, Personen, die im öffentlichen Bildungswesen arbeiten und Inspektoren (Gesundheit, Bau, Lebensmittelqualität, Sanitätskontrolle und Lizenzvergabe) (ebd.).

In der Formulierung zeigen sich zwei bedeutende Unterschiede zum GCB. Erstens wird die jeweilige Person nach ihren persönlichen Erfahrungen gefragt, im Gegensatz zum GCB, bei dem sie über Erlebnisse aller Haushaltsmitglieder befragt wird. Zweitens zielt die Frage nicht, wie im GCB, auf ein gezahltes Bestechungsgeld ab, sondern darauf, ob der/die RespondentIn nach einem Bestechungsgeld gefragt wurde, bzw. eines von ihm oder ihr erwartet wurde. Mindestens 1000 RespondentInnen wurden pro Land befragt.[5]

Sowohl die Daten des GCB als auch des EB lassen in den Kernfragen einen Vergleich über die Zeit zu, da diese Fragen über die Jahre hinweg gleich blieben und so eine konstante Messung gewähren. Dies bildet einen wesentlichen Vor-

---

3 Vor allem in älteren Versionen des GCB sind in einigen Ländern die Stichproben äußerst klein und entsprechen nicht oder nur sehr bedingt allgemeinen Standards der Umfrageforschung. Zwar haben sich die Stichproben in den jüngeren Studien erhöht, dafür wurde, besonders in Europa, vermehrt auf Online-Befragungen umgestiegen, bei denen ebenso methodische Zweifel anzumelden sind.
4 Die Berichte wurden 2006, 2008 und 2009 publiziert, weswegen sich die Jahresangaben in manchen Publikationen unterscheiden.
5 Außer Irland (976), Zypern (Rep.) (505), Luxemburg (500), Malta (500), Deutschland Ost (515) und Nordirland (306). Die Stichprobe wurde zunächst geschichtet aus regionalen Verwaltungseinheiten gezogen, danach wurde für jeden der Erhebungspunkte nach dem Zufallsprinzip eine Ausgangsadresse gezogen. Die weiteren Adressen wurden nach dem Random-Route-Verfahren ausgewählt. Im Haushalt wurde der Befragte nach der Geburtstags-Regel ausgewählt.

teil, etwa gegenüber dem CPI. Bei diesem ist kein Vergleich über die Zeit möglich. Zwar wird der CPI jährlich herausgegeben und es finden auch Verschiebungen auf den Rangplätzen statt, doch lassen diese Verschiebungen keine Aussage darüber zu, ob sich ein Land tatsächlich verbessert oder verschlechtert hat. Das liegt an folgenden Gründen: Zum Einen baut der Index Jahr für Jahr auf unterschiedlichen Studien auf, zum Anderen werden immer wieder dieselben Studien in mehreren aufeinanderfolgenden Jahren verwendet (Galtung 2006, Lambsdorff 2006, Treisman 2007). Auch Veränderungen des Scores des CPI liegen nicht immer an einer anderen Wahrnehmung, sondern an Veränderungen im Sample oder der Methodik (Lambsdorff 2006: 83). Besonders problematisch ist dieser Umstand in der medialen Darstellung, wo jährlich Zeitvergleiche und darauf basierende politische Bewertungen durchgeführt werden.

3.2 Befunde erlebter Korruption in Europa

Sehen wir uns nun die Werte erlebter Korruption in Europa an. Der höchste Wert erlebter Korruption im Eurobarometer liegt bei 29,1 % in der Slowakei im Jahr 2007 (Tabelle 1). Den niedrigsten Wert haben jeweils Luxemburg und Nordirland mit 0,3 % ebenfalls im Jahr 2007. Den höchsten Wert im GCB erreicht Litauen mit 34 % im Jahr 2010, den niedrigsten mit jeweils 0 % Spanien und die Niederlande 2005, sowie Dänemark 2010.

Teilweise zeigen sich große Diskrepanzen zwischen den Prozentwerten erlebter Korruption in GCB und EB. Besonders ins Auge sticht hier Österreich, wo die Werte im EB von 2005 bis 2009 zwischen 10,6 % und 14,4 % liegen,[6] im GCB hingegen zwischen 1 % und 4 %. Italien erreicht 2005 im EB einen Wert von 13,4 %, 2004 im GCB dagegen nur einen Wert von 2 %. Bulgarien erreicht im Jahr 2007 im EB 20,6 %, im GCB hingegen nur 7 % und Griechenland im selben Jahr im EB 10 %, im GCB hingegen 27 %. Viele andere Länder haben jedoch Werte, die nahe beieinander liegen.

Für die zwischen GCB und EB abweichenden Werte gibt es mehrere Erklärungsmöglichkeiten. Höhere Werte im Eurobarometer als im GCB könnten darauf hinweisen, dass in diesen Ländern häufig nach Bestechungsgeldern gefragt wird, diese aber nicht gezahlt werden. Daraus entstünde folglich eine Differenz zwischen erwartetem Bestechungsgeld und gezahltem Bestechungsgeld. Eine

---

6 Im offiziellen Bericht der Europäischen Kommission (EK 2009b) wird der Wert erlebter Korruption in Österreich mit 13,1 % angegeben und daher meist auch so zitiert. Allerdings erhält man den Wert von 13,1 % bei Berechnungen mit der Gewichtung für die Größe des Landes – eine Vorgehensweise, die nur bei der Berechnung eines gemeinsamen europäischen Mittelwertes sinnvoll ist. Der ungewichtete Wert für Österreich liegt bei 14,1 %.

zweite Möglichkeit wäre, dass es den Respondenten leichter fällt, die Frage des EBs, ob nach einem Bestechungsgeld gefragt wurde oder eines erwartet wurde, zu beantworten, da nicht von einer eigenen Zahlung berichtet werden muss, wie es im GCB der Fall ist. Hier könnte die Angst, sich selbst in rechtliche Schwierigkeiten zu bringen, den Ausschlag geben.

In Ländern mit höheren Werten im GCB, wo also häufiger angegeben wurde Bestechungsgelder gezahlt zu haben, als Bestechungsgelder erwartet wurden, ist die Situation eine andere. Hier müsste in dem Fall die Schlussfolgerung lauten, dass die Menschen auch in Situationen eine korrupte Zahlung leisten, in denen sie gar nicht gefragt oder in denen es gar nicht von ihnen erwartet wurde.

Nicht zuletzt besteht die Möglichkeit, dass es bei der Datenerhebung von GCB und Eurobarometer Unterschiede gibt, die aufgrund des Zustandekommens der Daten zu erklären sind, seien es unterschiedliche Stichproben (Stadt/Land) oder seien es Qualitätsprobleme bei der Stichprobenerstellung bzw. der Datenerhebung.

Nun im Überblick zu den Ergebnissen: Die Daten des EB, mit denen sich ein europäischer Durchschnitt berechnen lässt, zeigen von 2005 auf 2007 einen Anstieg von 6 % auf 8,4 % und von 2007 auf 2009 einen Anstieg auf 9,4 %. Da 2007 Rumänien – ein Land mit sehr hohen Korruptionsraten – der EU beitrat, ist der Anstieg teilweise auf diesen Umstand zurückzuführen. Bliebe man bei dem EU-25-Schnitt von 2005, ohne Rumänien und Bulgarien, so wäre der Wert 2007 mit 7,1 % und 2009 mit 8,4 % immer noch um jeweils 1 % höher. Es gilt abzuwarten, ob sich dieser Trend fortsetzt.

Mit den Daten des GCB lässt sich kein europäischer Mittelwert bilden, da die Länderzusammensetzung jedes Jahr unterschiedlich ist. Allerdings lässt sich mit den jüngsten Daten ein europaweiter Anstieg der erlebten Korruptionsfälle von 2009 auf 2010 attestieren. In 11 von 21 Ländern wurde von 2009 auf 2010 ein Anstieg verzeichnet. Mit den Eurobarometerdaten kann diese Veränderung noch nicht beobachtet werden, da Daten nur bis 2009 vorliegen.

Tabelle 1: Korruptionsviktimisierungsrate in Europa (EB und GCB)

Frage	Over the last 12 months, has anyone in (country) asked you, or expected you, to pay a bribe for his or her services?			In the past 12 months have you or anyone living in your household paid a bribe in any form?					
Land	EB 2005	EB 2007	EB 2009	GCB 2004	GCB 2005	GCB 2006	GCB 2007	GCB 2009	GCB 2010
Belgien	3,1	4,7	4,1						
Bulgarien		20,6	16,2	6	7	8	7	5	8
Dänemark	1,7	1,9	1,4	2	1	2	2	1	0
Deutschland (West)	3,2	3,7	3,8	1	2	2			2
Deutschland Ost	2,4	6,1	6,2						
Estland	6,7	5,3	5,3	6					
EU	6,0	8,4	9,4						
Finnland	3,6	1,7	3,0	3	3	1	2	2	2
Frankreich	3,6	3,2	2,7	2	2	2	1		7
Griechenland	14,3	10,0	16,4	11	12	17	27	18	18
Großbritannien	1,4	1,3	2,7	1	1	2	2	3	1
Irland	1,8	3,4	3,1	1	1		2		4
Italien	13,4	9,8	17,6	2					13
Lettland	16,2	14,5	17,4	18					15
Litauen	28,2	26,5	26,6	32	28		29	30	34
Luxemburg	1,2	0,3	5,0	2	6	6	6	4	16
Malta	4,8	2,8	5,0						
Niederlande	2,1	2,3	2,7	2	0	2	2	1	2
Nord Irland	1,6	0,3	0,7						
Österreich	10,6	14,4	14,1	1	4	2	1	2	9
Polen	14,5	10,0	13,2	5	8	5		4	15
Portugal	4,0	5,6	8,1	2	2	2	2	2	3
Rumänien		28,9	25,3	25	22	20	33	14	28
Schweden	4,1	1,5	2,6				1		
Slowakei	25,7	29,1	21,9						
Slowenien	6,3	5,5	5,7						4
Spanien	3,4	12,8	10,0	2	0	2	3	2	5
Tschech. Rep.	18,5	16,7	15,4	21	18	17	13	11	14
Ungarn	22,1	19,3	16,7					14	24
Zypern (Republik)	3,6	4,7	5,5						

EK (2005; 2007; 2009a), TI (2004; 2005; 2006; 2007; 2009; 2010)
Für EU-Mittelwert nach Ländergröße gewichtet. 2007 EU-25: 7,1, 2009 EU-25 8,4
Konfidenzintervalle: Eurobarometer ± 1,9 % bis ± 3,1 %
GCB (2004 - 2009): ± 4 %, GCB (2010): ± 2,18 % bis ± 4,40 %

4 Fazit und Forschungsbedarf

In diesem Artikel wurde auf erlebte Korruption als Indikator von Korruption eingegangen. Da es sich bei dem Indikator Korruptionserleben jeweils um einen Bericht über tatsächlich Erlebtes handelt und nicht um die subjektive Wahrnehmung eines Phänomens, kann Korruption direkter gemessen werden. Weil die individuelle Korruptionswahrnehmung als Indikator für Korruption stark von sozio-ökonomischen Variablen beeinflusst wird, wie eine Reihe jüngerer Studien gezeigt hat (Olken 2006, Donchev/Ujhelyi 2008, Rose/Mishler 2008, Smith 2008, Pázmándy 2010), scheint es sinnvoll, den Indikator erlebte Korruption verstärkt einzusetzen.

Zwei Datensätze, die eine derartige Variable enthalten, wurden hier vorgestellt. Die Daten des *Global Corruption Barometer* von Transparency International und des *Eurobarometers* der Europäischen Kommission geben einen Überblick über die Entwicklung der Korruptionszahlen von 2004 bis 2010. In einer deskriptiven Darstellung der Zahlen erlebter Korruption wurde ein Überblick über Korruption in Europa gegeben. Einerseits zeigt sich ein heterogenes Bild, mit unterschiedlichen Entwicklungen in verschiedenen Ländern, auf das an anderer Stelle gesondert eingegangen werden müsste, andererseits zeigt sich ein genereller Anstieg von Korruption in Europa innerhalb der letzten Jahre.

Die Fragestellungen von GCB und EB sind unterschiedlich, da im GCB nach gezahlten Bestechungsgeldern und im EB nach erfragten bzw. erwarteten Bestechungsgeldern gefragt wird. Im GCB bezieht sich die Frage auf alle Haushaltsmitglieder, im EB auf die konkret befragte Person. Auch in den Ergebnissen treten Diskrepanzen auf. Ob diese tatsächlich inhaltlicher Natur sind, oder methodische Gründe haben, muss Gegenstand zukünftiger Forschungsarbeiten sein, die die Individualdatensätze detailliert auswerten.

Bei den vorliegenden Datensätzen wird Korruption auf Bestechung reduziert. Dies ist aufgrund der nötigen Eingrenzung bei einer konkreten Frage notwendig. Allerdings sollte klargestellt werden, dass Korruption nicht mit dem Phänomen der Bestechung alleine erfasst werden kann. Nepotismus, Patronage und Ämterklientilismus gehören ebenfalls dazu. Diesen Themen muss in Zukunft mit Fragen nach konkret erlebten Vorfällen ebenso Aufmerksamkeit gewidmet werden, wie der Bestechung, auch wenn dies, aufgrund noch breiterer Definitionsspielräume, mit einigen Hürden verbunden sein wird.

Ein weiterer wichtiger Forschungsbereich, der eine Vertiefung der europaweiten Analysen bedeuten würde, ist ein detailliertes Eingehen auf die nationalen Gegebenheiten, in Form spezialisierter nationaler Umfragen, die auf die Bedingungen der jeweiligen Länder eingehen. Dafür werden sowohl quantitative Survey-Studien als auch qualitative Studien, die mit ausführlicheren Interviews persönliche Betroffenheit konkreter analysieren, notwendig sein. Genauso muss die Hellfeldforschung, also die Analyse von Kriminal- und Justizdaten, vorangetrieben werden[7] – dies besonders vor dem Hintergrund sich entwickelnder Rechtsprechung im Bereich der Korruption[*]. Der Indikator erlebte Korruption birgt noch viel ungenutztes Potenzial für die Korruptionsforschung. Daher sollte in Zukunft verstärkt mit Daten tatsächlich erlebter Korruption gearbeitet werden. Dieser Artikel versuchte diesen Forschungsbedarf aufzuzeigen, um ein intensives Tätigwerden in diese Richtung anzuregen.

Literatur

Donchev, Dilyan/Ujhelyi, Gergely (2008). What Do Corruption Indizes Measure? Working Paper under submission, Harvard University.
EK (Europäische Kommission) (2005). Eurobarometer 64.3, TNS Opinion & Social on request of Directorate General Justice, Freedom and Security coordinated by Directorate General Press and Communication, Brussels.
EK (2007). Eurobarometer 68.2, TNS Opinion & Social on request of Directorate General Justice, Freedom and Security coordinated by Directorate General Communication, Brussels.
EK (2009a). Eurobarometer 72.2, TNS Opinion & Social on request of Directorate General Justice, Freedom and Security coordinated by Directorate General Communication, Brussels.
EK (2009b). Einstellung des Europäer (sic!) gegenüber Korruption, TNS Opinion & Social on request of Directorate General Justice, Freedom and Security coordinated by Directorate General Communication, Brussels.
Galtung, Fredrik (2006). Measuring the Immeasurable: Boundaries and Functions of (Macro) Corruption Indices, in: Measuring Corruption, eds. Charles Sampford/Arthur Shacklock/Carmel Connors/Fredrik Galtung, Surrey, 101–130.
Höffling, Christian (2002). Korruption als soziale Beziehung, Forschung Soziologie Bd. 156, Diss. Uni Bremen, Opladen.
Lambsdorff, Johann Graf (2006). Measuring Corruption – The Validity and Precision of Subjective Indicators (CPI), in: Measuring Corruption, eds. Charles Sampford/Arthur Shacklock/Carmel Connors/Fredrik Galtung, Surrey, 81–99.
Langseth, Petter (2006). Measuring Corruption, in: Measuring Corruption, eds. Charles Sampford/Arthur Shacklock/Carmel Connors/Fredrik Galtung, Surrey, 7–44.
Olken, Benjamin A. (2006). Corruption Perceptions vs. Corruption Reality, Working Paper No. W12428, National Bureau of Economic Research (NBER), Harvard University.
Pázmándy, Matthias (2010). Socio-Economic Determinants of Corruption Perception – Empirical Evidence from 27 European Countries, Hamburg Review of Social Science, Vol. 5 (3).
Rose, Richard/Mishler, William (2008). Seeing Is Not Always Believing: Measuring Corruption Perceptions and Experiences, Elections, Public Opinion and Parties 2008 Annual Conference, University of Manchester.
Sampford, Charles/Shacklock, Arthur/Connors, Carmel/Galtung, Fredrik (eds.) (2006). Measuring Corruption, Surrey.

---

7 Darauf wies schon Sickinger (2009: 78) hin.
* Siehe etwa für Österreich den Beitrag von René Wenk in diesem Band.

Schnell, Rainer/Hill, Paul B./Esser, Elke (2008). Methoden der empirischen Sozialforschung, 8. Auflage, München.
Seligson, Mitchell A. (2006). The Measurement and Impact of Corruption Victimization: Survey Evidence from Latin America, in: World Development 34 (2), 381–404.
Sickinger, Hubert (2009). Politikfinanzierung in Österreich, Wien.
Smith, Michael (2008). Citizens' Corruption Perceptions in International Comparison: The Role of Social Status and the Interplay of Individual- and Country-Level Effects, Paper presented at the American Sociological Association Annual Meeting, Boston.
Smith, Michael/Matějů, Petr (2009). Trust, Social Justice and Corruption Perceptions in the Czech Re-public, Paper presented at the annual meeting of the American Sociological Association, San Francisco.
TI (Transparency International) (2004). Global Corruption Barometer 2004, Berlin.
TI (2005). Global Corruption Barometer 2005, Berlin.
TI (2006). Global Corruption Barometer 2006, Berlin.
TI (2007). Global Corruption Barometer 2007, Berlin.
TI (2009). Global Corruption Barometer 2009, Berlin.
TI (2010). Global Corruption Barometer 2010, Berlin.
Treisman, Daniel (2007). What Have We Learned About the Causes of Corruption from Ten Years of Cross-National Empirical Research, in: The Annual Review of Political Science, 10, 211–244.

Die EU und das postsozialistische Europa am Ende der Korruptionsskala: Hinterlassenschaft oder eine Frage der Wahrnehmung?

Tina Olteanu

Abstract

Der vorliegende Artikel beschäftigt sich mit dem Phänomen der Korruption als diskursives Element im Beitrittsprozess der postsozialistischen Länder zur Europäischen Union. Einerseits geht es darum, das wahrgenommene Ausmaß von Korruption und die tatsächlichen Korruptionserfahrungen in den postsozialistischen EU Ländern genauer zu beschreiben. Hier zeigt sich, dass die regionalen Unterschiede in den postsozialistischen „neuen" und westeuropäischen „alten" Mitgliedsländern der EU größer sind als eine spezifisch postsozialistische Ähnlichkeit. Ferner wird der Mangel an vergleichbaren empirischen Daten sichtbar. Insbesondere für die „alten" EU-Länder sind nur in begrenztem Umfang Daten zu spezifischen Korruptionsformen verfügbar. Andererseits geht es um die Frage, welcher Stellenwert der Korruptionsbekämpfung in der EU beigemessen wird und wie sich dieser in regulativen Maßnahmen widerspiegelt. Insgesamt zeichnet sich eine Diskrepanz zwischen Diskurs und regulatorischen Maßnahmen auf der EU-Ebene ab.

1   Postsozialismus, Korruption und Empirie

Der Zusammenbruch der staatssozialistischen Länder in Osteuropa veränderte das europäische Gesamtgefüge plötzlich und zugleich sehr nachhaltig. Der Niedergang eines konkurrierenden Wirtschaftssystems ging einher mit dem Bedeutungs- und Mitgliederzuwachs der Europäischen Union. Zum gleichen Zeitpunkt wurde das Thema Korruption und deren Bekämpfung auf der internationalen Agenda, etwa von der Weltbank und dem Internationalen Währungsfonds, immer stärker verankert, zunächst mit Blick auf die Entwicklungsländer in Afrika, dann aber auch die Transformationsländer in Osteuropa[*]. Dabei wurde nun – im Gegensatz zu der Forschung aus den 1960er und 70er Jahren (Leff 1964, Huntington 1968) – klar auf den schädlichen Charakter der Korruption hingewiesen, sowohl in wirtschaftlicher und, allerdings wesentlich randständiger, in gesellschaftspolitischer Hinsicht. Ungefähr zeitgleich entstand der Versuch zur Messung von Korruption durch die nichtstaatliche Organisation *Transparency Inter-*

---

[*]   Vergleiche hierzu den historischen Abriss im Beitrag von Alexander Böckmann in diesem Band.

national (TI) mit ihrem *Corruption Perceptions Index* (CPI). Durch die Kombination von diversen Expertensurveys wurden hier auf einer Skala von 10 (korruptionsfrei) bis 0 (absolut korrupt) Staaten hinsichtlich der wahrgenommenen Korruption im eigenen Land gerankt. Der dahinter liegende Korruptionsbegriff zielt folglich auf diejenigen Aspekte ab, die vor allem ausländische Unternehmer und Experten in dem besagten Land als Korruption wahrnehmen.

Dieser Versuch beflügelte anfänglich die wirtschaftswissenschaftliche und sozialwissenschaftliche Forschung, welche sich vor allem den (strukturellen) Ursachen der Korruption widmet sowie über den geeigneten „korruptionshemmenden" institutionellen Rahmen reflektiert (etwa Wahlregime vgl. Montinola/Jackman 2002). Die Ergebnisse sind häufig recht widersprüchlich etwa hinsichtlich der Frage ob Föderalismus mit weniger oder mehr Korruption einher geht (vgl. Gerring/Thacker 2004; Bohara et al. 2004). Inzwischen ist die anfängliche Euphorie darüber, Korruption messen zu können, etwas zum Erliegen gekommen, nicht zuletzt aufgrund der methodischen Kritik am CPI (vgl. Treisman 2007, Manow 2003)[*]. Dennoch ist die Leistung des CPI darin zu sehen, dass hier ein Instrument geschaffen wurde, welches die Debatte um Korruption in allen an der Studie beteiligten Ländern jährlich einer breiten Bevölkerungsgruppe durch die Medien nahe bringt und die eigene Korruptionsproblematik in Bezug zu jener anderer Länder setzt. Obwohl alarmistische Hinweise auf eine Verschlechterung oder euphorische Meldungen über Verbesserung im Ranking aus methodischer Hinsicht selbst von den Machern zurückgewiesen werden sowie der Vergleich mit anderen Ländern problematisch ist (vgl. Lambsdorff 2005), ist dies insbesondere im medialen aber auch akademischen Diskurs gang und gäbe.

Der Erfolg des Indexes lässt sich unter anderem darauf zurückführen, dass der Eindruck entsteht, das nicht Fassbare endlich genauer begrenzen und beschreiben zu können. „Das Dunkle hat die Faszination in der Wissensgesellschaft gepachtet. Insbesondere wenn das Dunkle mit dem Gesetz der großen Zahl operieren kann [...]" (Jansen/Priddat 2005: 7).

Der letzte Punkt ist das zentrale Problem einer jeden empirisch geleiteten Korruptionsforschung, denn diese stößt immer an die Grenzen des zu verwertenden Materials. Über tatsächliche Korruption in all seinen Facetten ist das Wissen sehr begrenzt, lediglich Ausschnitte – etwa spezielle Korruptionsformen – können empirisch präzise beleuchtet werden.

Zudem wirft der auf den ersten Blick einfache Begriff *Korruption* viele Fragen auf. Die strafrechtlichen Delikte sowie allgemeinen Assoziationen, die unter dieses Schlagwort fallen, sind sehr vielfältig und zudem gesellschaftlich und/oder individuell geprägt. So differenzierte bereits Heidenheimer (2002)

---

[*] Vergleiche hierzu auch den Beitrag von Matthias Pázmándy in diesem Band.

graue, weiße und schwarze Korruption im Kontext des Modernisierungsgrades einer Gesellschaft. Demnach werden analoge *korrupte* Handlungen unterschiedlich in den Gesellschaften diskutiert und bewertet. Ihre strafrechtliche Ahndung unterscheidet sich selbst in vergleichbaren Ländern (vgl. etwa Analysen zu Österreich, Deutschland und der Schweiz: Wanisch 2006). Wahrnehmung, Bewertung und Sanktionierung von Korruption sind damit stark kontextabhängig. Darüber hinaus ist selbst die Definition von Korruption in der wissenschaftlichen Auseinandersetzung umstritten. Besonders solche Bereiche wie Lobbying oder Klientelismus werden je nach Sichtweise in den Korruptionsbegriff in- bzw. exkludiert. Aber auch Aspekte, welche die Freiwilligkeit oder den Zwangscharakter der korrupten Transaktion betreffen oder die Referenzpunkte des Machtmissbrauchs der Amtsinhaber: Normen, Regeln und Werte (vgl. zusammenfassend Alemann 2005)*. Diese unterschiedlichen Definitionen spiegeln sich auch in der empirischen Forschung und dem zur Verfügung stehenden Umfragematerial wider, da die Formulierung der Fragestellung in der Regel bestimmte Aspekte von Korruption beinhaltet, nicht jedoch auf einem einheitlichen, allgemein anerkannten Bedeutungsrahmen aufbaut.

2 Empirische Befunde – sind die postsozialistischen EU-Staaten korrupter als der Westen?

Im öffentlichen Diskurs rund um den Beitritt der osteuropäischen Staaten zur EU wurde immer wieder auf das Problem der Korruption verwiesen, etwa in den Medien: „Die Mitgift des Ostens: niedrige Steuern, billige Arbeitskräfte, hohe Korruption" (Eurasisches Magazin, 20.12.2003).

„Perhaps the greatest obstacle to the integration of Eastern Europe into the European Union – but the least discussed – is corruption. The problem is not absent in Western Europe or the EU institutions, of course, but in many parts of Eastern Europe bribery is endemic" (CER Bulletin 2000/10).

Das postsozialistische EU-Osteuropa stellt sich laut CPI auch im Jahr 2010 als relativ korruptionsanfällig dar (vgl. Abbildung 1). Unter den 10 Ländern mit den niedrigsten CPI-Werten und der damit als verbreitet wahrgenommenen Korruption befinden sich 8 postsozialistische Staaten sowie Italien und Griechenland. Insgesamt zeichnet sich daher ebenso ein Nord-Süd-Gefälle ab. Gleichzeitig verweist der CPI des Jahres 2010 auch darauf, dass sich aktuelle Entwicklungen in der Korruptionswahrnehmung einzelner Länder niederschlagen. So ist Grie-

---

* Vergleiche hierzu auch den Beitrag von Dorothée de Nève in diesem Band.

chenland erstmals am Ende der EU-Korruptionsskala, was u.a. mit dem Wandel der Wahrnehmung des Landes vor dem Hintergrund der Wirtschaftskrise und den daraus bekannt gewordenen Mängeln in der staatlichen Verwaltung (bspw. Steuereinnahmen) zu tun haben könnte.[1] Dies ist ein klassisches Beispiel dafür, wie tagespolitische Ereignisse die Wahrnehmung nachhaltig prägen, obwohl de facto die thematisierten Missstände schon lange in dem System verankert (und auch durchaus öffentlich bekannt) sind. Damit basiert die Wahrnehmungsforschung im Korruptionsdiskurs nicht notwendigerweise auf der Wahrnehmung von Korruption, sondern auf der (z.B.) medial oder öffentlich konstruierten Wahrnehmung des Phänomens.

Abbildung 1: Corruption Perceptions Index 2010

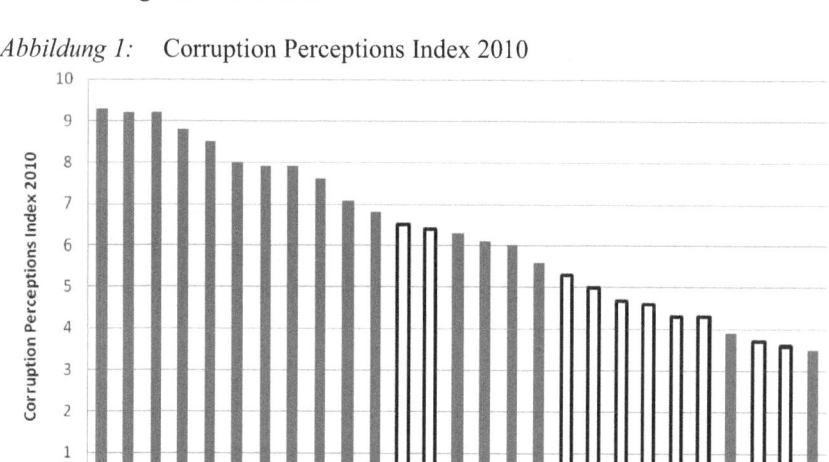

Die Gründe für die erhöhte Korruptionswahrnehmung (und die dahinter liegende Vermutung über ein tatsächliches höheres Korruptionsniveau) wurden in den osteuropäischen Transformationsländern als Hinterlassenschaft des Staatssozialismus gewertet (vgl. dazu Holmes 2006, Moran 2001, Olteanu 2007). Dabei wird das funktionale Element von Korruption im Staatssozialismus zur Überwindung von Mangelwirtschaft, Bürokratie und politischen (Wirtschafts-)

---

1 Ein Beispiel für die Berichterstattung in Griechenland ist etwa der Spiegel 53/2009: „Griechenland. Die Macht der Fakelaki".

Doktrinen betont. Zwar ist damit die Frage nach der negativen oder auch positiven Wirkung von Korruption nicht berührt, ersichtlich ist jedoch, dass Korruption in unterschiedlichen politischen Regimen spezifische Funktionen einnehmen kann und regimespezifisch ausgeprägt ist (vgl. dazu Olteanu 2010). So spielte etwa illegale Parteienfinanzierung im Staatssozialismus durch die Fusion von Staat, Partei und Wirtschaft keine Rolle im Sinne eines wettbewerbsorientierten Parteiensystems. Dieses Problem stellt sich insofern nur in Systemen, wo der Parteienwettbewerb ein zentrales Element zum Zugang zu politischer Macht ist. Im Staatssozialismus war der Zugang zu der *einen* Partei eventuell aus individueller Perspektive interessant, etwa um Mitglied zu werden oder aussichtsreiche Posten einzunehmen, nicht aber um als Unternehmen Einfluss auf Gesetzgebungsprozesse auszuüben.

In der Phase der Transformation löst sich jedoch diese institutionalisierte Praxis der Korruption nicht einfach auf, weil die Funktionslogik des Systems einem Wandel unterworfen ist. Vielmehr findet eine Adaption an die neuen Verhältnisse statt.

Zugleich jedoch stellt die Phase der Transformation nicht nur eine Anpassung der Verhältnisse und korrupten Beziehungen an neue Kontextbedingungen dar, sondern führt zur Entstehung neuer Anreizsysteme. Ein nicht zu unterschätzender Faktor ist die sich neu ergebende Gelegenheitsstruktur für Korruption in der Phase der Transformation, etwa durch die Privatisierung der staatlichen Wirtschaft (Kaufmann/Siegelbaum 1997). Dieses findet zudem in einem dem Wandel unterworfenen Rechtssystem statt, in dem eine neue, nicht politisch gefärbte Rechtsprechung entstehen muss und deren gesetzlicher Rahmen schnellen, häufig nicht absehbaren oder mangelhaften Anpassungsprozessen unterworfen ist. Diese hier äußerst knapp skizzierten Entwicklungen und zahlreiche große Korruptionsskandale in allen osteuropäischen Transformationsstaaten führten dazu, dass sich das Bild des korrupten Ostens in der Öffentlichkeit, der internationalen politischen Arena und der Wissenschaft verfestigt hat und auch im Beitrittsprozess regelmäßig thematisiert wurde (vgl. Studie von Safta-Zecheria 2009 zum medialen Diskurs über Rumänien). Gleichzeitig wirkte Westeuropa im Vergleich weit weniger korruptionsanfällig, bis auf einige Ausnahmefälle, wie etwa Italien. So wird Korruption und Privatisierung etwa mit Osteuropa und Lateinamerika in Verbindung gesetzt, nicht aber mit Westeuropa. In diesem Kontext wird die Privatisierung weiterhin im Zusammenhang von Effizienzsteigerung diskutiert (vgl. Roland 2008)[*]. Westeuropäische hochrangige Korruptionsfälle werden als singuläre Ausnahmen von vereinzelten Akteuren diskutiert, nicht

---

[*] Zur Auseinandersetzung mit Korruption als Form informeller Machtausübung in Lateinamerika siehe den Beitrag von Gernot Stimmer in diesem Band.

jedoch als systemisches Korruptionsproblem (vgl. etwa den österreichischen Korruptionsmediendiskurs, Olteanu 2010: 207). Inwiefern das Korruptionsproblem in Osteuropa tatsächlich größer ist als in den (nördlichen) „alten" EU-Staaten lässt sich hingegen schwer belegen. Tatsächlich gab es viele große Korruptionsskandale mit hochrangigen Politikern in den postsozialistischen Ländern, zumeist rund um Privatisierungsgeschäfte. Die Weltbank führt seit 2002 im Dreijahresrhythmus den *EBRD World Bank Business Environment and Enterprise Performance Survey* (BEEPS) durch, welcher auf Umfragen in Unternehmen zu unterschiedlichen Themenkomplexen basiert. Ein Bereich berührt das Thema Korruption. Unter anderem wird gefragt:

> „It is said that establishments are sometimes required to make gifts or informal payments to public officials to 'get things done' with regard to customs, taxes, licenses, regulations, services etc. On average, what percentage of total annual sales, or estimated total annual value, do establishments like this one pay in informal payments or gifts to public officials for this purpose?"[2]

Aus dieser Fragestellung, die nicht auf die Häufigkeit der „informellen Zahlung", sondern deren vermuteten prozentualen Teil des Gesamtjahresumsatzes abzielt, wird allerdings die Häufigkeit abgeleitet, indem die Anzahl der Firmen, die eine Summe genannt haben, mit denen in Vergleich gesetzt werden, die solche Zahlungen negiert haben (no payments) bzw. nicht antworten wollten (refusal) oder nicht antworten konnten (don't know). Außerdem wurde hier auch nicht direkt nach der tatsächlichen Zahlung gefragt, sondern lediglich danach, ob generell „Firmen wie diese" solche Zahlungen vornehmen. Gerade der letzte Punkt ist in der Hinsicht interessant, da hier verklausuliert Erfahrungswerte abgerufen werden, dies aber streng genommen nicht passiert, sondern wiederum eher auf einer Einschätzung des Gesprächspartners im Unternehmen basiert. Die Macher des BEEPS erhoffen sich allerdings, dass hier die eigene Erfahrung als Grundlage für die Antwort genommen wird, ohne dass sich das Unternehmen indirekt selbst der Korruption bezichtigt. Leider fehlen für die Europäische Union zahlreiche Vergleichsdaten, da der BEEPS seine Wurzeln in den Transformationsländern hat. Für den EU-Raum liegen lediglich vereinzelt Daten für alte Mitgliedsländer aus dem Jahr 2005 vor, gleichzeitig ist die Datenbasis für sämtliche postsozialistische Länder besser (vgl. Abbildung 2).

Generell bestätigt sich anhand dieser Länderauswahl, dass (basierend auf dem Jahr 2005) diese Art der „informellen Zahlungen" in den postsozialistischen Ländern verbreitet ist, allerdings nicht ausschließlich, wie etwa Griechenland

---

2 Internet: https://www.enterprisesurveys.org/Methodology (Zugriff: 1.10.2010).

und Portugal verdeutlichen. In Deutschland wurde zwar 2005 die Umfrage ebenfalls durchgeführt, doch besagte Frage wurde nicht gestellt.

Abbildung 2: Unternehmen mit informellen Zahlungen (BEEPS)

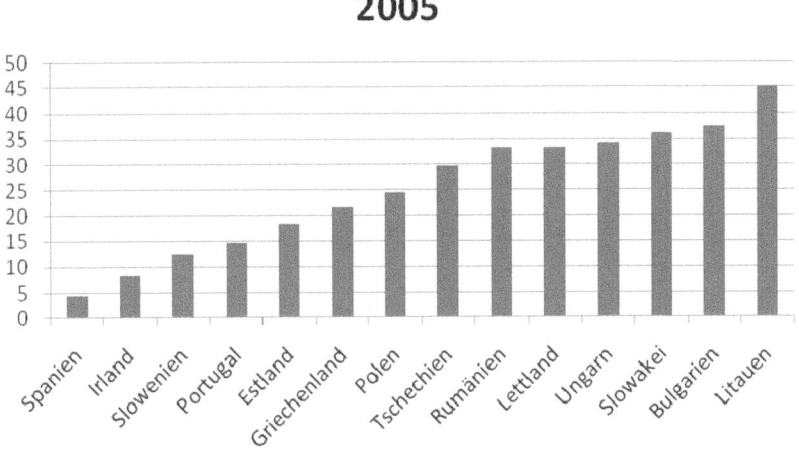

Für das Jahr 2009 sind hingegen ausschließlich Werte für das postsozialistische Europa zu finden. Generell sind diese im Vergleich zu 2005 im Schnitt wesentlich niedriger. Besonders Litauen fällt mit einem Wert von 44,96 % im Jahr 2005 und 10,73 % im Jahr 2009 auf. Neben methodologischen Veränderungen (etwa Auswahl der Unternehmen nach Sektoren) ist hier eine Abnahme dieser Praxis zu verzeichnen. Dennoch fehlen Vergleichsdaten, da bis auf die wenigen Länder, die 2005 befragt wurden, etablierte Volkswirtschaften nicht von der Weltbank in die Umfrage aufgenommen wurden.

Abbildung 3: Unternehmen mit informellen Zahlungen (BEEPS)

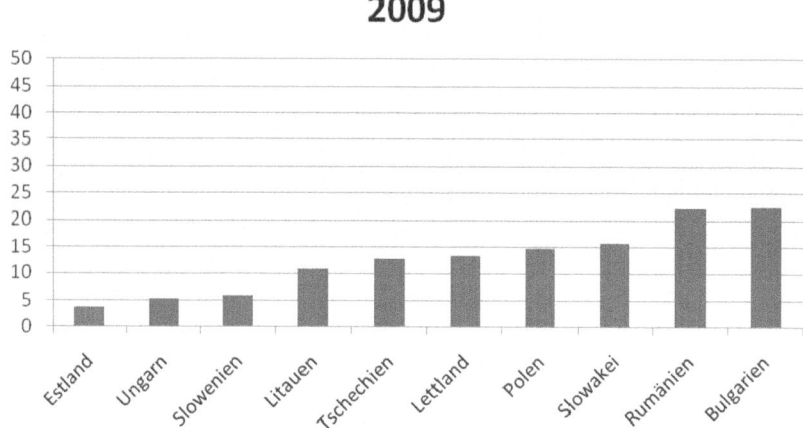

Festzuhalten ist jedoch, dass in der Gruppe der postsozialistischen Länder große Unterschiede bestehen. So haben in Estland im Jahr 2009 nur 3,7 % der befragten Unternehmen positiv auf die Frage geantwortet, während es in Bulgarien 22,36 % waren. Der postsozialistische Raum ist damit nicht homogen korrupt, sondern muss wesentlich differenzierter betrachtet werden. Ebenso ist anzunehmen, dass in den „alten" EU-Mitgliedsländern ebenso solche interregionalen Unterschiede auftreten.

Während der CPI und der BEEPS eher das Verhältnis Staat-Wirtschaft-Politik tangieren, weisen Umfragedaten zu Erfahrungswerten auf das Verhältnis Bürger-Staat hin. Korruption ist also nicht nur als Problem der monetären Wertschöpfung bzw. -verschwendung zu sehen, sondern zudem in der gesellschaftspolitischen Dimension. Dieses ist insbesondere für Demokratien zentral, die mindestens auf der Akzeptanz, besser noch Partizipation, der Bürger beruhen. Korruption zwischen Bürger und Staat mag aus ökonomischer Perspektive ein zu vernachlässigendes Phänomen sein, da die *korrupte* Transaktion kleinere Geldbeträge oder andere Leistungen sein können. Das Problem stellt sich aus politikwissenschaftlicher Perspektive auch nicht ausschließlich in dem Gesamtschaden, der hier monetär zu berechnen wäre, sondern hinsichtlich der erwähnten Akzeptanz bzw. Unterstützung des politischen Systems und seiner Repräsentanten. Der Kreis der Repräsentanten des politischen Systems umfasst nicht nur gewählte Mandatsträger, sondern ebenso Verwaltungsangestellte oder Bereitsteller von Dienstleistungen, auf die sich der Staat geeinigt hat, wie etwa Gesundheitsversorgung (und damit Ärzte) oder Bildungswesen (Lehrer). Die Korruptionsforschung hat diesen Bereich bisher in der Form abgedeckt, dass sie der Verbindung von Vertrauen in bestimmte staatliche Institutionen (zumeist politische Elite, Parlamentarier oder Parteien) und Korruption nachging. Eine zentrale These ist demnach, dass hohe wahrgenommene Korruption (etwa CPI) mit niedrigen Vertrauenswerten in politische Repräsentanten einher geht (Pharr 2000, Seligson 2002). Doch in welchem Ausmaß erfahren die Bürger Korruption im Alltag? Hier gibt es nun zum dritten Mal in Folge Umfragedaten des Eurobarometers, die auf korruptionsrelevante Aspekte abheben und in den Mitgliedsländern der EU durchgeführt wurden. Damit liegt ein Datensatz vor, der sowohl die Einschätzung der Bürger bezüglich der Korruption in ihrem Land abfragt, als auch die tatsächlichen Erfahrungen. In Tabelle 1 sind die hier verwendeten Fragen in der englischen standardisierten Übersetzung sowie für Österreich abgebildet.

Tabelle 1: Verwendete Fragen aus dem Eurobarometer 68.2

Stichwort (Fragecode)	Fragestellung in Österreich[3]	Standardisierte englische Übersetzung[4]
Problemwahrnehmung QB1.1	Korruption ist ein großes Problem in Österreich	Corruption is a major problem in (OUR COUNTRY)
Erfahrung QB3	Über die letzten 12 Monate gesehen, hat irgendjemand in Österreich Sie gefragt oder von Ihnen erwartet, dass Sie für seine/ihre Dienstleistung ein Bestechungsgeld bezahlen?	Over the last 12 months, has anyone in (OUR COUNTRY) asked you, or expected you to pay a bribe for his or her services?

Eigene Darstellung

Die Frage nach der Erfahrung offenbart interessante Implikationen (Tabelle 1, QB3). Es wird nicht nach Korruption allgemein gefragt, sondern nach Bestechung. Aus welchem Kreis die Akteure stammen könnten, wird nicht näher eingegrenzt oder vorgegeben. Die Fragestellung ist derart formuliert, dass der Befragte nicht als Anstifter für die Tat auftritt und zudem unklar bleibt, ob die befragte Person auf das Angebot eingegangen ist oder nicht. Damit ist die Frage sehr offen formuliert und bietet den Befragten einen sehr individuellen Zugang

---

3 Internet: http://www.za.uni-koeln.de/data/en/eurobarometer/questionnaires/austria/ZA4742_q_at .pdf (Zugriff: 1.2.2010).
4 Internet: http://www.gesis.org/dienstleistungen/daten/umfragedaten/eurobarometer-data-service/ standard-special-eb/study-overview/eurobarometer-682-za-4742-nov-dec-2007 (Zugriff: 9.11.2010).

zur Bewertung dieser Frage. Interessant ist jedoch, dass der österreichische Fragebogen eine Einschränkung vornimmt, da nach Bestechungs*geld* gefragt wird. Damit werden möglicherweise nicht-monetäre Zahlungen ausgeklammert. Im deutschen Fragebogen beispielsweise wird der umgangssprachliche Terminus „Schmiergeld" benutzt, der im Vergleich zu „Bestechungsgeld" niedrigschwelliger angelegt ist und nicht klar einen juristischen Tatbestand (Bestechung) beinhaltet.[5] Dennoch kann die spezifische Assoziation der jeweils Befragten nicht rekonstruiert werden, was allerdings ein generelles Dilemma der Umfrageforschung und speziell des Eurobarometers ist (vgl. zur Bewertung der Eurobarometer-Umfragen auch Karmasin/Pitters 2008). In Bezug auf die Auswahl der gestellten Fragen hat sich der letzte Eurobarometer zu Korruption aus dem Jahr 2009 (EB 72.2 2009) erheblich verbessert. Während bei den beiden Vorgängern als Grund für Korruption in einer Gesellschaft tendenziös einseitig gefragt wurde, ob dies an der organisierten Kriminalität läge, standen den Befragten der letzten Runde mehrere Antworten zur Verfügung, wie etwa zu geringe Sanktionen, schlechte sozioökonomische Lage oder zu wenig Antikorruptionsbestrebungen der Politiker (Frage QB4, EB 72.2 2009). Zudem wurde die Anzahl der Fragen erhöht, etwa in Bezug auf bestimmte Einstellungen (Rolle der EU in der Korruptionsbekämpfung, Angemessenheit des Strafmaßes bei Korruptionsfällen). Damit wird nicht nur der limitierte Platzhalter *Bestechung* in der Fragestellung verwendet, sondern das Problem *Korruption* in seiner ganzen (assoziativen) Breite angesprochen.

Für das Jahr 2007 gestaltet sich die Korruptionserfahrung der Bürger wie in Abbildung 4 dargestellt. Die Mittelwerte EU-17 West[6] bzw. EU-10 Ost[7] dienen zur Veranschaulichung des potentiell postsozialistischen Faktors.

---

5 Internet: http://www.gesis.org/dienstleistungen/daten/umfragedaten/eurobarometer-data-service/standard-special-eb/study-overview/eurobarometer-682-za-4742-nov-dec-2007 (Zugriff: 9.11.2010).
6 Mit *EU-17 West* ist die „alte" EU vor der Erweiterung 2004 plus Malta und Zypern, die kein postsozialistisches Erbe aufweisen, gemeint.
7 Mit *EU-10 Ost* sind die Länder der EU-Erweiterungsrunde 2004 abzüglich Malta und Zypern (8 Länder) plus Rumänien und Bulgarien, die 2007 dazu kamen, gemeint.

Abbildung 4: Erfahrungen mit Korruption (EB 68.2 2008)

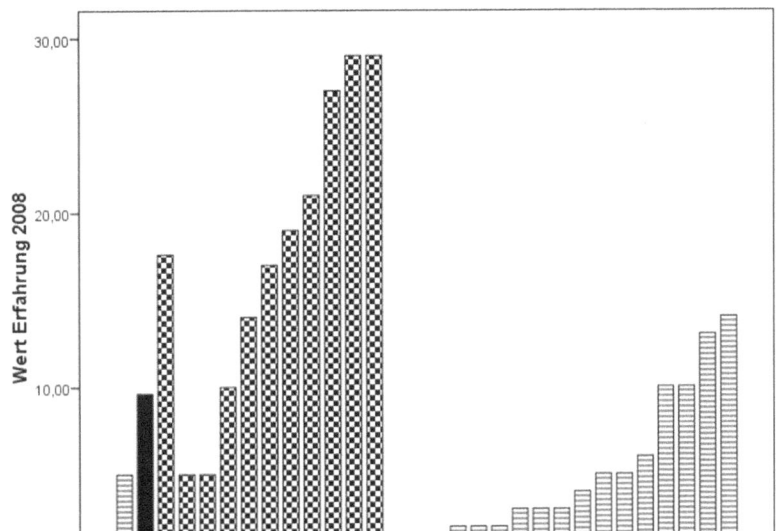

Bei dieser Frage sind die Unterschiede zwischen den vormals sozialistischen Ländern und der alten EU besonders gravierend. Während in der EU-Ost (neu/postsozialistisch) durchschnittlich ca. 17 % der Befragten Korruptionserfahrungen machten, waren es in den übrigen (teilweise auch neuen) EU-Ländern wie Malta und Zypern 5 %. Die Spannbreite ist ebenfalls groß. In Estland und Slowenien antworteten 5 % der Befragten positiv auf die Frage, in Rumänien und der Slowakei waren es sogar 29 %. In den anderen EU-Ländern (West) ist ein starkes Nord-Süd-Gefälle zu verzeichnen. Während die meisten Länder deutlich unter 5 % bleiben, sind die südlichen Länder Portugal, Griechenland, Italien und Spanien bei teilweise deutlich über 5 % angelangt, obwohl keines den postsozialistischen Mittelwert von 17 % erreicht. Eine bemerkenswerte Ausnahme bildet hier Österreich mit den ausgeprägtesten Korruptionserfahrungen von 14 % im Jahr 2008 im nicht postsozialistischen Raum.[8]

---

8 Das Jahr 2008 stellt hier in Bezug auf Österreich keine Ausnahme dar. Beim Eurobarometer 64.3 2006 waren es 10 % und 2009 waren es 13 %.

Nun stellt sich die Frage, ob die eigene Korruptionserfahrung und die Wahrnehmung von Korruption als Problem zusammenwirken. Es ist zu vermuten, dass die eigene Korruptionserfahrung sich negativ auf die Wahrnehmung des Phänomens Korruption im eigenen Land niederschlägt.

Die Ergebnisse der Korruptionserfahrung sind in Prozent der Befragten auf der x-Achse des Streudiagramms abgebildet (Frage QB3 siehe Tabelle 2), auf der y-Achse sind die Prozentzahlen für die Befragten angegeben, die Korruption als Problem wahrnehmen (Frage QB 1.1. siehe Tabelle 2) (Abbildung 5).

Abbildung 5: Problemwahrnehmung und Erfahrung mit Korruption (EB 68.2 2008)

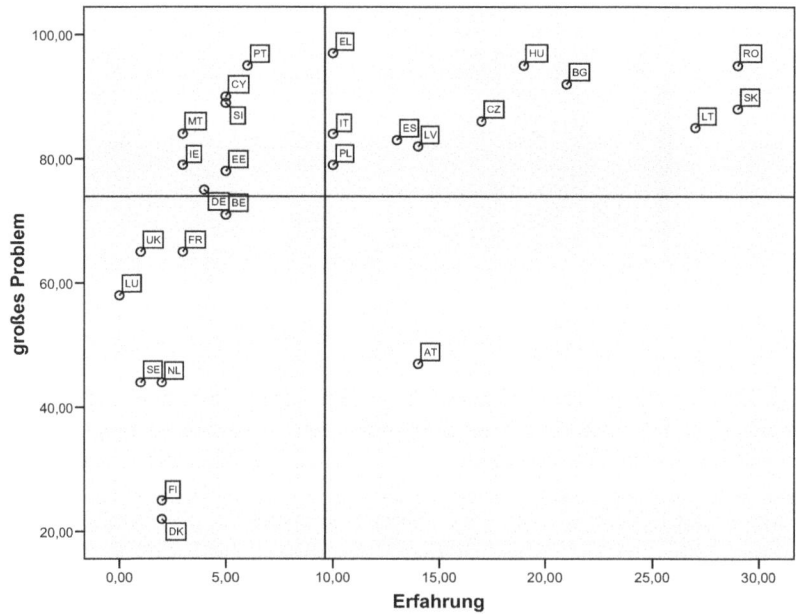

Hier werden also der Faktor Erfahrungen mit Korruption mit der Wahrnehmung von Korruption innerhalb eines Landes für alle 27 EU-Staaten korreliert. Die Korrelation nach Pearson ist mit r = 0,521 signifikant. Insofern ist ein Zusammenhang zwischen diesen beiden Faktoren gegeben: Ein hohes Maß an Korruptionserfahrung deckt sich mit einer ausgeprägten Problemwahrnehmung und umgekehrt (wobei hier nichts zur Kausalität gesagt werden kann). Die Schnittstelle zwischen der waagerechten und der senkrechten Linie in Abbildung 5 verdeutlicht den Mittelwert. Demnach machen in den 27 EU-Mitgliedsländern knapp 10 % der Befragten Erfahrungen mit Korruption, während knapp 74 % Korruption als ein Problem in ihrem Land wahrnehmen. Jedoch werden ziemliche Spannbreiten deutlich: In Dänemark und Finnland zum Beispiel, wo ca. 2 % der Befragten eigene Korruptionserfahrungen gemacht haben, ist die generelle Problemwahrnehmung gering ausgeprägt (um die 20 %). In Schweden und den Niederlanden sind die Korruptionserfahrungen vergleichbar mit Dänemark und Finnland (1–2 %), allerdings ist die Problemwahrnehmung mit über 40 % fast doppelt so stark ausgeprägt. In Luxemburg haben 0 % der Befragten Korruptionserfahrung[9], dennoch halten knapp 60 % Korruption für ein großes Problem im Lande. Ähnliches gilt für Frankreich und Großbritannien. Bei den meisten Ländern liegt das Problembewusstsein bei über 80 %. Die Erfahrungswerte sind allerdings höchst unterschiedlich, von ca. 3 % (Malta) bis hin zu den Höchstwerten 29 % (Rumänien, Slowakei). Eine Ausnahme wiederum bildet Österreich. Hier ist das Problembewusstsein relativ gering ausgeprägt (47 %), zugleich sind die Erfahrungswerte mit Korruption sehr hoch (14 %).

Rumänien befindet sich oben rechts auf dem Streudiagramm (Abbildung 5). 29 % der Befragten gaben an, dass sie nach Bestechungsgeldern in ihrem Land gefragt wurden und auch 95 % gaben an, dass Korruption ein großes Problem darstelle. Österreich zeichnet sich hier als Sonderfall ab. So gaben 14 % der Befragten an, dass sie nach Bestechung gefragt wurden. Der EU-Durchschnittswert liegt hingegen bei 8 %. Österreich liegt damit bei den Erfahrungswerten weit vor westeuropäischen Ländern, die im Korruptionsdiskurs (etwa verdeutlicht durch den CPI) als stark korrupt wahrgenommen werden, wie etwa Italien und Griechenland. Hingegen ist die Problemwahrnehmung von Korruption nicht besonders ausgeprägt mit 47 % der Befragten. Dies verdeutlicht erneut, dass zwischen Wahrnehmung als Problem und Erfahrung große Unterschiede bestehen, ebenso wie bereits vorher erwähnt, bei der Wahrnehmung von Korruption als tatsächliches oder konstruiertes Phänomen.

3 Korruptionsbekämpfung im Beitrittsprozess der postsozialistischen Staaten zur EU

Im Beitrittsprozess wurde der (osteuropäischen) Korruptionsbekämpfung besondere Aufmerksamkeit zuteil. Sie bildete einen zentralen Bestandteil in den Bestandsaufnahmen um die Beitrittsfähigkeit dieser Länder, wie sie etwa in den

---

9 Von den 500 Befragten in Luxemburg hatten 2 Personen Erfahrungen, 6 äußerten sich nicht und 492 Personen antworteten, dass sie keine Berührungen mit Korruption gemacht haben (EB 68.2 2008).

Fortschrittsberichten zu finden sind (vgl. Olteanu/Autengruber 2007). In diesem Kontext ist häufig der Eindruck entstanden, die Europäische Union besitze einen elaborierten und standardisierten Antikorruptionsrahmen, dem sich jedes Mitgliedsland gleichermaßen zu unterwerfen habe. Analysen zeigen jedoch, dass dies nicht der Fall ist (vgl. Open Society Foundation 2002). Es gibt vereinzelt Bausteine in dieser Hinsicht, wie etwa die strafrechtliche (Europarat 1999a) und zivilrechtliche Konvention gegen Korruption (Europarat 1999b), hier ist aber nicht die EU federführend, sondern der Europarat. Der Vorteil liegt darin, dass die Zahl der Unterzeichner der Konventionen weit über die Anzahl der EU-Mitgliedsländer hinaus geht, allerdings steht dem gegenüber die weniger verbindliche Natur dieser Konventionen. Auch heute fehlen bezüglich der strafrechtlichen Konvention gegen Korruption die Ratifizierungen von Österreich, Deutschland und Italien; bei der zivilrechtlichen Konvention gegen Korruption die von Dänemark, Deutschland, Irland, Italien, Luxemburg, Portugal und Großbritannien (Stand September 2010[10]). Die postsozialistischen Länder haben diese schon früh unterzeichnet, nicht zuletzt um den Beitrittsprozess zur EU nicht zu gefährden.

Auf der Ebene der EU ist lediglich das *Europäische Amt für Betrugsbekämpfung* (OLAF) als Institution zu nennen, allerdings hat diese Behörde nicht die Aufgabe, Korruption in den Mitgliedsländern der EU zu bekämpfen, sondern die Interessen der EU zu wahren (etwa bei der Korruptionsbekämpfung in den EU-Institutionen und Korruptionsverdacht bei Projekten mit EU-Geldern). Gleichzeitig zeichnet sich der Europarat durch seine Organisation *Group of States against Corruption* (GRECO) als beharrlicher Antikorruptionskämpfer aus. Hier werden in mehreren Runden bestimmte korruptionsbedingte Aspekte einer länderspezifischen Bestandsaufnahme unterzogen, Empfehlungen formuliert und nach ca. eineinhalb Jahren überprüft, inwiefern die Länder diese umgesetzt haben. Die Fragestellungen sind für alle GRECO Mitglieder gleich, dennoch wird eingehend länderspezifisch evaluiert. Damit geht GRECO über das Bewerten des legislativen Rahmens zur Korruptionsbekämpfung hinaus und hinterfragt in Ansätzen auch die Nachhaltigkeit dieser Maßnahmen. Obwohl bei Nichtumsetzung keinerlei Sanktionen folgen, ist hier ein Druckpotential gegeben, das sich nicht nur auf EU-Beitrittskandidaten auswirkt, sondern auch auf die Mitglieder. Dennoch muss hier Italien als absoluter Nachzügler genannt werden, da hier erst 2008 die erste und zweite Evaluationsrunde vollzogen wurde. Auch Österreich

---

10 Ratifizierungsstatus der Strafrechtskonvention im Internet
http://conventions.coe.int/treaty/Commun/ChercheSig.asp?NT=173&CM=&DF=&CL=ENG (Zugriff: 1.12.2010) und der Zivilrechtskonvention:
http://conventions.coe.int/Treaty/Commun/ChercheSig.asp?NT=174&CM=&DF=&CL=ENG (Zugriff: 1.12.2010).

war bisher eher ein zurückhaltendes GRECO-Mitglied, hat aber 2007 zwei Evaluationen abgeschlossen, in den anderen Ländern begann der Prozess häufig schon im Jahr 2000.

Es ist also nicht ganz ungerechtfertigt davon auszugehen – wie die Open Society Foundation schon 2002 feststellte –, dass die EU mit Blick auf Korruption mit zweierlei Maß misst. Während keine tatsächliche Vergemeinschaftung im Bereich der Antikorruptionspolitik stattfindet, wird nach außen hin jedoch dieser Eindruck erweckt. Beitrittswillige Länder werden in den Fortschrittsberichten unter der Rubrik *Politische Kriterien* von Kopenhagen auf ihre Antikorruptionsmaßnahmen hin überprüft. Dabei wird der Eindruck evoziert, dass hier Regelungen übernommen werden sollten, die flächendeckend EU-weit in Kraft seien. Dies ist aber tatsächlich nicht der Fall. Ein vergleichbares Vorgehen hinsichtlich der „alten" EU-Länder bleibt aus. Dies kann zum einen mit der größeren Notwendigkeit durch die höhere Korruptionsanfälligkeit der postsozialistischen Staaten argumentiert werden, verschleiert aber das Korruptionsproblem in anderen Ländern. Ein gesetzlicher Rahmen ist nicht nur Ausdruck einer reaktiven Problemlösung, hier wird auch der Blick auf eine normativ wünschenswerte Gesellschaft geworfen. So muss etwa Parlamentarierbestechlichkeit nicht erst in dem Moment strafrechtlich verankert werden, wenn ein potentieller Fall sich abzeichnet, sondern stellt einen wünschenswerten Konsens dar. Ein aktuelles Beispiel in Österreich zeigt die Schwachstellen der Antikorruptionsregelungen deutlich auf: ein österreichischer Abgeordneter im Europäischen Parlament wurde von investigativen Journalisten dazu aufgefordert, gegen Zahlung von 100.000 Euro Einfluss auf eine bestimmte Gesetzgebung zu nehmen. Er stimmte zu und unternahm erste Schritte, bevor bekannt wurde, dass es sich um eine Täuschung handelte. OLAF ist nun tätig, um die Ergebnisse an die nationale (in diesem Fall österreichische) Justiz zu übermitteln. Als Abgeordneter eines supranationalen Parlaments sind strafrechtliche Konsequenzen in Österreich möglich. Wäre der besagte Vorfall im österreichischen Nationalrat passiert, würde ein gesetzlicher Rahmen fehlen, um einen strafrechtlichen Prozess in Gang zu setzten, da Abgeordnete nur dann strafrechtlich belangt werden können, wenn sie ihre Stimmabgabe verkaufen. Diese Entwicklung ist zudem kritisch zu betrachten, da ein strengeres Gesetz lediglich für ein Jahr in Kraft war und dann entschärft wurde. In der parlamentarischen Debatte über den veränderten Gesetzesentwurf wurden dabei zwei Hauptargumente ins Feld geführt: die österreichischen Parlamentarier seien generell nicht korrupt und daher ein solches Gesetz überflüssig und zweitens, dass das gute Ranking Österreichs im CPI darauf verweisen würde, dass Österreich kein gravierendes Korruptionsproblem habe (vgl. Olteanu 2010).*

Damit wird eine solide Antikorruptionsregelung als normativ wünschenswert von den politischen Entscheidungsträgern überwiegend abgelehnt, vor allem in den Bereichen, die sie selbst tangieren und der CPI wird in einer Weise instrumentalisiert, der sein originäres Ziel konterkariert: als Argument gegen eine Verschärfung der gesetzlichen Bestimmungen.

4 Fazit

Die Auseinandersetzung mit Korruption als Gegenstand der vergleichenden empirischen Forschung gestaltet sich generell als problematisch, da unterschiedliche Versuche der Quantifizierung zudem unterschiedliche Aspekte eines komplexen Themas ansprechen. Unter dem Begriff Korruption werden sowohl millionenschwere Zahlungen für (öffentliche und private) Auftragsvergaben, dubiose Parteienfinanzierung und ein gewisser Obolus für medizinische Betreuung an Krankenschwestern oder Ärzte verstanden. Der genaue Gehalt des Korruptionsbegriffs erschließt sich nur aus der Kontextualisierung seiner Verwendung bzw. erlaubt eine Annäherung daran. In dem Beitrag wurden unterschiedliche Facetten des Korruptionsbegriffs empirisch-vergleichend näher beleuchtet. Dabei wurden die Ergebnisse vor dem Hintergrund der osteuropäischen Transformation und der EU-Osterweiterung gedeutet. Die starke Fixierung auf den postsozialistischen Referenzraum führt u.a. dazu, dass Korruption als Problem aller EU-Länder in den Hintergrund gerät und erklärt zum Teil auch die mangelhafte Regelung des Themas auf EU-Ebene. Unterschiedliche, hier nicht angesprochene, Initiativen versanden leicht oder werden aufgeweicht: Das Lobbyingregister im Rahmen der EU-Transparenz-Initiative wurde beispielsweise in der Form relativiert, dass die Registrierung der Lobbyisten freiwillig geschieht. Während die EU dieses Register nach zweijähriger Existenz lobt[11], bewerten NGOs dies wesentlich kritischer.[12]

Empirische Befunde sind zudem immer im Kontext der Erhebung zu sehen. So spiegelt zwar der CPI durchaus eine gewisse postsozialistische Korruptionsproblematik wider, es wird jedoch meistens zu wenig reflektiert, dass hier ein

---

* Für weitere Betrachtungen zur Debatte um die Änderungen des Korruptionsstrafrechts in Österreich siehe den Beitrag von René Wenk in diesem Band.
11 Siehe hierzu im Internet: http://ec.europa.eu/transparency/docs/communication_2009_de.pdf (Zugriff: 1.9.2010).
12 Siehe hierzu im Internet: http://www.alter-eu.org/press-releases/2010/06/23/eu-lobby-register-at-2-year-anniversary (Zugriff: 1.9.2010).

sehr gelungenes *Advocacy Instrument* einer nichtsstaatlichen Organisation vorliegt, welches in regelmäßigen Abständen Korruption im eigenen Land in die Medien bringt, es aber kein Messinstrument für Korruption generell ist. Es reflektiert höchstens die Wahrnehmung des Phänomens einer kleinen Wirtschaftselite, nicht aber das tatsächliche Ausmaß von Korruption in der Wirtschaft und vor allem lässt es keine Schlüsse über das korrupte oder auch erpresserische Verhältnis Staat-Bürger zu.

Für andere zentrale Bereiche liegen kaum vergleichbare Daten vor (wie etwa Unternehmensbefragungen des BEEPS). Hier erweisen sich besonders, wie schon bei den Europarat-Antikorruptionspolitiken, die alten EU-Staaten als zu wenig erforscht und aktiv. Lediglich der Bereich Staat-Bürger, der im Rahmen des Eurobarometers Hinweise auf die Erfahrungswerte mit Korruption liefert, zeigt, dass hier in der gesamten EU durchaus Unterschiede bestehen und fördert besonders in Bezug auf Österreich doch auch Überraschungen zutage. Generell ist zu betonen, dass insbesondere die großen Unterschiede zwischen den postsozialistischen Ländern mit den großen Unterschieden der alten EU-Mitgliedsländer vergleichbar sind. In Summe lässt sich damit die Forderung aufstellen, dass das Problem der Korruption in der EU von der Ebene der Konventionen und freiwilligen Selbstverpflichtungen auf die Ebene von vertiefender Umfrageforschung unter diversen Akteursgruppen verlegt werden sollte. Damit tritt die empirische Forschung dann aus dem Schatten der Spekulationen oder Wahrnehmungsforschung.

Literatur

Alemann, Ulrich von (2005). Politische Korruption: Ein Wegweiser zum Stand der Forschung, in: Ulrich von Alemann (Hg.): Dimensionen politischer Korruption, Wiesbaden, 13–49.
Bohara, Alok K./Mitchell, Neil J./Mittendorff, Carl F. (2004). Compound democracy and the control of corruption: A cross-country investigation, in: Policy Studies Journal 32(4), 481–499.
EB (Eurobarometer) 64.3 (2006). Europäische Kommission, Brüssel.
EB 68.2 (2008). Europäische Kommission, Brüssel.
EB 72.2 (2009). Europäische Kommission, Brüssel.
Europarat (1999a). Criminal Law Convention on Corruption, CETS No. 173, Straßburg.
Europarat (1999b). Civil Law Convention on Corruption, CETS No. 174, Straßburg.
Gerring, John/Thacker, Strom C. (2004). Political Institutions and Corruption: The Unitarism and Parliamentarism, in: British Journal of Political Science 34, 295–330.
Heidenheimer, Arndold J. (2002). Perspectives on the Perception of Corruption, in: Arnold J. Heidenheimer/Michael Johnston: Political Corruption. Concepts & Contexts, Brunswick, 141–154.
Holmes, Leslie (2006). Rotten States? Corruption, Post-Communism and Neoliberalism, London.
Huntington, Samuel P. (1968). Political order in changing societies, New Haven.
Jansen, Stephan A./Priddat, Birger (2005). Vorwort: Theorien und Thesen zur Korruption, in: Stephan A. Jansen/Birger Priddat (Hg.): Korruption: Unaufgeklärter Kapitalismus – Multidisziplinäre Perspektiven zu Funktionen und Folgen der Korruption, Wiesbaden, 7–10.

Karmasin, Matthias/Pitters, Harald (2008). Methodenprobleme international vergleichender Umfragen am Beispiel des „Eurobarometer", in: Gabriele Melischek/Josef Seethaler/Jürgen Wilke (Hg.): Medien & Kommunikationsforschung im Vergleich, Wiesbaden, 435–450.

Kaufmann, Daniel/Siegelbaum, Paul (1997). Privatization and Corruption in Transition economies, in: Journal of International Affairs, Vol. 50(2), 419–458.

Lambsdorff, Johann Graf (2005). The Methodology of the 2005 Corruption Perceptions Index. Transparency International.

Leff, Nathaniel H. (1964). Economic Development through Bureaucratic Corruption, in: American Behavioural Scientist 8(3), 8–14.

Manow, Philip (2003). Politische Korruption als Gegenstand der Politikwissenschaft. Eine Kritik des Forschungsstandes, in: Hans Herbert von Arnim (Hg.): Korruption, Netzwerke in Politik, Ämtern und Wirtschaft, München, 239–279.

Montinola, Gabriella R./Jackman, Robert W. (2002). Sources of Corruption: A Cross-Country Study, in: British Journal of Political Science 32, 147–170.

Moran, Jonathan (2001). Democratic transitions and forms of corruption, in: Crime, Law & Social Change 36, 379–393.

Olteanu, Tina (2007). Korruption in Rumänien: ein Erbe des Staatssozialismus?, in: Dieter Segert (Hg.): Postsozialismus. Hinterlassenschaft des Staatssozialismus und neue Kapitalismen,Wien 65–85.

Olteanu, Tina (2010). Korruption und Demokratie. Österreich und Rumänien im Vergleich. Dissertation an der Universität Wien, Wien. Die Arbeit ist aktuell über die Bibliothek der Universität Wien zugänglich. Eine Veröffentlichung im Jahr 2011 ist in Vorbereitung.

Olteanu, Tina/Christian Autengruber (2007). Wie ernst meint es die EU mit der Demokratie? Standardsetzung am Beispiel der EU-Beitrittsvorbereitungen mit Bulgarien und Rumänien, in: Österreichische Zeitschrift für Politikwissenschaft 36(1), 81–94.

Open Society Foundation (2002). Monitoring the EU accession process corruption and anti-corruption policy; country reports, Bulgaria, Czech Republic, Estonia, Hungary, Latvia, Lithuania, Poland, Romania, Slovakia, Slovenia. Budapest.

Pharr, Susan (2000). Officials' misconduct and public distrust: Japan and the trilateral democracies, in: Susan Pharr/Robert D. Putnam (Hg.): Disaffected Democracies. What's troubling the trilateral countries?, Princeton, New Jersey, 173–201.

Roland, Gérard (Hg.) (2008). Privatization. Successes and Failures, New York.

Safta-Zecheria, Leyla (2009). Dekonstruktion von Korruption. Die Bedeutung des EU-Beitritts für die westeuropäische Medienberichterstattung über Korruption in Rumänien, in: Forschungsstelle Osteuropa Bremen. Arbeitspapiere und Materialien 103.

Seligson, Mitchell (2002). The Impact of Corruption on Regime Legitimacy: A Comparative Study of Four Latin American Countries, in: The Journal of Politics 64(2), 408–433.

Treisman, Daniel (2007). What have we learned about the causes of corruption from ten years of cross-national empirical research?, in: Annual Review of Political Science, 10, 211–244.

Wanisch, Verena Martina (2006). Die Bestechungsdelikte im Rechtsvergleich, Diss., Salzburg.

Korruption als Form informeller Machtausübung in Lateinamerika

Gernot Stimmer

Abstract

Der Beitrag geht auf das Phänomen informeller Herrschaft und Korruption unter dem Aspekt ihrer Besonderheit in Lateinamerika ein. Entlang der Schlüsselbegriffe *strukturelle Korruption* und *Falsche Modernisierung* wird aus der Kontinuität prämoderner Herrschaftsformen der politischen Eliten und fehlender Entwicklung des Rechts- und Sozialstaates abgeleitet, dass die Masse der Bevölkerung zur Wahrung ihrer existentiellen Grundrechte zur permanenten strukturellen Korruption gezwungen wird. Dagegen setzten die in Lateinamerika intervenierenden internationalen Organisationen und Mächte einerseits auf rein kriminalisierende und repressive Maßnahmen, andererseits am Beispiel der EU auf die Durchsetzung demokratischer Werte durch Förderung sozialpolitischer Reformen.

1 Vorbemerkung

Der Beitrag thematisiert einige in der politischen und wissenschaftlichen Öffentlichkeit negativ besetzte Gestaltungsformen informeller Machtausübung mittels Korruption, Patronage und Klientelismus, bezogen auf den konkreten Untersuchungsbereich der Staaten in Lateinamerika und in der Karibik.

Primärer Aspekt der Untersuchung soll die Frage sein, ob diese Herrschaftsausprägungen entweder als Normalität politischer Praxis oder als für die internationale Staatenwelt im Gesamten systemgefährdend eingestuft werden und welche Kriterien und Interessen dieser Klassifizierung zu Grunde liegen.

2 Theoretischer Erklärungszugang

Zur sozialwissenschaftlichen Erklärung des allgemein feststellbaren Phänomens informeller Machtausübung und Korruption greifen wir auf zwei Altmeister der Systemtheorie zurück, nämlich David Easton und Gabriel Almond.

2.1 Eastons Ansatz

Eastons Darstellung der *Output*-Leistungen des politischen Systems differenziert zwischen den autoritativen Outputs und den als *Associated Performances* bezeichneten informell gesetzten öffentlichen Werte- und Güterzuteilungsformen seitens der formellen Amtsträger an bestimmte Personen oder Gruppen der Gesellschaft, die wiederum auf informelle Weise dem politischen System bzw. bestimmten Machtträgern ihre Unterstützung (Wahlspenden, personelle Loyalität) gewähren.

Die Legitimität eines politischen Systems wird somit nicht nur über die formellen *Input*-Partizipationsformen, wie Wahlen, Referenden, Parteimitgliedschaft begründet, sondern durch eine Vielzahl von informellen gegenseitigen Unterstützungsakten wie Stimmen- und Abgeordnetenkauf, Ämterpatronage, Beeinflussung der Justiz bis zur offenen Korruption (Easton 1967: 361).

Easton führt zwischen den drei von ihm eingeführten Legitimitätsquellen (Ideologie, Strukturen, persönliche Qualitäten) sogar einen operativen Ausgleichsmechanismus (*Overflow*) ein, durch den etwa mangelndes Vertrauen in politische Strukturen durch das persönliche Charisma des Amtsträgers, aber auch umgekehrt schlechtes Image der Politiker durch Strukturverbesserungen ausgeglichen werden können (Easton 1967: 344–363).

2.2 Almonds Ansatz

Almond und seine Schule differenzieren hingegen informelle Entscheidungs- und Beeinflussungsformen des politischen Systems jeweils nach dem Grad der erreichten *Politischen Kultur* einer Gesellschaft.

Dabei zeichnet sich gerade der als höchste Entwicklungsstufe der *Civic culture* klassifizierte angelsächsische Kulturbereich durch ein spezifisch ideologiefreies *Marktverständnis* von Politik und politischen Entscheidungen aus, die nur teils im Wege des formellen *Wettbewerbs* politischer Parteien, teils jedoch des informellen *Aushandelns* von Interessen- und Lobbygruppen getroffen werden (Almond 1971: 79–80).

Die Bandbreite dieser informellen Herrschaftsausübung bzw. Systemunterstützung andererseits reicht dabei von der Einbindung bestimmter Interessenvertretungen in den formellen Entscheidungsprozess, über individuelle Begünstigung durch familiäre Beziehungen bis zu institutionalisiertem Klientelismus und Korruption.

2.3 Fazit des systemtheoretischen Erklärungszugangs

Als Fazit dieses systemtheoretischen Vorspanns können wir somit folgende Grundthesen aufstellen:

- Alle realen politischen Systeme weisen grundsätzlich einen systemerhaltenden Bereich informeller Machtausübung und Güterzuteilung auf, dessen Durchführungsinstrumente alle Formen der Beeinflussung einschließlich der verschiedensten Ausprägungen von Korruption umfassen und andererseits spezifische Interaktionsmuster zwischen *Patron* und *Klientel* schaffen.
- Erst ab einem bestimmten Grad exzessiver Ausformung informeller Herrschaft wird diese gesellschaftlich und politisch sanktioniert, und auch mit negativ besetzten Schlüsselbegriffen wie *Organisierte Kriminalität, Mafiastaat*, oder *Bananenrepublik* abqualifiziert.
Strategische Bedeutung erlangt diese Differenzierung durch die Definitionsmacht internationaler Akteure, (Staaten bzw. internationale Organisationen), die einerseits bestimmte Länder negativ selektionieren und andererseits durch die Setzung positiver Schlüsselwerte wie *Menschenrechte, Good Government* oder *Integrationsfähigkeit*, die Bedingungen für politisch-ökonomische Unterstützung und Gleichberechtigung festlegen.

3 Gute vs. schlechte Regierung im Vergleich

Vor diesem Hintergrund untersuchen wir die Staatenwelt Lateinamerikas einschließlich der Karibik entlang der Kriterien des Grades ihres informellen Politiksektors bzw. der Klassifizierung in *gute* vs. *schlechte* Regierungen.

Zur Objektivierung dieses Systemvergleichs greifen wir auf drei sozialwissenschaftliche Erklärungsansätze zurück.

3.1 Nohlens zwei Grundtypen des Autoritarismus

Dieter Nohlen differenziert zwischen den zwei Grundtypen des *inclusionary* vs. *exclusionary* Autoritarismus (Huneeus/Nohlen 1982: 196).

Entspricht die exklusive autoritäre Regierung idealtypisch der systemexterne Akteure ausschließenden technokratischen Modernisierungsdiktatur (nach dem Muster Brasiliens 1964 bzw. Chiles 1973), so lässt sich das inklusive autoritäre Regime durch die partielle Einbindung nichtstaatlicher Akteure in Gestalt eines staatlich erzwungenen oligopolitischen Korporatismus definieren, wie er etwa in Gestalt der Staatspartei des PRI (Partido Revolucionario Institucional) in Mexiko oder der sozialreformatorischen Militärregierung in Peru unter Velasco (1968–1975) auftrat.

3.2 Das Modell des Politischen Regimes

Als zweites Vergleichsinstrument dient uns das von Christian Suter konzipierte Modell des *Politischen Regimes* (Suter 1999: 34–37), das sowohl die formellen Entscheidungsstrukturen eines politischen Systems, als auch den der formellen Verfassung übergeordneten informellen Mitgestaltungsrahmen (Herrschaftspakt zwischen variablen politischen und sozialen Gruppen) mit einschließt und damit einen umfassenden Ländervergleich demokratisch-pluralistischer, wie autoritärer Systeme zulässt.

Mit diesem Modell kann sehr genau die systemerwünschte Einbeziehung aber auch Abstoßung partieller Unterstützungsgruppen nachgezeichnet werden. Am Beispiel Perus demonstriert Suter etwa die langsame Umgewichtung des progressiv-offenen Militärregimes in Richtung eines stärker exklusiven Autoritarismus und in der Folge schließlich die Transformation in eine formale Parteiendemokratie ab 1978. Die dafür eingesetzten Herrschaftstechniken reichen von Korporatismus, Klientelismus und Korruption bis zur exekutiven Repression (Suter 1999: 35, 153–169).

3.3 Mansillas Begriff der Falschen Modernisierung Lateinamerikas

Ein drittes generelles Erklärungsmuster bietet H.C. Felipe Mansilla mit seinem Schlüsselbegriff der *Falschen Modernisierung* Lateinamerikas. Er versteht darunter die ökonomisch-technologische und formell auch politische Transformation der lateinamerikanischen Länder zu moderner (westlicher) Staatlichkeit, jedoch ohne analoge Entwicklung des Rechts- und Sozialstaates, was wiederum direkte Ursache für die ganz Lateinamerika prägende *strukturelle Korruption* vieler sozialer Gruppen aus existentiellen Motiven ist (Mansilla 2000: 63–71).

Der von Manfred Mols entwickelte Begriff greift auf die auf Subsistenzwirtschaft, Tauschleistung und großfamiliäre Solidarität basierende präkoloniale Gesellschaft zurück, die auch unter der kolonial-feudalen Herrschaft Spaniens mit ihrer auf die herrschende Elite beschränkten Korruptionspraxis erhalten bleibt. Erst die mit der Unabhängigkeit einsetzende *falsche* Modernisierung bewirkt gravierende Veränderungen, da die Masse der Bevölkerung die Grundlagen ihrer traditionellen Überlebenspraxis verliert und zur Sicherung ihrer primären

Grundrechte (Leben, Freiheit, Gesundheit) zu Mitteln der permanenten strukturellen Korruption greifen muss. Dagegen bleibt die neue herrschende Elite in ihrem prämodernen, private wie öffentliche Güter untrennbar verbindenden, Herrschaftsverständnis erhalten, da eine rechtsstaatlich-sozialpolitische Modernisierung des Staates nicht stattfindet oder in Ansätzen stecken bleibt. Die über politische Parteien und Wahlen einsetzende Demokratisierung verschärft diese Entwicklung, indem der Einzugsbereich des Patronage- und Klientelismuswesens auf die Gesamtgesellschaft ausgeweitet wird (Mansilla 2000: 62–71).

3.4 Übertragung der drei Erklärungsansätze

Aus der Übertragung der drei Erklärungsansätze informeller Herrschaftsausübung auf Lateinamerika und die Karibik einerseits für die Phase zwischen 1964 (Beginn der Remilitarisierungsphase) und 1990 (Abschluss der Redemokratisierungsphase), andererseits aber auch für den demokratisch-neoliberal geprägten folgenden Zeitraum, lässt sich ein allgemeiner Typus eines politischen Systems mit konstanter, wenn auch unterschiedlicher informeller Herrschaftspraxis entlang folgender Merkmale ableiten:

- Mischform zwischen periodisch abwechselnden (links- bzw. rechtsorientierten) autoritären und formell demokratisch-präsidialen Regierungsformen
- jeweils eng verbunden mit einem Regime informeller Mitentscheidungs- und Beteiligungsformen
- auf der Basis eines gesellschaftlich allgemein akzeptierten klientelistischen Grundmusters der ökonomischen und politischen Interessenvertretungen, was sich wiederum aus deren vom westlichen Muster deutlich abweichenden Politikverständnis erklärt (Suter 1999: 68),
- gestützt auf eine weder sozial-moralisch noch politisch-normativ sanktionierte strukturelle Korruption in jeder Form.

Gegen diese scheinbar unveränderbare Grundform politischer Herrschaft lassen sich jedoch auch Gegenindikatoren erkennen. So nimmt nach Coburn (2000: 73) generell in ganz Lateinamerika das Problem der Korruption einen höheren Stellenwert ein als Arbeitslosigkeit oder die Auswirkungen der Globalisierung, eine Haltung, die auch in den Wahlsiegen betont wirtschaftsliberaler Politiker wie Wasmony (Paraguay 1993) oder De la Rua (Argentinien 1999) seinen Ausdruck fand. Diese Sehnsucht nach dem *politico honrado* kam allerdings auch einem im

Kampf gegen das korrupte *alte System* betont links agierenden Chávez in Venezuela oder Correa in Ecuador zu statten.

Dem steht allerdings die bislang ungebrochene Klientelismus- und Patronagepraxis aller Parteien unabhängig von Typus und Ideologie, das mangelnde Vertrauen der Bevölkerung in Parteien, Justiz und Polizei und eine neue Form von präsidialem Populismus als Merkmale einer bislang nur *zweitklassigen* Modernität entgegen (Mansilla 2000: 65).

Dieser Befund wird durch einige sozioökonomische Indikatoren erhärtet (siehe Ottone/Sojo 2010: 111; Girot 2010: 301; Alcántara 2010: 41–42, 57):

- So konnte die Gesamtarmutsquote (nach Berechnung der CEPAL) erst 2005 wieder auf den Stand von 1980 reduziert werden:
  1980: 41 %
  1990: 48 %
  2005: 40 %
  2009: 34 % (davon 14 % extreme Armut)
  Dem entspricht auch die asymmetrische Einkommensverteilung des Gesamtkontinents: 10 % der Oberschicht verfügen über 47 % während 20 % der ärmsten Schichten über 4 % des Globaleinkommens verfügen.
- Die soziale Ungleichheit (gemessen nach dem Gini-Koeffizienten) reduzierte sich zwischen 1999 und 2006 zwar in den großen Staaten, erhöhte sich aber in den zentralamerikanischen Kleinstaaten.
- Das Vertrauen in politische Institutionen insbesondere Parteien und Wahlen, aber auch in die Justiz (gemessen 2006–2008) blieb konstant niedrig oder ging sogar in vielen Ländern zurück.

4 Die neue Moral und die internationalen Tugendwächter

Bemerkenswert erscheint, dass dieses traditionelle Bild lateinamerikanischer Staatlichkeit von für Lateinamerika wichtigen externen Akteuren lange Zeit grundsätzlich nicht in Frage gestellt bzw. nur bei besonders exzessiver formeller und informeller Gewaltanwendung (meist aus europäischer Sicht) kritisiert wurde.

Die Sanktionierung informeller Herrschaftsverhältnisse und ihrer Instrumente setzte erst in den letzten Jahrzehnten massiv ein – bedingt durch spezifische Eigeninteressen der externen Kritiker.

Die unter dem Schlüsselbegriff von *Good Government* erstellten Bewertungskriterien von Demokratie, Rechtsstaatlichkeit und Marktwirtschaft weisen demgemäß institutionsspezifisch unterschiedliche Interpretationen auf.

4.1 Gute Regierungsführung

Für die Kontrollinstanzen des sich ab 1990 voll entfaltenden liberalen Weltwirtschaftsmodells – Welthandelsorganisation (WTO), Internationaler Währungsfonds (IWF), Weltbank (WB) – sind die Kriterien *Guter Regierungsführung* ausschließlich ausgerichtet auf

- Rechtssicherheit
- Eigentumsschutz
- Liberalisierung des Waren- und Investitionsverkehrs
- Preis- und Wechselkursstabilität

Informelle Sonderinteressen, protektionistische Gruppenprivilegien, Kriminalität und Korruption gelten damit als zu sanktionierende Störfaktoren, die die Stabilität der betroffenen Staaten und damit des globalen Wirtschaftssystems auf Dauer gefährden.

Vor diesem Hintergrund sind auch die langjährigen Bemühungen der UNO zu sehen, Korruption auf der Basis des internationalen Völkerrechts zu ächten. Dabei treten indes nachfolgende rechtspolitische Probleme der Definitionsbreite des Tatbestandes *Korruption* auf:

Während etwa noch im *Global Report on Crime and Justice* der UNO 1999 Korruption als „abuse of public office for private gain" definiert wird, weitet sich dieser Begriff 2003 auf „abuse of power for private gain" aus und umfasst sowohl große wie kleine, aktive wie passive Korruption (Paatero 2006: 67).

Das auf der dritten Jahrestagung des *Anticorruption Network for Transition Economics in Europe* in Istanbul (März 2001) vom *United Nations Office for Drug Control and Crime Prevention* (ODCCP) vorgelegte Grundlagenpapier definiert zehn Strafrechtstatbestände von Korruption, ein auf der *International Conference for cleaner Public Life* im März 2003 vorliegendes Papier hingegen acht und geht dabei von einer wieder stärker auf den öffentlich politischen Bereich eingeschränkten Definition von Korruption als „abuse of (public) power for private gain" aus (Paatero 2006: 67, 189).

Diese juristische Unschärfe und Überbetonung des öffentlich-staatlichen Tatbestandsbereichs schlägt sich auch in den internationalen Untersuchungen über Korruption etwa der 1993 gegründeten NGO *Transparency International* nieder, die ihre Erhebungen primär auf Befragungen und Selbsteinschätzungen von Personen und Unternehmen sowie Daten anderer Analysten abstützt.

Im Rahmen der regelmäßig erstellten globalen Bewertungsvergleiche (*Global Corruption Barometer* von Transparency International) nehmen die lateinamerikanischen Staaten indes mit ihren speziell im Parteien- und Parlamentsbereich konzentrierten Korruptionsquoten durchaus nicht jene Spitzenstellen ein, die ihnen von der Öffentlichkeit allgemein zugeschrieben werden. So erreicht (auf der Basis von 180 2009 untersuchten Ländern) Chile den 22., Uruguay den 25., Costa Rica den 45. Platz. Die anderen Länder des Cono Sur sowie die Kleinstaaten Mittelamerikas liegen am Ende des zweiten bzw. Anfang des dritten Drittels. Das Schlusslicht innerhalb der Länder Lateinamerikas und der Karibik bildet Venezuela (Platz 161), eine Reihung, die offensichtlich jedoch nicht eine ideologisch begründete Diskriminierung darstellt, da Kuba mit Platz 61 eine vergleichsweise sehr gute Bewertung erhält (Uruguay Magazin 2007).

Bemerkenswert bei dieser und vergleichbaren Rangzuordnungen erscheint dabei die Gewichtung der Untersuchungsfelder über Korruptionsquoten. So weist der Korruptionsbarometer 2004 von insgesamt 15 untersuchten Sektoren 10 sehr differenzierte Institutionen bzw. Funktionen des öffentlich-politischen Bereichs (einschließlich des Gesundheits- und Bildungssystems) auf. Dagegen scheint der gesamte Wirtschaftsbereich sowohl 2004 als auch im Barometer 2009 als einheitlicher Sektor auf (business/private sector) obwohl hier eine Differenzierung zwischen transnationalen Konzernen, internationalen Banken (einschließlich WB und des IWF) und Kleinunternehmen und Privaten sehr aufschlussreich wäre und zu Modifizierungen der Bewertungsskala führen könnte (Martiny 2001: 4–5).

4.2 Die Strategien der beiden Hauptakteure

Von diesem Hintergrund einer neutral-wissenschaftlichen Beobachtung der als negativ erkannten Phänomene heben sich die Strategien der beiden externen Hauptakteure in Lateinamerika, der USA und der EG/EU, deutlich ab.

4.2.1 Die USA: Korruption und Terrorismus

Das Verhaltens- und Bewertungsmuster der USA gegenüber ihrem traditionellen Hinterhof deckt sich ab den 90er Jahren weitgehend mit den Kriterien der globalen makroökonomischen Kontrollinstanzen (WTO, WB, IWF), erfährt jedoch durch die Ereignisse des September 2001 eine dramatische Verschärfung, die zu einer neuen sicherheitspolitischen bipolaren Klassifikation der Staaten der Welt und insbesondere des lateinamerikanischen Subkontinents führt.

Die in der Pentagon Studie des damaligen Sicherheitsberaters Thomas Barnett 2004 entworfene neue Polarisierungsstrategie geht von einer trennscharfen normativen Klassifizierung zwischen einer Mehrzahl von in die ab 1991 globale Weltwirtschaftsordnung integrierten Staaten und Gesellschaften und einem dazwischen liegenden *Gap* nicht integrierungsfähiger Länder, zu denen neben dem Balkan, Gesamtafrika und den islamischen Staaten Asiens die gesamte Karibik- und Andenregion gezählt wird (vgl. Barnett 2003).[122] Diese Länder zeichnen sich durch folgende negativ besetzte Merkmale aus (siehe Barnett 2004: 191–210):

- Terrorismus und Fundamentalismus in enger Verbindung mit
- organisierter Kriminalität insbesondere dem Drogenhandel,
- informellen Machtkartellen staatlicher und krimineller Interessengruppen,
- endemischer Korruption und Klientelismus in allen zivilen und öffentlichen Bereichen.

Mit diesen trennscharfen Diskriminierungskriterien wird die Karte der gesamten Welt und auch Lateinamerikas neu gezeichnet und ein moralisch gerechtfertigter Kriegszustand zwischen den beiden Welten proklamiert, der in bestimmten neuralgischen Zonen (Kolumbien) bereits operativ umgesetzt wurde.

Die außenpolitische Problematik, dieses zumindest bis zur Regierung von Bush II gültigen Missionsauftrags der USA als *Systemadministrator* (Wagner 2004: 8), Demokratie und liberalisierter Marktwirtschaft global und selbst unter militärischer Gewaltanwendung zum Durchbruch zu verhelfen, steht hier nicht zur Debatte. Bedenklich erscheint der rechtspolitische Charakter des neuen Ordnungsmodells, dass hier nicht mehr konkrete Straftatbestände bzw. konkrete Handlungen von Individuen und Personengruppen erfasst und sanktioniert werden, sondern ab einer Verdichtung von Bedrohungs- und Gefährdungsindikatoren ganze Staaten und ihre Gesellschaften kollektiv außerhalb der neuen globalen Rechtsordnung gestellt werden.

Der lateinamerikanische Subkontinent ist davon besonders betroffen, einerseits, da die gesamten Klein- und Mittelstaaten Zentralamerikas und der Karibik der Gefahrenzone zugeordnet werden, andererseits weil den politisch bedeutendsten Staaten (Mexiko, Mercosur-Mitglieder) als *Frontstaaten* eine neue sicherheitspolitische Funktion zugewiesen wird, die gerade am Beispiel des innenpolitischen Verfalls Mexikos heute nicht mehr realistisch erscheint.

4.2.2 Die EU: Demokratieklausel und Integration

Die bereits seit den 1980er Jahren feststellbare Tendenz einer verstärkten Beachtung von Grund- und Menschenrechten, sowohl innerhalb als auch außerhalb der

---

[122] Die Sichtweise der Pentagon-Studie kann sicherlich als einseitig bezeichnet werden, soll aber hier trotzdem behandelt werden.

EG, kulminierte 2005 in der von EU-Kommissionspräsident Barroso deklarierten *Kultur der Grundrechte* und führte in den Verträgen von Lissabon zur primärrechtlichen Verankerung im Art. VI des Vertrags über die Europäische Union neu (EUVn) (Toggenburg 2005: 182–183; Schima 2009: 326–327).

Dieser Werte-Überbau einer primär wirtschaftlich konzipierten Integrationsform manifestiert sich sowohl gegenüber den Mitgliedsstaaten (Europäische Grundrechtecharta) als auch allen Drittstaaten in normativ-instrumenteller Form im Agendenbereich des Europäischen Rates, des Rates für Auswärtige Angelegenheiten, der Kommission und des Parlaments (Rat der Europäischen Union 2008: 17–29).

Speziell gegenüber Lateinamerika entwickelte die EG/EU eine differenziertere, moralische mit utilitaristischen Kriterien vermischende, Bewertungs- und Interventionspraxis, im Rahmen ihrer Handels-, Entwicklungs-, Außen- und Sicherheitspolitik.

Die Beziehungen zum lateinamerikanischen Subkontinent im Gesamten unterliegen damit seit längerem einer geographisch-normativen Dreiteilung in der Beurteilung politischer Herrschaftsformen.

4.2.2.1 Mittelamerika – Karibik

Seit dem Engagement der Contadora-Gruppe in den späten 80er Jahren zur Pazifizierung Mittelamerikas liegt der Schwerpunkt der Aktivitäten der EG/EU auf der politisch-demokratischen und sozial-ökonomischen Konsolidierung der Zone durch gezielte Maßnahmen der Entwicklungspolitik (San José-Konferenzen, Freihandelsabkommen, Afrika-Karibik-Pazifik-(AKP-)Präferenzen) (Dietrich 1998: 199–225).

4.2.2.2 Die Andenregion

Die Beziehungen zu den Andenstaaten werden durch zwei unterschiedliche Strategien und Bewertungskriterien bestimmt:

- Zum einen unterstützte die EG/EU seit langem die Bemühungen um Errichtung einer (institutionell nach dem Muster der EG konzipierten) andinen Wirtschaftsgemeinschaft – Comunidad Andina de las Naciones (CAN) – zur ökonomischen Stabilisierung auf der Ebene biregionaler Kooperation.

- Andererseits zwang die sich vertiefende sicherheits- und demokratiepolitische Krise in Kolumbien bzw. den angrenzenden Andenstaaten die EU zunehmend zu einer die Strategie der USA bestenfalls modifizierenden Interventionspolitik (bis zur Unterstützung militärischer Operationen im Rahmen des *Plan Colombia*) zur Erhaltung bzw. Wiederherstellung von Mindeststandards von Rechtsstaatlichkeit und Menschenrechtsschutz, verbunden mit der Bekämpfung bisher tolerierter Formen von Drogenkriminalität, Guerrilla-Bewegungen und staatlicher Korruption (Wehner 1999: 34–40; Zinecker 2003: 63–67; Drekonja-Kornat 2003: 105–114).

4.2.2.3 Cono Sur

Die politisch wichtigsten und zugleich spannungsreichsten Beziehungen bestehen derzeit zu den seit März 1991 im Mercosur verbundenen Staaten des Cono Sur, die auf der Ebene gleichrangiger erstmals biregionaler Kooperation eine Freihandelszone zwischen zwei supranational-intergubernemental konzipierten Wirtschaftsgemeinschaften vorsehen. Darüber hinaus versucht die EU über den politischen Dialog mit der Rio-Gruppe bzw. mit einer Vielzahl von sozialen Projekten und Förderungen im Rahmen des Mercosur die Prinzipien von Rechtsstaatlichkeit in Verwaltung und Justiz umzusetzen und damit auch die Auswüchse von Korruption und informeller Herrschaft einzugrenzen (Bodemer et al. 2004: 119–193). Legistische Instrumente dieser wertorientierten Außenbeziehungen sind etwa:

- Der die alte AKP-Strategie ablösende Vertrag von Cotonou (*Economic Partnership Agreements* Juni 2000) (Pfetsch 2001: 227–230).
- Das *APS Plus* Modell das im Rahmen der WTO-konformen Gewährung von Sonderpräferenzen diese mit konkreten demokratie- und sicherheitspolitischen Auflagen verbindet. Unter den 14 derzeit davon profitierenden Ländern sind elf Staaten Zentralamerikas und der Andenregion, die sich damit zu gesteigerter Bekämpfung von Drogenschmuggel, Korruption, Menschenrechtsverletzungen u.a. verpflichten.
- Sozialpolitische Projekte und Förderungen, um dem in allen Staaten Lateinamerikas feststellbaren Verlust der *sozialen Kohäsion* zu begegnen.

5 Perspektiven

Kommen wir zur Ausgangsfrage dieses Beitrags zurück, ergibt sich folgendes Resümee:

5.1 Kontinuität informeller Herrschafts- und Entscheidungsformen in Lateinamerika

Informelle Herrschafts- und Entscheidungsformen in Lateinamerika bleiben unbeschadet des jeweiligen formellen Regierungstypus ungebrochen wirksam und setzen sich auch in den neuen zwischenstaatlichen Strukturen fest. Diese Tendenz ist indes nicht auf Lateinamerika beschränkt, sondern allgemein im Zuge der Entstehung neuer globaler und regionaler Governance-Formen feststellbar. Gerade die EG/EU in ihrer komplexen Mehrebenendynamik mit einer Vielzahl von informellen Interventions-, Mitentscheidungs- und Umsetzungsinstrumenten (Komitologie, Lobbysystem, lokale Governance-Agenturen, etc.) wirkt hier modellhaft im Sinne einer „Konsoziativen Integrationspolitik" (Kohler-Koch 1999: 22–23). Ähnliche strukturelle Vernetzungen zeichnen sich im Zuge der Integrationsprozesse in Lateinamerika (NAFTA, CAN und Mercosur) ab (Wehner 1999: 29–42).

5.2 Fazit

Die grundsätzliche Frage dabei ist, wie weit mit dieser neuen Form von *Policy Making* des *Verhandelnden Staates* (Jachtenfuchs/Kohler-Koch 1996: 38) die bisherigen Begleiterscheinungen von Korruption und Klientelismus beibehalten oder sogar in potenzierter Form gefördert werden, oder ob es gelingt, effizientere Formen von Rechtsstaatlichkeit und Kontrolle zu entwickeln.

Für Lateinamerika kommt hier sicherlich die Kontinuität klientelistischer Parteien und Interessenverbände sowie sozialbedingter struktureller Korruption erschwerend hinzu. Dies könnte jedoch sogar zu einer Annäherung an die EG/EU führen, die im Zuge der Erweiterung zur 27er oder 30er Gemeinschaft sich sowohl der professionalisierten Form der *Korruption auf Vorstandsebene* im Zuge des unübersichtlichen Förderungs- und Subventionssystems, als auch durch die Integrierung der verarmten ost- und südosteuropäischen Gesellschaften massiver struktureller Korruption ausgesetzt sieht.

Die derzeit von der EU angesetzten Gegenstrategien – Ausbau eines Kontroll- und Sanktionssystems, vom *Europäischen Polizeiamt* (EUROPOL) bis zum

Europäischen Amt für Betrugsbekämpfung (OLAF), für den Gesamtbereich redistributiver Politik einerseits und sozialpolitische und wohlfahrtsstaatliche Maßnahmen gegen strukturelle Korruption andererseits, wären auch für die lateinamerikanischen Staaten übertragbare Modelle. Mit ihrer rechts- und sozialstaatlichen Koppelung erscheinen sie langfristig erfolgreicher, als die stereotypen Kontroll- und Sanktionsmechanismen der internationalen Akteure (UNO, WB) bzw. die rein repressive Strategie der USA.

Literatur

Alcántara, Manuel (2010). América Latina: Democrácia desinstitucionalizada, Izquierda ambivalente y ciudadanía precaria, in: Celestino De Arenal/Antonio Sanahuja (coord.): América Latina y los Bicentenarios: una agenda de futuro, Madrid, 35–66.
Almond, Gabriel A. (1971). Interessengruppen und politischer Prozess, in: Günther Doeker (Hg.): Vergleichende Analyse politischer Systeme, Freiburg i. Br., 77–88.
Barnett, Thomas P.M. (2003). The Pentagon's New Map. Internet: http://thomaspmbarnett.squarespace.com/globlogization/2010/8/17/blast-from-my-past-the-pentagons-new-map-2003.html (Zugriff: 4.4.2011).
Barnett, Thomas P.M. (2004). The Pentagon's New Map. War and Peace in the Twenty-first Century, New York.
Bodemer, Klaus/Nolte, Detlef/Sangmeister, Hartmut (Hg.) (2004). Lateinamerika Jahrbuch 2004, Frankfurt a.M.
Coburn, Forrest D. (2000). Latin America at the end of Politics, Princeton.
Dietrich, Wolfgang (1998). Periphere Integration und Frieden im Weltsystem, Ostafrika, Zentralamerika und Südostasien im Vergleich, Wien.
Drekonja-Kornat, Gerhard (2003). Kolumbien zwischen Krieg und Frieden, in: Gerhard Drekonja-Kornat/Walter Feichtinger/Peter Hazdra (Hg.): Kolumbien zwischen Krieg und Frieden, Schriftenreihe der Landesverteidigungsakademie Wien, 6/2003, Wien, 9–20.
Easton, David (1967). A System Analysis of Political Life, New York.
Girot, Pascal Olivier (2010). Recursos naturales, medio ambiente y biodiversidad: La contribucíon, las responsabilidades y las demandas de América Latina, in: Celestino De Arenal/Antonio Sanahuja (coord.): América Latina y los Bicentenarios: una agenda de futuro, Madrid, 295–324.
Huneeus, Carlos/Nohlen, Dieter (1982). Eine Vielfalt instabiler Regime. Versuch einer Typologie, einer Erklärung und einer Zukunftsprognose, in: Hans-Georg Wehling (Red.): Lateinamerika, Stuttgart, 192–205.
Jachtenfuchs, Markus/Kohler-Koch, Beate (Hg.) (1996). Europäische Integration, 2. Auflage 2006, Wiesbaden.
Kohler-Koch, Beate (1999). Regieren in der Europäischen Union. Auf der Suche nach demokratischer Legitimität. Referatsunterlage für Referat 20.9.1999, Reiner Institut, 22–23.
Martiny, Anke (2001). Korruption – wuchernder Krebsschaden in der Gesellschaft, in: Aus Politik und Zeitgeschichte. Beilage zur Wochenzeitung Das Parlament, B 32-33/2001, 3–5.
Ottone, Ernesto/Sojo, Ana (2010). Pobreza y cohesíon social en América Latina y el Caribe, in: Celestino De Arenal/Antonio Sanahuja (coord.): América Latina y los Bicentenarios: una agenda de futuro, Madrid, 107–134.

Paatero, Satu Marjana (2006). A constructivist analysis on the role and power of the United Nations Office on Drugs and Crime (UNODC) and its Global Programme Against Corruption (GPAC) in global anti-corruption efforts. Towards network model in global governance, unveröffentlichte Diss.phil., Wien.
Pfetsch, Frank. R. (2001). Die europäische Union. Eine Einführung, München.
Rat der Europäischen Union (2008). EU-Jahresbericht 2008 zur Menschenrechtslage.
Schima, Bernhard (2009). Grundrechtsschutz, in: Waldemar Hummer/Walter Obwexer (Hg.): DerVertrag von Lissabon, Baden-Baden, 325–342.
Suter, Christian (1999). Gute und schlechte Regimes. Staat und Politik Lateinamerikas zwischen globaler Ökonomie und nationaler Gesellschaft, Frankfurt a.M.
Toggenburg, Gabriel (2009). Menschenrechtspolitik, in: Werner Weidenfeld/Wolfgang Wessels (Hg.): Jahrbuch der Europäischen Integration, Berlin. 185–190.
Uruguay Magazin (2007). Korruption in Lateinamerika, Uruguay weltweit auf Platz 25. Internet: http://uruguay-magazin.com/Suedamerika/Korruption-in-Lateinamerika-Uruguay-weltweit-auf-Position-25.html (Zugriff: 14.3.2010).
Wagner, Jürgen (2004). Afrika im Fadenkreuz, Rezension zu "Afrika im Fadenkreuz. Vom vergessenen Kontinent zum Objekt der Begierde", in: Sicherheitspolitische Literatur, Hg. v. BM f. LV, Nr. 6, Wien Juni 2004.
Wehner, Ulrich (1999). Der Mercosur, Baden-Baden.
Zinecker, Heidrun (2003). El Salvador und Kolumbien- gute vs schlechte strukturelle Voraussetzungen für eine Friedenslösung, in: Gerhard Drekonja-Kornat/Walter Feichtinger/Peter Hazdra (Hg.): Kolumbien zwischen Krieg und Frieden, Schriftenreihe der Landesverteidigungsakademie Wien, 6/2003, Wien, 45–70.

Autorinnen und Autoren

Lukas Achathaler
Studium der Politikwissenschaft an der Universität Wien sowie Studium der Rechtswissenschaften an der Johannes Kepler Universität Linz. Gründungsmitglied des Vereins für Korruptionsforschung.

Kurt Bayer
Direktor der Europäischen Bank für Wiederaufbau und Entwicklung für Österreich, Bosnien und Herzegowina, Zypern, Israel, Kasachstan und Malta. Davor tätig im Bundesministerium für Finanzen, am WIFO und bei der Weltbank.

Alexander Böckmann
Studium der Internationalen Entwicklung an der Universität Wien. Mitarbeit in der Arbeitsgruppe der Nachwuchswissenschafter von Transparency International – Austrian Chapter.

Dorothée de Nève
Seit 2010 Vertretungsprofessur für Staat und Regieren (Arthur Benz), FernUniversität Hagen. Bisherige Lehraufträge an FernUniversität Hagen, Philipps-Universität Marburg, Universität Wien, Tokyo University, Universität Basel, Martin-Luther-Universität Halle-Wittenberg, New Europe College Bukarest, Andrássy-Gyula-Universität Budapest. Studium der Politikwissenschaft an der Freien Universität Berlin.

Aleksandra Djokic
Studium der Politikwissenschaft, Anglistik und Amerikanistik, Geschichte und Hispanistik an der Universität Wien und Gründungsmitglied des Vereins für Korruptionsforschung. Mitarbeit in der Jugendarbeitsgruppe von Transparency International – Austrian Chapter.

Gerhard R. Donner
Vorstandsvorsitzender der Association of Certified Fraud Examiners Austria. Seit fünfzehn Jahren im Bereich Unternehmensberatung und Revision tätig, davon acht Jahre als Geschäftsführer globaler Prüfungs- und Beratungsunternehmen. Davor in verschiedenen Managementpositionen in der ITK-Industrie und im Bankwesen beschäftigt.

Lucas Grafl
Studium der Ökonomie und der Soziologie in Wien. 2007 bis 2009 wissenschaftliche Mitarbeit am Institut für Geld- und Finanzpolitik der Wirtschaftsuniversität Wien. Makroökonomische Forschung zur funktionalen Einkommensverteilung und zur Unsicherheit auf den Finanzmärkten. Seit 2009 Mitarbeiter der österreichischen Finanzmarktaufsichtsbehörde.

Wolfgang Hetzer
Abteilungsleiter im Office Européen de la Lutte Anti-Fraude (OLAF). Davor u.a. tätig in der Bundesfinanzverwaltung und als Referatsleiter im deutschen Bundeskanzleramt. Autor von zahlreichen Publikationen im Bereich organisierte Kriminalität, Wirtschaftskriminalität und Korruption.

Domenica Hofmann
Studium der Politikwissenschaft an der Universität Wien und der Sciences Po Paris sowie der Rechtswissenschaften an der Johannes Kepler Universität Linz. Gründungsmitglied des Vereins für Korruptionsforschung. Mitarbeit in der Jugendarbeitsgruppe von Transparency International – Austrian Chapter.

Georg Huber-Grabenwarter
Studium der Rechtswissenschaft an der Karl-Franzens Universität Graz und der Politikwissenschaft an der Sciences Po Paris. Seit Jänner 2010 Referent für Governance und Menschenrechte bei der Austrian Development Agency. Davor Tätigkeiten für die Universität Graz, die International Commission of Jurists, die Deutsche Gesellschaft für Technische Zusammenarbeit, sowie für das Deutsche Bundesministerium für wirtschaftliche Zusammenarbeit und Entwicklung.

Erik N. Larson
Currently employed with the Special Department for War Crimes at the State Court in Sarajevo, Bosnia and Herzegovina. He previously served as a Crime Prevention Expert with the United Nations Office on Drugs and Crime and as an attorney for the Anti-Crime and Corruption Unit of the Office of the High Representative, and the Special Department for Organized Crime and Corruption, in Sarajevo.

Tina Olteanu
Universitätsassistentin am Institut für Politikwissenschaft der Universität Wien, Studium der Osteuropastudien an der Freien Universität Berlin und der Universität Bukarest. Forschungsschwerpunkte: Demokratietheorie, Korruptions- und Transformationsforschung

Matthias Pázmándy
Studium der Soziologie in Wien, Louvain und Peking. Gründungsmitglied des Vereins für Korruptionsforschung. Mitarbeit in der Arbeitsgruppe der Nachwuchswissenschafter von Transparency International – Austrian Chapter.

Wolfgang Rau
Executive Secretary of the Group of States against Corruption. Studied and taught at the Saarland University. In 1989 he joined the Directorate of Legal Affairs of the Council of Europe, Strasbourg and participated in the criminological and penological work programme of the European Committee on Crime Problems. In January 2000 he moved to the Directorate General of Human Rights of the Council of Europe as a Head of Unit in the Secretariat of the Anti-Torture Committee.

Gernot Stimmer
Studium der Rechtswissenschaften, Soziologie und Politikwissenschaft an den Universitäten Wien und Salzburg. 1973 bis 1993 Generalsekretär des Verbandes Österreichischer Bildungswerke. Universitätsdozent für vergleichende Politikwissenschaft. Forschungsschwerpunkte: EU Politik, Lateinamerika, Rechts- und Verfassungsfragen.

René Wenk
Mehrjährige Dienstzeit beim österr. Bundesheer und bei der Polizei (Einsatzkommando Cobra). Studium der Rechtswissenschaften an der Johannes Kepler Universität Linz. Mitarbeit im Projektteam zur Ansiedelung der International Anti-Corruption Academy in Österreich. 2007 bis 2009 stellvertretender Leiter des Büros für Interne Angelegenheiten. Seit Mai 2010 stv. Direktor des österr. Bundesamtes zur Korruptionsprävention und Korruptionsbekämpfung.

Schlagwortverzeichnis

A

African Union Convention on Preventing and Combating Corruption 85, 159
　Whistleblowing 170
AKP-Strategie 231
Akteurskonstellationen 132
Aktionsplan von Accra 86
Amtsmissbrauch 53
Amtsträger 26, 40, 43, 59, 90
Anfüttern 41, 46, 60, 142
Antikorruptionsdiskurs 149, 154
　Enttabuisierung 156
　Transparency International 155
Antikorruptionsebene 83, 87
Antikorruptionseinrichtung 12, 35, 47
APS Plus 231
Asian Development Bank (ADB) 89
Aufsicht 80
Australian Agency for International Development (AusAID) 89
Austrian Development Agency (ADA) 83, 89
Autoritarismus (inclusionary vs. exclusionary) 223

B

Bankgeheimnis 61
Basel Institute on Governance 98
Beschaffungswesen 117
Bestechlichkeit 12, 24, 26, 42, 46, 58
Bestechung 12, 24, 26, 42, 58, 89, 112, 159
Beurteilungsdimension „korrupt – nicht korrupt" 185
Bewusstseinsbildung 35, 43, 58, 62, 64, 66, 116
Boni 77, 80
breach of duty Siehe Dienstpflichtverletzung

Bribe Payers Index (BPI) 60
Budgethilfe 93
Bundesamt zur Korruptionsprävention und Korruptionsbekämpfung (BAK) 49
Deliktskatalog 50
Büro für Interne Angelegenheiten (BIA) 49
Business Anti-Corruption Portal 97
Business Environment and Enterprise Performance Survey (BEEPS) 208

C

Civic culture 222
Collective action 104
Compliance 64, 111
　Audits 69
　compliant player 64
Comunidad Andina de las Naciones (CAN) 231
Constructive Sector Transparency Initiative 97
Continuous Monitoring 69
Corruption Perceptions Index (CPI) 60, 84, 134, 192, 196

D

Danish International Development Agency (DANIDA) 89
Debarment 92, 100, 117
　Cross-Debarment 115
Demokratie 137, 145
Demokratieklausel 230
Dienstpflichtverletzung 27, 77, 79
Diskursanalyse 151
Dispositivanalyse 150
Dispositive
　diskursive Praxen 151
　nicht diskursive Praxen 151
　Sichtbarkeiten/Vergegenständlichungen 151

E

Economic Partnership Agreements 231
Einkommensverteilung 226
Elite 74
Empowerment 100
Entwicklungsdiskurs
  Begriffe 155
Entwicklungsländer 95
Entwicklungszusammenarbeit (EZA) 83, 152, 156
Erklärung von Paris über die Wirksamkeit der Entwicklungszusammenarbeit 86
Ethikbüro/-komitee 172
Ethikstandard 66
Eurobarometer 194
Europäische Union 44, 82, 159
  Übereinkommen über die Bekämpfung der Bestechung, an der Beamte der Europäischen Gemeinschaften oder der Mitgliedsstaaten der Europäischen Union beteiligt sind 158
Europäisches Amt für Betrugsbekämpfung (OLAF) 216, 233
Europäisches Polizeiamt (EUROPOL) 232
Europarat 19
Extractive Industries Transparency Initiative 97

F

Falsche Modernisierung 224
Finanzinstitutionen 111
Finanzkrise 73
  Gründe 75, 81
Foreign Corrupt Practices Act (FCPA) 84, 152

G

G-77 87
Geberländer 83
Geldwäsche 12, 16, 24, 117
Gelegenheitsstruktur 207
Geringfügigkeitsgrenze 42
Gesamtarmutsquote 226
Gesellschaft für Internationale Zusammenarbeit (GIZ) 88
Gewaltenteilung 141
Global Corruption Barometer (GCB) 61, 194, 227
Good Governance 83, 114
Good Government 226
Governance Netzwerk 95
GRECO 19
  Dritte Evaluierungsrunde 22, 26, 30, 55
  Erste Evaluierungsrunde 21
  Evaluierungsprozess 22
  Implementierungshilfe 35
  Monitoring 33
  Österreich 37
  Umsetzungsprozess 23
  Zweite Evaluierungsrunde 21, 26
Group of States against Corruption (GRECO) 19, 216
Gute Regierungsführung 159

H

Handlungssituationen 178
Herrschaft 139

I

Immunität 21
Indikator 191
Informelle Machtausübung 221
Innenrevision 93
Insider trading 79
Integrität 89, 172
  Beauftragte 118
Integritätsstandards 124
Integrity Pact 101
Inter-American Convention Against Corruption 85, 158
  Whistleblowing 170
Interessenkonflikt 35, 50, 65, 82, 89, 118
International Aid Transparency Initiative 103
International Anti-Corruption Academy (IACA) 17

International Centre on Asset Recovery
  (ICAR) 98
Internationale Antikorruptionsbestimmungen
  58
Internationale Kooperation 13, 24
Internationale Standards 28
Internationalen Kooperation 50
Internationaler Währungsfonds (IWF) 157
Intersubjektive Nachvollziehbarkeit 150

K
Kecamatan Development Project (KDP)
  161
Klientelismus 221
Kommunikation 66
Konfiskation 14, 52
Konkursvergehen 78
Korruption 130
  Auswirkungen 62
  Begriff 131, 145
  Bekämpfung 135
  Definition 24, 26, 39, 44, 58, 61, 111,
    131, 176
  empirische Forschung 177
  Erfahrung mit Korruption 214
  erlebte Korruption 192
  in demokratischen Systemen 137
  in Wahlverfahren 27, 140
  Konsequenzen 63
  Korruptionsviktimisierung 192
  Korruptionswahrnehmung 193
  Messung 60, 192
  privater Sektor Siehe Privater Sektor
  Schaden 63
  Strafrecht Siehe Strafrecht
  systematische 156
  Verbreitung 134
  Wahrnehmung 205, 206, 211, 214
Korruptionsstaatsanwaltschaft (KStA)
  Österreich 47
Kosten 133, 145
Kriminalisierung 12, 24, 159

Krise, systemische 75
Krisenmanagement 74
Kronzeugenregelung 47, 52, 53
Kultur der Grundrechte 230

L
Lobbying 34
Lobbyismus 177

M
Macht 177
Mehr-Augen-Prinzip 91
Mercosur 231
Millennium Development Goals (MDGs) 85
Missbräuchliche Einflussnahme 24, 28
Multilaterale Entwicklungsbank 111
  Antikorruptionsaktivitäten 113
  Equator Bank-Prinzipien 116
  Integritätsstrategien 113
  Kimberley-Prozess 116
Multilaterlate Entwicklungsbank
  Extractive Industrie Transparency
    Initiative 116
Multi-Stakeholder-Initiativen 101
Mutual Accountability 103

N
Nepotismus 177
Nicht-Regierungsorganisationen 85
Normen 133, 138, 139, 145

O
OECD Anti-Corruption Task Team (ACTT)
  86
OECD Convention on Combating Bribery of
  Foreign Public Officials in International
  Business Transactions 85, 116, 159
OECD Development Assistance Committee
  (DAC) 86, 95, 155
Official Development Assistance (ODA) 84
Ökonomisierung 139
OLAF Siehe Europäisches Amt für
  Betrugsbekämpfung

Österreich 37
Antikorruptionsgesetz 1964 58
GRECO-Empfehlungen 38, 49, 50, 55
GRECO-Umsetzungsbericht 55
Strafrechtsänderungsgesetz 2008 39, 54
Strafrechtsänderungsgesetz 2009 43, 59

P

Parteienfinanzierung 30, 55
Patronage 221
Pentagon Studie 228
Peter Eigen 156
Plan Colombia 231
Politikfinanzierung 30
Politische Kultur 222
Politisches Regime (Modell) 224
Prävention 11, 35, 49, 64
Privater Sektor 13, 17, 114
   Aufsicht 67
   Bestechlichkeit 59
   Bestechung 27, 28, 34
   Internes Kontrollsystem 67
   Selbstverpflichtung 65
   Strafrechtsänderungsgesetz 2008 59
Privatisierung 27, 140
Public Expenditure Tracking Surveys 101
Public Private Partnerships 97

R

Ratingagentur 82
Realkontaktbefragung 176
Rechtsschutzkommission 51
Recommendation on Common Rules against Corruption in the Funding of Political Parties and Electoral Campaigns 22, 30
Regeln 133, 138, 139, 145
Review Mechanismus 15, 87
Risikomanagement 79
Rotationsprinzip 92
Rückführung von Vermögenswerten 14, 15, 52, 98

S

San José-Konferenzen 230
Schattenwirtschaft 63
Schweizer Direktion für Entwicklung und Zusammenarbeit (DEZA) 89
Self-assessment 15
semantische Differentiale 179
Soziale Kohäsion 231
Soziale Norm 187
Soziale Ungleichheit 226
Staatsanwaltschaft zur Verfolgung von Wirtschaftsstrafsachen und Korruption (WKStA) 53
Stimmenkauf 27
Stolen Asset Recovery Initiative (StAR) 15, 98, 116
Strafrecht 38, 76
Strafrechtskonvention 21, 23, 40, 216
   Zusatzprotokoll 22, 24
Strafverfolgung 12, 24, 29, 54, 78
Swedish International Development Cooperation Agency (Sida) 87
Systemadministrator 229

T

Tausch 177
Tauschbeziehung, korrupte 142
Technische Hilfe 14, 16, 86
Terrorismus 228
Theorie der Tauschmedien 177
Training 66, 125
Transaktionskosten 133, 142
Transformation, Phase der 207
Transformationsländer, osteuropäische 206
Transparency International 85, 227
   TRAC Methodik 169
Twenty Guiding Principles for the Fight against Corruption 21

U

UN Global Compact 97
UN Staff Union 169
Unerlaubte Bereicherung 13

United Nations Convention against
  Corruption (UNCAC) 11, 85, 86, 116,
  159
  Österreich 40
United Nations Convention on Transnational
  Organized Crime (UNTOC) 15
United Nations Office on Drugs and Crime
  (UNODC) 14, 98
United States Agency for International
  Development (USAID) 89
Unrechtmäßige Absprache 27
Unrechtmäßige Bereicherung 160
Unrechtmäßige Kapitalströme 98
Unzulässiger Vorteil 26

V

Verantwortlichkeit 65
  Banken 77
Verfallsregelung 52
Vergemeinschaftung 217
Verhaltenskodex 65, 90, 113, 118
  EBRD 122
Verhandelnder Staat 232
Vertrag von Cotonou 231
Vertrauen 138, 226
Verwaltungsratkodex
  Afrikanische Entwicklungsbank (AfDB)
    120
  Asiatische Entwicklungsbank (ADB)
    121
  Interamerikanische Entwicklungsbank
    119
  Weltbankgruppe (WBG) 118
Vice Presidency for Integrity (INT) 90
Vier-Augen-Prinzip 67
Vignettentechnik 178
Voluntary Disclosure Programme (VDP)
  92, 100
Vorteilsannahme 41, 46, 59
Vorteilsgewährung 41, 47

W

Weiße Elephanten 156

Weltbankgruppe 83, 154
  Antikorruptionsstrategie 154
  Governance Indikatoren 99
Whistleblower 67, 166
  interne und externe 166
  Schutz 51, 117, 166
  Schutz-Policies 169
Whistleblowing 165
  Definition 166
  Effektivität 168
  Internationale Übereinkommen 170
  justice theory 167
  Machtbeziehungen 167
  Organisational jiu-jitsu 168
  UN Sekretariat 171
Wirtschaftskriminalität 62
World Development Report (WDR), 154

Z

Zivilrechtskonvention 24, 85, 216
  Whistleblowing 170
Zweitklassige Modernität 226

The manufacturer's authorised representative in the EU is Springer Nature Customer Service Centre GmbH, Europaplatz 3, 69115 Heidelberg, Germany. If you have any concerns regarding our products, please contact ProductSafety@springernature.com

Printed and bound by CPI Group (UK) Ltd, Croydon, CR0 4YY

23/03/2026

02076675-0005